Bastian Schumann

Liebeserklärung an die Ortenau

Bastian Schumann

Liebeserklärung an die Ortenau

Begegnung eines Bayern mit einer badischen Genussregion

Morstadt

Bibliografische Information der Deutschen Nationalbibliothek
Die Deutsche Nationalbibliothek verzeichnet diese Publikation in der Deutschen Nationalbibliografie; detaillierte bibliografische Daten sind im Internet über http://dnb.dnb.de abrufbar.

Verlagsprogramm und weitere Informationen unter
www.morstadt-verlag.de

1. Auflage Oktober 2021
Lektorat, Layout und Umschlaggestaltung: Morstadt Verlag
Fotos Titelmotiv: Bastian Schumann
ISBN 978-3-88571-400-2

Inhalt

Meinen Eltern

Vorwort – ein Bayer im „Ausland“

Ein Jahr habe ich im „Ausland“ verbracht. In einem „Ausland“, das nun gewiss keines mehr für mich darstellt. Ein „Ausland“, das zu einer zweiten Heimat geworden ist und das meiner ersten ihre Ausschließlichkeit genommen hat.

Diese Veränderung im Empfinden hat die wundervolle Region rund um Straßburg, das französische Elsass westlich und die badische Ortenau östlich des Rheins, in mir ausgelöst. Eine ungeheuerliche Veränderung. Ungeheuerlich deshalb, weil sie in einem Bayern vor sich gegangen ist, einem Vertreter jenes sonderbaren Völkchens, das, übertrieben heimatverbunden, am liebsten unter sich bleibt. In einem, der all den Bayern abtrünnig geworden ist, die, mit einer gehörigen Portion Stolz und Eigensinn ausgestattet, nur ungern außerhalb ihres Freistaats ihre Zelte aufschlagen. Diese Veränderung hat sich also in einem vollzogen, der ins Ungewisse aufbrach, sein vertrautes Bayern verließ, dessen Bewohner alles Bajuwarische übersteigert hochleben lassen und ihre für andere seltsamen Brauchtümer eindrucksvoll pflegen. Sie vollzog sich in einem, der auszog, um Neues zu entdecken, und einen Volltreffer landete im breiten Rheintal zwischen Vogesen und Schwarzwald. In einem, der aus einem Landstrich kommt, um den viele die Bayern beneiden, wegen seiner Wirtschaftskraft etwa, seiner landschaftlichen Schönheit oder aber wegen seiner kulinarischen Köstlichkeiten. Die Zahl derer, die nach Bayern ziehen, ist daher auch beträchtlich höher als die jener, die es verlassen.

Doch mittlerweile muss ich selbst als Bayer gestehen, dass man auch die Elsässer und die Badener um ihre herrliche Heimat beneiden kann. Denn ich habe es gewagt, den unüblichen Weg zu gehen und Bayern den Rücken zu kehren. Wenn auch nur ein bisschen, nur für ein Jahr. Ein Auslandsjahr sozusagen, an der deutsch-französischen Grenze, wo ich meinen geistigen und kulturellen Horizont erweitern und wo mein Französisch den nötigen Schliff erhalten sollte, damit ich sie bestehen würde, die bayerische Staatsexamensprüfung für das Lehramt.

Gewiss, es ist nicht die pulsierende Metropole Paris geworden, auch nicht das südländische Flair von Nizza oder die traumhafte Vielfalt der französischen Insel La Réunion. Lediglich bis nach Straßburg, ins Elsass und in die Ortenau hat es mich verschlagen. Das erforderte auch weniger Mut. Die Region liegt nur 400 Kilometer von meiner Heimatstadt Regensburg entfernt – die Flucht zurück nach Bayern wäre jederzeit und ohne großen Aufwand möglich gewesen. Straßburg, das Elsass und die badische Ortenau waren der Exotik genug für mich, einen doch recht bodenständigen, seiner bayerischen Heimat verbundenen Mittzwanziger.

Und obwohl nur wenige Stunden Autofahrt entfernt, sollte ich dennoch in eine gänzlich andere Welt eintauchen, herzliche Begegnungen mit aufgeschlossenen Menschen erleben, auf Skurriles und Originelles treffen, aufschlussreiche Streifzüge durch das breite Rheintal unternehmen und wunderbare, kulinarische Entdeckungen machen. Kurzum Erfahrungen, die man im Alltagstrott in einer von Kindheit an bekannten Umgebung nie sammeln würde.

Ein intensiv gelebtes, buntes Jahr voll prägender Erlebnisse ist es geworden. Zwölf Monate, von denen ich keinen einzigen missen möchte. Zwölf Monate im „Ausland“, wobei das Gefühl, im „Ausland“ zu sein, immer mehr verblasste, in den Hintergrund trat, je vertrauter mir das Land, seine Bewohner, ihre Mentalität, ihre Traditionen im Jahreslauf und die Köstlichkeiten des *terroir* wurden.

Meine aufgeschlossenen Gastgeber, die Elsässer und die Badener, fühlen sich über den Grenzfluss Rhein hinweg innig miteinander verbunden. Sie sehen sich selbst nicht mehr als „Ausländer", sie sind in den letzten Jahrzehnten zu versöhnten Nachbarn geworden. Die Grenze wurde nebensächlich am Oberrhein, dessen Ufer Franzosen und Deutsche bewohnen. Ein interessantes Aufeinandertreffen, wie ich finde, und ein ausgezeichneter *point de départ* für ein abwechslungsreiches, spannendes Jahr angefüllt mit Erkundungen einer vielfältigen Region!

1. Strasbourg enfin!

Die letzten Wochen vor meinem Aufbruch scheinen gar nicht vorübergehen zu wollen. Die Seminare, die Vorlesungen, die monotonen Vorträge der Professoren und Dozenten kommen mir immer öder vor. Immer häufiger male ich mir einen viel abwechslungsreicheren Alltag voll Freiheiten in Straßburg aus. Die letzten Seminararbeiten, die ich noch zu vollenden habe, gestalten sich gleichsam immer quälender. Der zeitliche Aufwand, den ich betreiben muss, um die letzten Seiten zusammenzukriegen, wird immer beträchtlicher. Und die Gedanken an eine Flucht in die verheißungsvolle Stadt zwischen Vogesen und Schwarzwald immer intensiver.

Ebenfalls graut es mir immer stärker vor den Mahlzeiten in der Regensburger Mensa, die zwar jeden Tag unterschiedlich aussehen, aber stets gleich schmecken. Immer eindringlicher träume ich indes von kulinarischen Entdeckungen rund um Straßburg.

Ein Jahr fernab des Regensburger Studentendaseins bedeutet also ein Jahr lang kein Brüten vor dem Notebook im Kampf um Worte und das korrekte Anbringen von Zitaten. Es bedeutet ein Jahr lang keine Vorlesungen mehr, deren neunzig Minuten sich anfühlen wie eine halbe Ewigkeit. Und es bedeutet ein Jahr lang Köstlichkeiten für den Gaumen statt deutsches Mensaessen.

Alle Prüfungen, die ich für die Zulassung zum Staatsexamen nach meinem Auslandsjahr vorweisen muss, habe ich bestanden. Nur einen einzigen Kurs werde ich an der Universität in Straßburg belegen. Es wird ein Sprachkurs sein, der mein Französisch verbessern und mir Gelegenheiten bieten soll, erste Bekanntschaften auf fremdem Terrain zu machen. Den

Rest der Woche? Einfach leben, genießen, Französisch sprechen, Begegnungen und Streifzüge durch die Region beidseits des Rheins machen.

An einem strahlenden schönen Apriltag fahre ich schließlich voll freudiger Erwartung über die Pierre-Pflimlin-Brücke, die in einem weiten Bogen den Rhein überquert und den feierlichen Startschuss gibt für mein Studienjahr in Straßburg. Der mächtige Grenzfluss zwischen Deutschland und Frankreich glitzert grandios in der Frühlingssonne. Erste Boote aus dem Vergnügungshafen drehen gemächlich ihre Runden, das blau gestrichene Brückengeländer vereint sich mit dem hellblau schimmernden Gewässer. Friedlich scheint der majestätisch langsam dahinströmende Fluss beide Länder zusammenzuheften.

Auf halber Strecke auf der Brücke erblicke ich das lang ersehnte blaue Schild mit den zwölf Europasternen, die das für mich zauberhaft klingende Wort „France" einkreisen. Geschafft! Ich triumphiere innerlich. Endlich ausbrechen aus dem Alltag!

Von nun an geht es schnell: Straßburg grüßt mit ersten Gewerbegebieten. Dann geben alsbald die Häuserzeilen der *cités* den Blick auf den imposanten Münsterturm frei. Und wenig später biege ich in den Boulevard d'Anvers ein, wo ich die nächste Zeit leben werde. Ich habe mir bei einer älteren, allein stehenden Frau ein günstiges Studentenzimmer gemietet. Und offensichtlich werde ich in einem schicken Viertel leben, denn der Boulevard ist gesäumt von prächtigen Häusern mit herrlich verzierten Fassaden. Das Haus steht im sogenannten „Quartier allemand", dem deutschen Viertel, das während der Zeit errichtet wurde, als das Elsass von 1871 bis 1918 deutsch war. Offenbar kam es hier zu keinen größeren Zerstörungen während der beiden Weltkriege – und auch nicht durch allzu fortschrittsgläubige Kommunalpolitiker danach, die in vielen deutschen Städten in ihrem Abrisswahn das vollbrachten, was zuvor den Alliierten mit vereinten Kräften nicht gelungen war.

Den Koffer in der Hand, stehe ich wenig später tapfer an der Wohnungstür und klingele, gespannt zu erfahren, mit wem ich in den nächsten zwölf Monaten Tür an Tür zusammenwohnen werde. Mein Herz klopft nun deutlich spürbar, wohl wissend, dass ein ganzes Jahr in der Fremde kein Pappenstiel ist.

2. Madame Claire

Ein langgezogenes *Oui* ertönt aus der Sprechanlage. Ich stelle mich vor.

„Bonjour Bastian. Entrez!"

Die Aussprache meines Vornamens mit betontem Nasallaut am Ende lässt mich etwas erschaudern, weil ich von den Eltern meines Austauschpartners in der 9. Klasse genauso genannt worden bin. Da aber damals schon sämtliche meiner Korrekturversuche auf taube Ohren gestoßen sind, werden diese auch heute kein Gehör finden. Ich nehme mir daher vor, gar nichts in diese Richtung zu unternehmen. *„Bonjour madame."*

Madame Zimmerwirtin ist eine kleine, zierliche, wuselige Frau mit ebenso wuseliger Haarpracht, die mich sogleich wild gestikulierend und mir vorauseilend in die Küche dirigiert, um mir einen *café au lait* anzubieten. Während seiner Zubereitung darf ich Zeuge eines Lehrstücks französischer Sprachdemonstration sein. Ohne auch nur ein Wort zu der Unterhaltung beitragen zu dürfen, ergießt sich über mich eine nicht enden wollende Aneinanderreihung von Lauten, Wörtern und Sätzen.

Unmöglich, die Wort- und Satzgrenzen ausfindig zu machen. Geschweige denn herauszufinden, worüber hier gerade gesprochen wird. Acht Jahre Französisch am Gymnasium und acht Semester an der Universität werden hier mit einem einzigen Kaffeeaufguss hinweggespült. *Bienvenue en France!*

Wenig später sitzen wir beide uns gegenüber und die in leichtem Singsang gehaltene Ansprache verstummt. Dafür macht sich peinliches Schweigen breit. Außer einem nervösen Räuspern kommt zunächst kein Ton aus mir heraus.

„*Vous voulez du sucre?*", werde ich gefragt.

Ob ich Zucker möchte? Die Dame scheint auch Schulfranzösisch zu beherrschen. Erleichtert verneine ich die Frage, stolz wie jeder Schüler im ersten Lernjahr, der hier auch eine passende Antwort formulieren hätte können.

Und tatsächlich bahnt sich nun zögerlich ein Gespräch an – ein Gespräch allerdings mit zwei Geschwindigkeiten: Ich selbst gleiche eher einem Bummelzug mit vielen zähen Unterwegshalten und Madame prescht wie ein TGV voran, der durch meine verdutzten Blicke keineswegs aufzuhalten ist. Während ich mich also eingleisig und kurvenreich in tiefen, dunklen Tälern nach Worten suchend fortbewege, eilt meine Zimmerwirtin pfeilgerade über Brücken und durch Tunnel ihrem Gesprächsziel entgegen.

Doch dann richtet sie sich ganz unvermittelt auf. Ihr scheint der Treibstoff ausgegangen zu sein … Wann hat sie denn die Zeit gefunden, ihren *café au lait* zu trinken? Meiner ist kaum angerührt, so konzentriert habe ich versucht, mich in unser Geplauder einzubringen.

Wenige Augenblicke später folge ich Madame artig durch ihre Altbauwohnung. Jedes Zimmer wird mir ausführlich gezeigt – angereichert mit Anekdoten aus einem dem Anschein nach prallen Leben. Die Pointen sind für mich jedes Mal unverständlich, aber immer wenn Madame zu kichern beginnt, tue ich es ihr gleich. Wenn sie entrüstet den Kopf schüttelt, platziere ich stets ein knappes *„Ce n'est pas vrai!"*, um auch meinem Entsetzen Ausdruck zu verleihen. Dabei ist es mir vollends schleierhaft, worüber sie sich gerade echauffiert. Die Hauptsache ist, man tut so, als ob man dem Gespräch folgen könne. Sämtliche Strategien, die ich mir während des Schüleraustauschs in der Provence angeeignet habe, sind im Nu wieder abrufbar und kommen zum Einsatz.

Nach einer gefühlten halben Ewigkeit wähne ich mich am Ende meiner Qualen. Madame erklärt mir detailliert die Ausstattung des letzten Raums, der mein Zimmer sein wird. Man müsste ihre Ausführungen für sämtliche zukünftigen Schülergenerationen aufnehmen – sie wären absolut nützlich, wenn man die französischen Begriffe für Möbel und sonstige Einrichtungsgegenstände in kürzester Zeit erlernen müsste. Und das Zimmer ist tatsächlich reich bestückt, ja fast überladen. Erschöpft warte ich auf das letzte dekorative Accessoire: Madame hält ein silbernes Herz in der Hand, ererbt von ihrer Patentante. Sogleich nestelt sie etwas ungelenk an diesem Erinnerungsstück herum, bis die Melodie von *„Frère Jacques"* erklingt.

Wir lauschen konzentriert. Puh! Kurzes Durchatmen.

Doch schon steht das Herz wieder auf seinem angestammten Platz und Madame dreht sich pfeilschnell zu mir um.

„Je m'appelle Claire", stellt sie sich kurzerhand vor, woraufhin mich ein Küsschen links und ein Küsschen rechts überfallen. Bis mir ein *„Enchanté!"* über die Lippen kommt, finde ich mich bereits allein in dem Raum wieder. Claire hat den TGV-Halt in meinem Zimmer schon wieder verlassen und saust mit über 300 Stundenkilometern fort in die Ferne.

„Endlich Ruhe“, atme ich erleichtert auf und lasse mich in mein *grand lit* fallen.

Doch was ist das? Claires Singsang ertönt von Neuem. Ungläubig spähe ich in alle Ecken meines geräumigen Zimmers, doch ich kann sie hinter keinem der vielen, bunt zusammengewürfelten Gegenstände erkennen, die es fast labyrinthisch erscheinen lassen. Spricht sie etwa mit mir durch die Zimmertür? Ich bahne mir den Weg aus meinem Zimmer hinaus und sehe Claire am Telefon – von Neuem in ein ziemlich einseitiges Gespräch vertieft, das ihrem Gegenüber nur wenige Möglichkeiten einräumt, eigene Gedanken einzubringen.

Bleibt mir nur die Hoffnung, dass sie nicht auch noch nachts im Schlaf Anekdoten zum Besten gibt.

3. Ankommen!

Wider Erwarten behält Claire schlafend ihre Neuigkeiten für sich, sodass meine erste Nacht in Frankreich störungsfrei und erholsam verläuft.

Es ist Samstag und ich entscheide mich dafür, ganz Tourist zu sein und den Weg in die Altstadt zu Fuß zurückzulegen. Er führt mich an mehreren prachtvollen, mehrstöckigen Gebäuden aus der Gründerzeit vorbei. Die meisten Häuser lassen sich architektonisch dem Neoklassizismus oder dem Jugendstil zuordnen. Sie stehen an großzügig angelegten Boulevards oder entlang von schicken, engeren Straßenzügen. Fast überall säumen Bäume Schatten spendend die Häuserreihen. Flankiert werden sie von recht chaotisch parkenden Autos, deren Besitzer sich auch von hohen Bordsteinen nicht davon abbringen lassen, nur einen Steinwurf von ihrer Wohnung entfernt zu parken.

Herrlicher Duft nach frischen Backwaren führt mich in eine *Boulangerie* und mit einem goldbraunen Croissant in der Hand beobachte ich eine recht stämmige, ältere Frau, wie sie in ihrem wallenden, geblümten Sommerkleid und mit farbenfrohem Hut zu ihrem Auto eilt. Beim Ausparken vom erhöhten Grünstreifen lässt sie ihren rostigen Peugeot – und sich selbst – äußerst unsanft auf die Fahrbahn plumpsen, wobei die Karosserie unvermittelt Kontakt mit dem Bordstein aufnimmt. Davon unbeeindruckt, lenkt sie ihren Wagen in die gewünschte Richtung und stößt dabei erneut an die hinderliche Straßenbegrenzung. Allem Anschein nach gehen ihr Wagen und die Bordsteinkante des Öfteren ein heftiges Rendezvous ein. Denn einige Blessuren haben sich so über die letzten Jahre angehäuft. Der eindeutig größere Dickkopf in dem ungleichen Duell scheint jedenfalls der Bordstein zu sein.

Kurze Zeit später nähert sich ein anderer französischer Autofahrer und erspäht den nun freien Stellplatz. Auch dieser, mit dicker Brille und tief ins Gesicht gezogener Freizeitkappe, fährt einen ziemlich verbeulten und recht vernachlässigten Wagen. Auch er weiß haargenau, worauf er sich hier beim Einparken einlässt: Langjährige Erfahrungswerte fließen ein in die exakt kalkulierte Geschwindigkeit, die sein Auto in einer fast eleganten Bewegung über die Bordsteinkante in den Grünbereich hievt. Ich bemerke zwar ein kurzes Reifenquietschen beim Tête-à-Tête mit dem heiß umworbenen Bordstein, dies aber verführt den eiligen Monsieur keineswegs dazu, einen prüfenden Blick in Richtung seines Vorderreifens zu werfen. Schnellen Schrittes verlässt er stattdessen den Schauplatz des Geschehens.

Niemals würde ein deutscher Autofahrer sein säuberlich gepflegtes Statusobjekt derart quälen!

Nachdem ich die Place de l'Université überquert habe, erreiche ich die Ill, die die gesamte Altstadt umfließt und zu einer Insel formt. Und da ich ja heute Tourist bin, beschließe ich sogleich, mich an Bord eines der Panoramaschiffe zu begeben, um mich den Sehenswürdigkeiten der Stadt zunächst vom Wasser aus zu nähern.

Die Fahrt mit dem *bateau-mouche* erweist sich als Glücksgriff, da man von diesem ungewohnten Blickwinkel aus in der Tat einen ersten prägenden Eindruck der Stadt Straßburg erhält. Viele bedeutende Bauwerke der Stadtgeschichte ziehen vorüber, der barocke Rohan-Palast, die mittelalterliche Alte Zollhalle, das malerische Gerberviertel Petite-France mit seinem Fachwerkensemble, prachtvolle Kirchen gotischer, romanischer und barocker Prägung. Kein Wunder, dass Architekturstudenten aus ganz Deutschland gern hierher kommen. Es gibt wohl in meiner Heimat keine vergleichbare Stadt mit einer derart großen Fülle an historischen Gebäuden unterschiedlichsten Stils so eng beieinander.

Zum Schluss dreht das *Batorama* noch eine Runde am Europäischen Parlament mit der Glasfassade der Abgeordnetenbüros, die dem Bürger Transparenz vermitteln soll. Auf dem Rückweg grüßt das Sendezentrum des deutsch-französischen Senders *arte*. Mir kommen zahlreiche Sendungen der Reihe „Karambolage" in den Sinn, die ironisch, augenzwinkernd und einfallsreich illustriert deutsche und französische Eigenheiten analysieren und einander gegenüberstellen. In der nächsten Zeit sollten auch mich einige Besonderheiten in Frankreich wiederholt ins Schwitzen bringen.

Anschließend schlendere ich – dem Touristenstrom Richtung Altstadt heute noch nicht folgend – zur Place de la Bourse, wo mich die Brasserie „Stern" magisch anzieht. Ich gönne mir *un demi de bière*, ein halbes Bier also. Die Bezeichnung *un demi* schmeichelt der Größe des servierten Getränks jedoch sehr, da man in Frankreich bei Weitem keinen halben Liter in Händen hält, wenn man ein *demi* bestellt, sondern lediglich die Hälfte der Hälfte eines Liters. Wenig später bin ich allerdings froh, dass das Bier so arg geschrumpft daherkam – die Stärken französischer Lebensmittelproduktion liegen auf jeden Fall woanders. Es sollte bei diesem Anfängerfehler bleiben, denn die kommenden Wochen würden auch mir die Augen öffnen, welche Genüsse das Elsass und die benachbarte Ortenau dem Besucher bereitstellen, wenn man sich interessiert und mit einer gewissen Portion Mut darauf einlässt.

Soirée Chansons – 21 heures – Kehl. Mein Blick fällt auf ein recht wenig professionell gestaltetes Plakat gegenüber der *Brasserie*. Mehrere unterschiedliche Schrifttypen, die wenig zueinander passen, und eine abenteuerliche Auswahl an grellen Farben, die nicht zu einem stimmigen Ganzen finden wollen, zieren es. Wahrscheinlich ist es genau diese Uninspiriertheit, die mich auf die angekündigte Veranstaltung, offensichtlich ein Großereignis, aufmerksam macht. Das Auge ist ja eigentlich eher mit perfekt gestylter Werbung vertraut und straft aus Gewöhnung genau diese dann mit grober Missachtung. Entweder ist der Organisator des Abends, der mutmaßlich auch den kunterbunten Aushang entwarf, ein Genie, weil er so seinen Chanson-Abend aus der gleichförmigen Masse unspektakulärer Hochglanzplakate hervorheben wollte. Oder aber die Veranstaltung verläuft ähnlich wie die chaotische Gestaltung seines *affiche*. Jedenfalls findet der Abend in einer Bar mit französischem Namen in der deutschen Grenzstadt Kehl statt und gespielt werden Chansons aus der guten alten Zeit. Warum nicht das Auslandsjahr statt in einer beliebigen Studentenkneipe mit einer originellen *soirée* beginnen, die sich dieser berühmten, allseits verehrten und zutiefst französischen Musikrichtung widmet?

„Sie fahren nach Kehl heute Abend?"

Claire sieht mich mit einem Gesichtsausdruck an, der nichts Gutes verheißt. Mit erhobenem Zeigefinger klärt sie mich über den Sündenpfuhl auf, der sich jenseits des Rheins an Straßburg anschließt. An jeder Ecke gebe es liederliche Etablissements, verrauchte, übel riechende Spielhöllen, vagabundierende Gangstertrupps unterschiedlichster Herkunft.

Bref! In Kehl gibt es alles, was man in Straßburg verboten oder aus dem Stadtbild eliminiert hat. Kein Straßburger, der etwas auf sich hält, würde je einen Fuß in diesen scheußlichen Moloch setzen. Sie selbst würde stets ihr Auto verriegeln, wenn sie an einer der Ampeln der Bundesstraße, die Kehl am Stadtrand streift, zu stehen käme – ein wachsames, prüfendes Auge auf all jene gerichtet, die sich in der Nähe ihres Fahrzeugs verdächtig verhalten. Täglich könne man in den „Dernières Nouvelles d'Alsace", der elsässischen Lokalzeitung, von brutalen Übergriffen, hinterhältigen Diebstählen und bürgerkriegsähnlichen Ausschreitungen lesen. Wie es möglich sei, dass in meiner Heimat hiervon nicht geschrieben werde, fragt sie mich. Ob die Presse in Deutschland frei berichten könne?

Mir kommen eher Nachlässigkeiten der französischen Presse in den Sinn. So ließen Journalisten der *Grande nation* jeden investigativen Instinkt vermissen, als sie sich über Mitterrands uneheliches Kind ausschwiegen, Chiracs Beschäftigungspolitik in Paris erst arg verspätet ins öffentliche Bewusstsein rückten oder brennende Autos und Bibliotheken eher nur am Rand erwähnten, statt dies offensiv und publikumswirksam anzuprangern.

Ich bereite mich also innerlich auf eine von der Polizei aufgegebene Wild-West-Kleinstadt vor, die ihrem Schicksal überlassen am Rande Baden-Württembergs dahinvegetiert.

4. Zahme Bestie Kehl

Gänzlich ungeschützt und ohne jegliche Ausbildung im Nahkampf steige ich aus meinem alten VW Golf aus und werfe ihm nochmals einen letzten Blick zu. Nach Claires Prophezeiungen würde ich mit dem Zug zurückkehren müssen, so häufig verschwänden in Kehl Fahrzeuge am helllichten Tag. Der Wertverlust wäre für mich angesichts meines fahrbaren Methusalems dennoch verkraftbar.

Kehl ist tatsächlich auf den ersten Blick keine schöne Stadt. Schmucklose, zeitgenössische Zweckbauten wechseln sich mit funktionaler Architektur der 50er- und 60er-Jahre ab. Nur selten zeugt ein im Zweiten Weltkrieg verschontes Stadthaus vom ehemaligen Glanz. Die angekündigten, umherstreunenden Horden krimineller Zeitgenossen scheinen sich jedoch heute eine Auszeit genommen zu haben. Vielleicht schlagen sie auch erst nachts unvermittelt zu und ziehen dann plündernd von Bar zu Bar. Noch sieht jedenfalls alles nach einem friedlichen Abend aus.

Die Bar liegt meinen Recherchen zufolge in einer Seitengasse des Marktplatzes. Und dieser Marktplatz lässt sich sehen: Großspurig raumgreifend drängt er die Häuserzeilen zurück. Die evangelische Kirche erscheint schmächtig angesichts der Ausmaße dieses Platzes, den sich die 30.000-Einwohner-Stadt leistet.

Mein Blick bleibt an einem kleinen Café-Bistro hängen, das sich einstöckig mit flachem Dach unter mächtige Kastanienbäume duckt und sich augenzwinkernd „Wolkenkratzer“ nennt. Der originelle Name ist mir einen Kaffee wert! Und so lasse ich den überdimensionierten Kehler Marktplatz bei einem fantastischen *Café grand noir* im ovalen Rund des Bistros aus der Froschperspektive auf mich wirken, während wahrscheinlich andere Erasmus-Studenten in diesem Augenblick vom beeindruckenden Pariser Hochhaus Montparnasse aus schwindelerregender Höhe auf das glanzvolle Paris herunterblicken.

Oft werde ich von meinen langjährigen Freunden aus der Jugendzeit ernsthaft bemitleidet, ein langes Jahr fernab von Heimat, lieb gewonnener Routine und den wohligen Vertrautheiten des Alltags verbringen zu müssen. Für viele wäre bereits der Gedanke an das einsame Betreten eines Cafés ohne die Gewissheit einer Verabredung eine Schreckensvision. Ich dagegen schätze genauso die Gesellschaft einer Tageszeitung, von der man jederzeit aufblicken kann, um die anderen Gäste und Passanten zu mustern. Ein gewisser, dezenter Voyeurismus liegt ja in der Natur des Menschen. Nicht umsonst stehen nicht nur in Frankreich alle Sitzplätze einer Caféterrasse streng ausgerichtet mit Sicht auf den bemerkenswertesten Laufsteg, den des alltäglichen Lebens. Genauso wird jeder neue Gast, der, rechtzeitig angekündigt durch das Klacken einer Tür oder einen kurzen Windstoß, ein Bistro oder eine Bar betritt, vom angestammten Publikum genauestens begutachtet.

Exakt diese Prüfung steht mir nun bevor. Vor mir leuchtet – wiederum in greller Farbgebung – der Schriftzug der Bar, in der die *Soirée chansons* stattfinden soll. Oder besser gesagt, es flackern einige wenige Buchstaben. Der Rest ist verstummt, schweigt wohltuend für das menschliche Auge. Dalidas markant tiefe Frauenstimme dringt nach draußen, zusammen mit den Tönen wenig notenfester Hobbysänger, die vor allem zum Refrain lautstark ansetzen. Der erste Gast werde ich also nicht sein.

Zu meinem Erstaunen ist die Bar regelrecht winzig – ein längerer Gang mit schmalen Stehtischen, der im Thekenbereich etwas an Tiefe gewinnt. Nicht auszudenken, wenn das kunstvoll gestaltete Plakat in Straßburg noch mehr Grenzgänger angesprochen hätte. Ich entschließe mich dennoch zu bleiben, um die sangesfreudigen Gäste – ein gutes Dutzend vermutlich – kraftvoll zu unterstützen.

An der Theke bestelle ich ein Weißbier, denn bei aller Begeisterung für ein Jahr in der Ferne möchte ich Körper und Seele nicht alles entziehen, woran sie sich in ihrem bisherigen Leben gewöhnt haben. Wohl wissend, dass außerbayerische Barkeeper ein originär trübes Hefeweißbier im Handumdrehen durch falsches Eingießen in ein vollkommen durchsichtiges Kristallweizen verwandeln können, schiebe ich hinterher: „Ich schenke es mir gerne selbst ein."

Konzentriert gieße ich den Inhalt der Flasche in das Glas, aktiviere durch ein kurzes Rütteln sorgfältig die am Flaschenboden angesammelte Hefe und füge sie dann dem Ganzen kunstvoll hinzu, sodass das Getränk nun eintrübt, bernsteinfarben aufleuchtet und eine zauberhafte Schaumkrone erhält.

Während ich stolz das Ergebnis meines Tuns betrachte, zucke ich zusammen. Eine sonor-tiefe Bassstimme, die spielend Gilbert Bécauds *„Et maintenant"* aus dem Lautsprecher übertönt, überrascht mich, indem sie zutiefst vertraute, bairische Laute abgibt: „Ja glaubst du, mir können do koa Weißbier ned einschenken?"

Vor mir steht offenbar ein Landsmann, der neben der typischen Lautfärbung die für unseren Dialekt charakteristische doppelte Verneinung perfekt beherrscht. Auch erkannte der mit einer durch und durch barocken Figur ausgestattete Mann offenbar im Nu Nuancen des Bairischen in meiner für mich eindeutig hochdeutsch ausgesprochenen Bitte an den Barkeeper.

„Prost, Bayer. Ich bin Jürgen aus Kehl, ein waschechter Badener!“

Ich proste zurück, ganz erstaunt über den astrein artikulierten badischen Akzent, den Jürgen mir nun offeriert. Und er beeindruckt mich nicht nur dialektal. Er hat sich ein schwarzes T-Shirt mit buntem Aufdruck über seinen stolzen Bauch gestreift und trägt dazu lässig eine ockerfarbene Lederjacke. Seine dichten Haare sind jugendlich nach vorne gegelt und fein säuberlich am Haaransatz in fast symmetrischer Anordnung aufgestellt. Dabei könnte Jürgen mit meinem gescheitelten, Hemden tragenden Vater zur Schule gegangen sein.

Der Abend wird wunderbar. Jürgen ist ein Meister des schlitzohrigen Wortspiels und des geschickten Vermischens deutscher Sprachstrenge mit französischer Worteleganz. Wir fechten mit Wörtern, stoßen immer wieder ins jeweils gegnerische Terrain vor und parieren gekonnt verbale Vorstöße des anderen mit schlagfertigen Retouren. Chancenlos und bis aufs Äußerste entwaffnet bin ich, wenn Jürgen meisterhaft auf der Klaviatur deutscher Dialekte spielt. Selbst die Lautsprecher der liebenswert unprofessionell geführten Bar kapitulieren bei so viel Imitationstalent mehrmals. Einen weiteren nicht unwesentlichen Beitrag hierzu leisten gewiss auch die abenteuerlich hintereinandergeschlossenen Mehrfachsteckdosen, die alle aus einer einzigen Stromquelle gespeist werden.

Selten amüsierte ich mich bislang mit einem unbekannten Menschen so geistreich. Dassin, Brassens, Piaff und Moustaki dudeln als Stars des französischen Chansons nur mehr als unbedeutender Klangteppich aus dem Off.

Was ich am nächsten Tag vorhätte, möchte Jürgen schließlich wissen. Da Sonntag ist, würde ich mir ein Restaurant gönnen und mir eine köstliche *tarte flambée* in der Straßburger Altstadt munden lassen.

Jürgens Mund verzieht sich, als hätte er einen kräftigen Schluck Zitronensaft hinuntergewürgt. Er sieht mich mit erschrockenen Augen an und fuchtelt wild mit seinem Zeigefinger vor meinem verdutzten Gesicht herum. Einen leckeren Flammenkuchen in der Straßburger Altstadt zu finden, gleiche einem Vabanquespiel mit ungewissem Ausgang. Nie – er fügt zur Bekräftigung ein dreimaliges französisches *jamais* hinzu –, nie werde er sich zwischen all die Touristen zwängen und die Gewinnmaximierungsstrategien der Straßburger Flammenkuchenmafia unterstützen, die einem Kartell gleich die Preise stets einheitlich erhöhen und dabei zusehends immer mehr an Zutaten sparen würde bei einem sowieso schon geringen Wareneinsatzwert.

Jürgen scheint auch über betriebswirtschaftliche Grundkenntnisse zu verfügen.

„Und wenn wir in Deutschland ein Flammenkuchenrestaurant aufsuchen?“, frage ich vorsichtig.

Wieder lässt Jürgen seinen Zeigefinger vor meinem Gesicht umherwandern, um ihn dann mahnend hochzustrecken: „Die Deutschen sind zu grob, um guten Flammenkuchen zuzubereiten. Der Teig ist viel zu dick, zu blass und meistens labbrig, der Sauerrahm stets zu üppig portioniert und der Service oft hanebüchen.“

Ein Gourmet und Kenner kulinarischer Gaumenfreuden steht leibhaftig vor mir!

Und Jürgen kennt auch einen Ausweg aus diesem gastronomischen Dilemma. Eine Viertelstunde hinter Straßburg gebe es einen einfachen elsässischen Landgasthof, in dessen Küche die Zutaten in einem dank der Erfahrung vieler Generationen ausgeklügelten Verhältnis kombiniert werden und anschließend die exakt nötige Zeit in einem Holzofen ausharren, um dann unbeschreiblich duftend den Weg in die meist stattlichen Bäuche der Gäste zu finden – von der charmanten *patronne* höchstpersönlich serviert. *Un délice!*

„Und was man dort nach der *tarte flambée* zum Hauptgang am besten verspeist, verrate ich heute noch nicht." Jürgen sieht mit geheimnisvoller Miene an mir vorbei und scheint, ganz entrückt, die lukullischen Genüsse vorwegzunehmen.

Nach diesem beinahe tranceartigen Moment des Innehaltens verabreden wir uns voll Vorfreude für den nächsten Abend – mit dem rauchigen Duft von knusprigen Flammenkuchen in der Nase und dem wohligen Knistern des Holzofens in den Ohren.

5. Patricias Tartes flambées und Oliviers Cordons bleus

Claire hat sich zum Sonntagsplausch eine mindestens so impulsive Gesprächspartnerin, wie sie selbst es ist, eingeladen. Beide quasseln im Stakkato ohne vernehmbares Luftholen aufeinander ein, was mir die Gelegenheit bietet, unbemerkt und ohne zeitlich ausufernde Verzögerungen die Wohnung zu verlassen. Etwas zu früh stehe ich deshalb am vereinbarten Treffpunkt.

Jürgen kommt wenig später im gepflegten Mercedes älteren Baujahrs an. Und er kommt nicht allein, zwei Freunde von ihm haben scheinbar auch großen Hunger auf Patricias sagenumwobene *tartes flambées.*

Trotz knurrender Mägen schwingen sich jedoch alle drei aus dem Wagen, um mich ordentlich zu begrüßen, was bei jedem der drei etwas anders aussieht. Jürgen gibt mir jugendlichlässig einen Handschlag. Sein Freund Haiko möchte korrekt die Hand geschüttelt bekommen, was umgehend schmunzelnd damit kommentiert wird, dass er eben aus Norddeutschland stamme. Günters Frau Inès straft beide jedoch mit einem abfälligen Blick und zischt ihnen entgegen: „In Frankreich gibt man sich einen Wangenkuss."

Inès ist Französin und sofort erinnere ich mich an das unumgängliche *faire la bise*, ein in ganz Frankreich hochheiliges und penibel genau gepflegtes Begrüßungszeremoniell, das mir in der Provence von der Familie meines Austauschpartners mit größter Geduld beigebracht wurde. Ich brauchte gewisse Zeit, mich daran zu gewöhnen, dass man in Frankreich sein Gegenüber mit mehr als nur einem Handschlag begrüßt. Dass man Männer an den Armen greift, ihnen durch die Haare streicht oder sich gleich innig und auf sämtliche Körperteile klopfend umarmt. Und dass man Frauen sanfte Wangenküsse gibt.

Wichtig ist allerdings, dass der Grüßende sein weibliches Gegenüber nur mit einem zarten Hauch berührt und man nicht brutal die Köpfe aneinanderstößt. Für einen blutigen Anfänger wie mich bedeutete allein dies bereits einige peinliche Übungslektionen. Wichtig ist aber auch, zu wissen, wie oft diese angedeutete Berührung abwechselnd auf beiden Wangen zu erfolgen hat. In der Provence wurde mir eingeschärft, es müssten drei an der Zahl sein. So weit, so gut. Doch nun galt es noch herauszufinden, auf welche Wangenseite der erste der drei Küsse platziert werden musste. Mit der Zeit bekam ich ein Auge dafür, in welche Richtung sich der Kopf meines Gegenübers bewegte und so konnte ich blitzschnell reagieren und meistens größere Verletzungen verhindern. Und die Ehre Deutschlands mit Bravour verteidigen.

Auch Inès gab mir durch eine eindeutige Kopfbewegung den Einstieg vor. Erleichtert und mit dem gewissen Stolz des beflissenen Weltenbummlers besinne ich mich auf meine Erfahrungen und entschließe mich, einem Profi gleich, Jürgen und Haiko zu zeigen, wie stilsicher und gewandt ich französische Gepflogenheiten beherrsche. Nach dem zweiten Kuss ziele ich allerdings peinlich ins Leere und Inès klärt mich unter dem breiten Grinsen der beiden Männer darüber auf, dass man im Elsass nur zwei Küsse austauscht. Ich nehme mir von nun an vor, die Kopfbewegungen künftig nicht nur auf ihre Richtung zu überprüfen, sondern auch deren Beendigung reaktionsschnell zu registrieren.

Recht schnell befinden wir uns außerhalb der Stadt. Mit Blick auf die Vogesen und ihre vorgelagerten Weinberge fahren wir durch mehrere malerische Dörfer mit schmucken Fachwerkhäusern. Ich staune, mit welchem Gespür die Menschen hier Farbtöne für ihre Wohnhäuser ausgesucht haben, die mit dem verwendeten Holz eindrucksvoll harmonieren. Sanftes Orange, selbstbewusstes Gelb, zartes Hellblau, dezentes Olivgrün – die Gebäude geben ein friedliches, farbenprächtiges Gesamtkunstwerk ab, dessen Wohlklang von den Strahlen der tief stehenden Abendsonne herausgestrichen wird. Die Sonne spiegelt sich effektvoll in wunderbar eingepassten Sprossenfenstern, die wiederum von hölzernen Fensterläden verzierend eingerahmt werden. Wie grau erscheinen da viele deutsche Ortskerne, ihrer historischen Bausubstanz durch brutale Modernisierungen und gnadenlosen Abriss ganzer Häuserzeilen beraubt, die Gebäude oft uniform weiß gestrichen, die Fenster wie viereckige Löcher ins Mauerwerk geschlagen, ohne jegliches schmückendes Beiwerk. Die Farbenpracht der elsässischen Dörfer steigert sich dagegen noch durch liebevoll gestaltete Kästen voll Blumen, die Hofzäune, Straßenlaternen und Brückengeländer herausstaffieren.

Die Dörfer können sich von einer unabhängigen nationalen Kommission mit dem Prädikat *village fleuri* auszeichnen lassen. Zusätzlich zu dieser bloßen Bezeichnung als Blumendorf können bis zu vier rosafarbene Blütensymbole zuerkannt werden, um die Größe der Blumenpracht des jeweiligen Ortes gebührend zu würdigen. Im Elsass scheinen die Dörfer und Städte in einen regelrechten Dekorationswettbewerb um den am geschmackvollsten herausgeputzten Ort geraten zu sein. Jedes Dorf, das wir auf der Landstraße passieren, ist ausgezeichnet und tut dies dem Reisenden kund, indem der Hinweis auf das *village fleuri* samt der erzielten Blütensymbole trophäenhaft unter dem Ortsschild prangt.

Und jeder Ort hier beherbergt einen stattlichen Landgasthof. Diesen kann man nicht nur durch einen noch üppigeren Blumenschmuck und ein kunstvoll verziertes Gasthausschild, aus Messing oder mit Goldfarbe übersprüht, ausfindig machen, sondern auch durch die zahlreichen, abenteuerlich parkenden Autos, die von ihren hungrigen Lenkern hastig abgestellt wurden – ohne Rücksicht auf den vorbeirollenden Verkehr und ohne jegliche Furcht vor abgefahrenen Außenspiegeln und unschönen Lackschäden.

Ça y est! Wenig später sind wir am Ziel. Das Restaurant „Le Landsbourg“ befindet sich in dem kleinen, eher belanglosen Ort Wiwersheim und steht recht unprätentiös am Ende des Dorfes. Etwas enttäuscht blicke ich auf ein schmuckloses Gebäude ohne jegliches Fachwerk und ohne jene harmonische Farbgebung, die mich bisher an den Häusern so beeindruckt hat. Kein historisches Gasthausschild grüßt den Gast, nur ein banal gestaltetes, über dem Eingang angebrachtes blaues Plastikschild verrät den Namen der *auberge*. Gewiss hätte ich als Tourist nicht dieses Restaurant gewählt, um einem Urlaubstag den krönenden kulinarischen Abschluss zu verleihen. So stehen vor dem Gebäude auch ausschließlich Autos mit dem 67er-Kennzeichen, alles Einheimische aus dem Département Bas-Rhin.

Ich folge Jürgen, Haiko und Inès etwas desillusioniert in den Gasthof, um aber wenige Augenblicke später einen für mich unvergesslichen Moment zu erleben: Sowie ich den Gastraum betrete, tummeln sich in meiner Nase die verheißungsvollsten Gerüche – eine Mixtur aus geräuchertem Speck, Knoblauch, würzigem Käse, untermalt von Röstaromen, wie sie nur ein gut gefütterter Holzofen verbreiten kann. Ein sympathisch zwanglos gekleideter Kellner befeuert *en passant* das Potpourri an Düften noch zusätzlich: Er balanciert eine großzügige Schüssel mit goldbraunen Bratkartoffeln an uns vorbei, die uns unter einer wohlig duftenden Schicht von mit viel Geduld angebratenen Zwiebeln grüßen. Jürgen deutet eine diebische Handbewegung in Richtung dieser vorbeiziehenden Leckerbissen an und spitzt genüsslich seinen Mund. Seine ausgeprägte Bassstimme stößt dabei unverkennbare Mmh-Laute aus und ahmt dabei unfreiwillig die Geräusche eines heftig knurrenden Magens nach.

„Beruhige dich, Jürgen. Patricia kommt sofort und zeigt euch euren Tisch. Dann kann es losgehen!“, ruft uns der Kellner zu und düst mit seinen duftenden Schätzen davon.

„Ben oui, François! Mir hän Hunger!“

Jürgen scheint während der Autofahrt sein elsässisches Sprachzentrum aktiviert zu haben. Oder zeigt der wunderbar gemütlich eingerichtete Gastraum seine Wirkung? Die elsässischen Farben Rot und Weiß zeigen sich nicht nur an den Wänden. Auch Vorhänge und Servietten betonen die Verbundenheit mit der Region. Sogleich fallen mir die Teller ins Auge, die mit traditionellen Motiven des Elsass, mit Gänsen, Störchen und Kindern in regionaler Tracht verziert sind. Den Gastraum selbst unterteilen alte, senkrecht und quer verlaufende dunkle Holzbalken, die wohl aus einer vormals vorhandenen Mauer freigelegt wurden. Alles wirkt auf mich überaus einladend – und offensichtlich auch auf die anderen Gäste, die sich ungezwungen und bestens gelaunt unterhalten. Die gelöst-heitere Atmosphäre hier hat schier gar nichts gemein mit den zumeist steril und kühl eingerichteten Restaurants der *haute cuisine*, in denen die Gäste einander höchstens zuflüstern und dabei stets von den zahlreichen Bediensteten des vornehmen Hauses überaufmerksam umsorgt werden.

Mein Blick bleibt gerade an einer dekorativ an einem Balken befestigten Gugelhupf-Form hängen, als von weitem Jürgens Vorname in französischem Akzent erklingt.

„Jürgen! *Mais quel plaisir!* Schön, dich zu sehen."

Die tiefe, etwas rauchig-heisere Frauenstimme gehört der *patronne*. Patricia kommt mit einem überaus freudvollen Gesichtsausdruck und wild mit ihren Armen fuchtelnd auf uns zu.

Obwohl das Restaurant voll besetzt ist, beginnt die aufwendige französische Begrüßungsprozedur von Neuem. Und es sieht köstlich aus, wenn sich der groß gewachsene Jürgen mit seiner stattlichen Figur abmüht, die zierliche Patricia zu umarmen und auf die Wangen zu küssen. Als auch ich genauso herzlich wie die anderen begrüßt werde, fehlt mir nichts mehr, um mich hier im „Landsbourg" rundum wohlzufühlen.

Nach den dieses Mal auch von mir gemeisterten *bises* – Haiko bevorzugt preußisch diszipliniert wieder die Begrüßung per Hand – widmen wir uns der Auswahl des Aperitifs.

„Echte Männer trinken im Elsass einen *Picon bière* zum *Apéro.*“, merkt Inès an.

Um meine Männlichkeit gebührend unter Beweis zu stellen, stimme ich diesem Vorschlag unverzüglich zu.

Mich überrascht der große Erfindungsreichtum der Franzosen, ihr wenig schmackhaftes Bier zu veredeln. Hier gießen sie einen Orangenlikör namens Picon in einem Verhältnis von ungefähr eins zu fünf hinzu. Für jeden Bayern wäre eine solche Panscherei ein merkwürdiger, ja ungeheuerlicher Vorgang! Aber ich muss gestehen, dass dieses für mich neuartige Mixgetränk Charme hat, bitter, fruchtig und gleichzeitig leicht hopfig im Geschmack.

„Der *Picon bière* ist ein traditionelles Aperitifgetränk im Elsass, ja im ganzen nordöstlichen Frankreich“, klärt mich Inès auf.

Ein typisches Getränk für die Region also und somit genau das richtige für mich, denn ich möchte mich ja einlassen auf diese Gegend und nicht engstirnig auf Bekanntem verharrend dieses Jahr hier verbringen. Viel Neues möchte ich entdecken – und heute eben einen *Picon bière.*

„Comme d'hab?“

Patricia steht erwartungsvoll und herzlich lächelnd samt Bestellblock vor uns und möchte wissen, ob die Gruppe wie gewohnt speisen werde.

Jürgen nickt etwas irritiert, nicht wissend, warum diese Frage überhaupt gestellt wird.

Patricia blickt zu mir, als wolle sie mich in die Entscheidungsfindung mit einbeziehen. Doch im Innersten entschlossen und mit der mutigen Bereitschaft, mich den Gepflogenheiten der Stammkunden anzupassen, antworte ich unerschrocken: *„Oui, comme d'hab!"*

Gleichzeitig bleibt mir allerdings nicht verborgen, dass Inès in diesem Moment zusammenzuckt und die eben geöffnete Speisekarte konsterniert wieder schließt. Haiko scheint auch leicht beunruhigt zu sein und bläst sich ins Gesicht, um die hervorschießenden Schweißperlen zu bändigen.

„Wer fährt, schafft an!", murmelt Jürgen mir zu, seine Augen in meine Richtung weit aufgerissen.

Ich kann mein Lächeln nicht verbergen, obgleich mir dies angesichts der erblassten Gesichter von Haiko und Inès recht schnell wieder gefriert. Ich frage mich nun, wozu ich meine Einwilligung gegeben habe.

Patricia schreibt indes zahlreiche, nicht zu entziffernde Kürzel auf ihren Bestellblock und ruft mir grinsend zu: „Du wirst den Abend genießen. Herzlich willkommen im Elsass!" Sie huscht noch kurz zu mir, umarmt mich von hinten und eilt freudig tänzelnd in Richtung Küche.

Unter dem Eindruck dieser herzlichen Umarmung erfüllt mich ein tiefes Glücksgefühl. Es sind unbeschreibliche Emotionen, wenn einem in der Ferne nach so kurzer Zeit so deutlich signalisiert wird, dass man dazu gehört, vor allem wenn man für ein Jahr alles Vertraute und Liebgewonnene zurücklässt und ganz von vorne anfängt. Das Leben beginnt quasi von Neuem. Besser gesagt, es kommt eine zweite Säule hinzu, und diese muss fortan errichtet werden. Ein vielversprechendes Fundament ist bereits am dritten Tag gelegt: Ich fühle mich wohl mit meinem väterlichen Kumpan Jürgen und seinen Freunden. Und Patricia vermittelt mir in ihrem Restaurant Geborgenheit, ein Gefühl, von dem ich mir nicht erwartet hatte, dass dieses sich so rasch einstellen würde, hier im Elsass, weit weg von Bayern.

In den nächsten zweieinhalb Stunden kommen mir jedenfalls keinerlei Gedanken des Heimwehs in den Sinn, denn ich bin damit beschäftigt, Jürgens kolossales Abendmenü zu bewältigen, eine Speisen- und Getränkeabfolge, die sich laut Haiko in den letzten Jahren mehr als genug bewährt hat.

So starten wir, begleitet von einer Flasche fruchtig-säuerlichen Rieslings, mit zweierlei *tartes flambées* in den Abend. Ein klassischer Flammenkuchen mit Speck, Zwiebeln und Rahm und ein gratinierter mit würzigem Käse zusätzlich obendrauf, der bereits die ersten nicht zu leugnenden Sättigungsgefühle bei mir hervorruft. Die Rahmkuchen sind tatsächlich eine Schau: reich belegt, die Zutaten zweifelsohne von hervorragender Qualität, der Teig dünn, an den Rändern knusprig, von der *patronne* höchstpersönlich am Tisch in Stücke von einer ideal mit der Hand faltbaren Größe geschnitten. Denn ein Kenner isst den Flammenkuchen in Frankreich stets mit den Fingern. Messer und Gabel bleiben elegant auf dem Tisch, um für die noch kommenden Genüsse griffbereit zu sein.

Zu diesem Zeitpunkt schon muss ich gestehen, dass sich jeder Kilometer hinaus ins ländliche Elsass gelohnt hat. Laufkundschaft findet sich hier im touristischen Niemandsland auf halber Strecke zwischen Straßburg und den Winzerdörfern nicht. Man ist auf Stammkunden aus der unmittelbaren Umgebung angewiesen, allesamt Franzosen, die selbst in einem einfachen Landgasthof höhere Ansprüche an Küche und Service stellen als wir Deutschen.

Nach den wunderbaren *tartes flambées* serviert uns Patricia eine immens große Schüssel randvoll mit verschiedenen Salaten, Walnüssen und Roquefort-Käse. Wir haben Mühe, dafür

Platz zu finden inmitten der Teller, diverser Gläser und Flaschen, der obligatorischen Karaffe Wasser und des nicht wegzudenkenden Körbchens mit resch gebackenem Baguette.

„Ich habe mich durch alle Salate hier durchprobiert, aber ein Stückchen Walnuss, kombiniert mit dem würzigen Blauschimmel des Roqueforts, dazu die hervorragend abgeschmeckte Vinaigrette – einfach himmlisch!", schwärmt Jürgen und verteilt die angekündigten Gaumenfreuden auf unsere vier Teller.

Von Inès kühn angeregt, gestehen wir uns danach eine kulinarische Pause zu. Selbst Jürgen akzeptiert dies, wenn auch etwas zähneknirschend. Und während er sich etwas verlegen ein paar Baguettestückchen in den Mund schiebt, habe ich Zeit, meine neuen Bekannten etwas zu mustern.

Haiko ist den ganzen Abend über stets freundlich-zurückhaltend, folgt aber mit seinen wachen Augen artig und in sich ruhend den humorvoll-ironischen Gesprächen zwischen Jürgen und seiner Frau. Seine schmalen Lippen können sich ein amüsiertes Lächeln dabei meist nicht verkneifen.

Inès scheint eine äußerst lebenslustige Frau zu sein. Die gesunde Bräune ihres Gesichts wird von den schwarzen Locken noch zusätzlich hervorgehoben. Sie lacht gerne laut, vor allem wenn Jürgen wieder mit den Worten spielt, charmant mit Patricia schäkert oder das übrige Personal bei Laune hält. In fast fehlerfreiem Deutsch, aber mit einem doch nicht ganz zu verbergenden französischen Akzent kann sie Jürgen meist Paroli bieten, selbst wenn dieser ihren Sprachduktus dann liebevoll imitiert.

Auch ich komme zu Wort, muss dabei immer wieder Auskünfte über meine bayerische Heimat geben.

Ob in meiner Gegend auch so ein toller Riesling wachse?

In Ermangelung eines echten Weinbaugebiets in Regensburg muss ich klein beigeben und die Frage beschämt verneinen.

Ob die *tartes flambées* bei uns ebenfalls so lecker schmecken würden?

Auch hier muss ich etwas neidvoll zugeben, dass es in meiner Stadt keine authentischen Rahmkuchenrestaurants gibt, und wenn man tatsächlich einen „Original elsässischen Flammenkuchen" auf einer Speisekarte entdecken sollte, gilt das Prinzip „Finger weg", da es sich eher um Tiefkühlkost handeln dürfte. Regensburg ist eher bekannt für sein italienisches Flair und seine Pizzerien. Jürgens Blick lässt mich meine Ausführungen aber sogleich beenden, verrät er mir doch, dass meine Schilderungen einen recht missglückten Vergleich darstellen.

Ob ich schon mal ein echtes *Cordon bleu* gegessen hätte, will Haiko dann wissen.

Endlich kann ich einer Frage zustimmen. „Klar, mit Schinken und Käse gefüllt. Ein geniales Gericht!", verkünde ich erleichtert.

„Und bestimmt vom Schwein!", erwidert Jürgen.

„Ja, gewiss … Wieso?", frage ich etwas verwirrt.

„Na ja, hier in Frankreich wird Kalbfleisch verwendet. Und im Elsass füllt man das Fleisch oft mit Münsterkäse und geräuchertem Schinken. Des Geschmacks wegen!"

Ich muss erneut kapitulieren. Wie auch immer Münsterkäse schmecken sollte, von dieser Käsesorte habe ich in Regensburg jedenfalls noch nie gehört.

Mitleidsvolle Blicke sind auf mich gerichtet. Ich vermute, dass mich Inès in einer Gegend ohne großartige kulinarische Genüsse verortet, bewohnt von barbarischen Banausen, die ihr Schweineschnitzel notdürftig mit geschmacksneutralem Käse und synthetischem Formschinken füllen. Den Tourismus in meiner Heimatstadt habe ich heute sicherlich nicht angekurbelt. Aber mal sehen, ob das *Cordon bleu* tatsächlich hält, was Inès und Jürgen unentwegt versprechen …

Und in der Tat, die Verheißungen erfüllen sich und kommen einer regelrechten Offenbarung gleich: Zartes Kalbfleisch und würziger Münsterkäse, der glänzend harmoniert mit dem geräucherten Schinken, verwöhnen unsere Gaumen. Die ohnehin schon stolze Portion Fleisch wird großzügig begleitet von einer geschmackvollen *sauce à la crème*. Und die Bratkartoffeln, die uns schon zu Beginn des Abends am Eingang verführerisch begegneten, finden sich nun frisch zubereitet in der Mitte unseres Tisches ein, als stimmige Beilage für die *Cordons bleus*.

„Mit dem Kalorienzählen kann man nun getrost aufhören …“, bemerkt Inès sichtlich erschlagen.

Jürgen kontert, er habe heute damit gar nicht erst angefangen. Und ich frage mich, ob sich Jürgen jemals mit derartiger Zählerei gepiesackt hat.

Jürgen hat inzwischen den Wein gewechselt. In unseren Gläsern schimmert nun ein trockener *Pinot noir*, eine regionale Rotweinsorte, die im Elsass oftmals leicht gekühlt getrunken wird. Und obwohl mein Hungergefühl sich mittlerweile in engen Grenzen hält, findet das in jeder Hinsicht vorzügliche *Cordon bleu* zu meinem Erstaunen bis zum letzten Bissen den Weg in meinen Magen. Langsam essen ist das Motto der Stunde!

„Ihr Bayern seid aber nicht die Schnellsten!“, wirft Jürgen mir vor, als ich wiederholt innehalte. Er und Haiko können es kaum erwarten, ihrem Verdauungsapparat mit einem Schnäpschen beizustehen.

Wenig später aber kann ich sichtlich geschafft die Bestellung hierfür freigeben. Die Wahl fällt auf einen *Marc de*

Gewurz, einen elsässischen Tresterschnaps, gewonnen aus der Rebsorte des Gewürztraminers und mit einer geschützten Herkunftsbezeichnung ausgestattet. Sein elegant-fruchtiger Geschmack hätte Jürgen beinahe dazu verleitet, noch eine *tarte flambée*, belegt mit Apfelscheibchen und Zimt, bei Patricia zu ordern. Nur vereinter, hartnäckiger Protest kann ihn davon abhalten. Es fällt ihm sichtlich schwer, so angestrengt rümpft er für alle bemerkbar seine Nase. Mit verschränkten Armen raunt er uns zu: „Kulinarische Leichtgewichte seid ihr!" Dies ist im Vergleich zu seiner barocken Erscheinung in der Tat nicht abzustreiten.

Langsam leert sich das Restaurant. Manche Gäste quatschen noch mit Patricia an der Theke, trinken noch einen *petit café* und verabschieden sich dann genauso aufwändig, wie sie sich zu Beginn des Abends begrüßt haben.

Wir jedoch sind noch zu träge, um aufzustehen. Weder der *Marc de Gewurz* noch der kräftige Espresso konnte das lähmende Völlegefühl schmälern. Die Unterhaltung wird von allen auf das Notwendigste reduziert, sogar Jürgen scheint vor seinem Magen zu kapitulieren.

Da steuert ein leicht untersetzter, schwarzhaariger Mann mit verschwitztem Gesicht und einem verschmierten Handtuch, das er um seinen Hals gebunden hat, schnurgerade auf uns zu. Inès, Haiko und Jürgen stehen blitzschnell zur Begrüßung parat. Ich erhebe mich ebenfalls, erahne ich doch die Wichtigkeit dieses Mannes.

„Salut Olivier. C'était génial, déclicieux, merveilleux!" Inès bedankt sich mit mehreren lobenden Worten beim *patron* für das ausgezeichnete Essen.

Auch Jürgen stimmt ein Loblied an: *„Formidable! Excellent!"*

Haiko, der offenbar wenig übrig hat für das Kauderwelsch jenseits des Rheins, bringt ein leises *„Super!"* heraus. Als ich an der Reihe bin, sind alle mir bekannten französischen Ausdrücke bereits aufgebraucht, sodass ich etwas stotternd nur mit einem banalen *„Très bien!"* zum Lobesreigen beitragen kann.

„Bonjour la Bavière!", begrüßt mich Olivier herzlich.

Die sicherlich etwas exotisch anmutende Anwesenheit eines Bayern scheint sich bis in die Küche herumgesprochen zu haben.

„Ça sent bon, la France, hein?"

Ich kann die Frage des Küchenchefs, ob es in Frankreich gut schmecke, nur demütig bejahen, einen dezenten Seitenhieb auf die deutsche Gastronomie erwartend.

Doch so weit kommt es nicht. Patricia nähert sich uns, und zu unserem Entsetzen trägt sie einen Berg Sahne vor sich her, unter dem ächzend ein Napfkuchen hervorlugt. Erschrocken mustern wir das Ungetüm, das alsbald auf sechs Teller verteilt wird. Teilnahmslos registrieren wir ihre Entschuldigung, dass der Kuchen nicht selbstgemacht sei, sondern eher als Nervennahrung für das Personal gedacht gewesen wäre. Ein schöner Gedanke, wenn uns Patricias gesamte *équipe* tatkräftig unterstützen würde, doch von nirgendwo eilt Hilfe herbei.

Unversehens zaubert die immer noch hellwache *patronne* weiß-blaue Fähnchen aus ihrer Hosentasche hervor. „Ein nicht allzu diskretes Vögelchen zwitscherte mir zu, dass dies die Wappenfarben deiner Heimat sind", erklärt uns Patricia, über das ganze Gesicht grinsend.

„Un corbeau parmi nous!", ruft Olivier.

Wieder einmal werde ich sprachlich vorgeführt. Ich verstehe nicht ganz, warum ein Rabe unter uns sein sollte. Doch Inès lässt mich nicht unwissend zurück: „Im Französischen steht der Rabe für einen Denunzianten, für eine Person, die andere verrät. Ein Maulwurf sozusagen."

Ich muss laut losprusten: „Jürgen, da passt aber das deutsche Sprachbild des Maulwurfs besser zu dir!"

„Du gell, schick ma di glei wieder hoam zu deine Artgenossen!", droht er mir grummelnd.

„Hattest du denn bayerische Fähnchen hier herumliegen?", meldet sich Haiko räuspernd zu Wort.

„Ja glaubst du, das braucht hier jemand?", entrüstet sich Jürgen und erinnert mich dabei ganz elegant an die Bedeutungslosigkeit Bayerns in dieser Gegend hier. Die Aussage trifft mich unmittelbar, kratzt sie doch empfindlich an meinem Stolz. Stets bin ich wie meine Landsleute davon ausgegangen, wir seien der absolute Sehnsuchtsort aller Deutschen.

„Aber nein", will Patricia die Gemüter wieder beruhigen. „Ich habe einfach von den französischen Fähnchen den roten Streifen abgeschnitten, *et voilà*, hier sind die bayerischen Farben!"

Ein Raunen geht durch die Runde. Ich springe auf und zum ersten Mal sprudelt ohne großes Nachdenken ein vollständiger Satz auf Französisch aus mir heraus: *„C'est vraiment une grande surprise, Patricia. Merci beaucoup!"*

Bei so viel Herzlichkeit muss ich Patricia um den Hals fallen. Denn die Anspannung und die Ängste, die sich in den letzten Wochen immer mehr unter die Vorfreude mischten, je näher das Auslandsjahr heranrückte, sind endgültig verflogen. Selten hatte eine simple Geste eine derartige Bedeutsamkeit wie Patricias zurechtgeschnittene Fähnchen. „Die letzte Runde geht auf mich!", kündige ich glückselig an.

Es ist spät geworden. So mühe ich mich mit fast zerberstendem Magen die Treppen hoch zu Claires Wohnung. Nichts erwarte ich nun sehnlicher als ein Bett. Zufrieden schließe ich die Wohnungstür auf. Eine geruhsame Nacht würde mich jetzt fit machen für den nächsten Tag, steht doch morgen mein Sprachkurs an der Universität auf dem Programm.

„Bastian? C'est vous?“

Claires unverwechselbar schrille Stimme ertönt aus ihrem Wohnzimmer.

Ist das denn die Möglichkeit? Es ist beinahe zwei Uhr morgens und die gute Frau huscht bestens gelaunt und überaus agil auf mich zu.

„*Monsieur*, ich habe mir Sorgen gemacht!“

Etwas ungläubig stehe ich vor ihr. Ganz kann ich ihr ihre Fürsorge nicht abnehmen. Gewiss bin ich nicht ihr erster Student, der sich bei ihr einmietet und spät von einem Abend zurückkehrt. Eher hat sie die Neugier noch nicht schlafen lassen.

So steht mir Claire nun als unüberwindbares, äußerst kommunikatives Hindernis im Weg – mein Zimmer und die erhoffte Nachtruhe so nah und doch so fern.

Ich muss ihr über alle erdenklichen Einzelheiten des Abends haarklein und gewissenhaft Rede und Antwort stehen. Nicht nur die Speisenfolge und meine neuen Bekanntschaften interessieren Claire brennend, das Restaurant selbst, die Wirtsleute, der Weg dorthin – alles scheint für sie zu nachtschlafender Zeit enorme Bedeutsamkeit zu haben. Ich will höflich sein und gebe ihr mit meinem recht holprigen Französisch tapfer und geduldig Auskunft.

„Voilà, c'est tout“, beende ich meine sorgfältige, ja fast minutiöse Berichterstattung.

Claire freut sich sichtlich aufrichtig für mich, merkt dann aber doch noch etwas schnippisch an, dass sie es nicht verstehen könne, warum man für Flammenkuchen und Cordons bleus bis nach Wiwersheim fahre.

Nun, Claire hat offenbar nichts verstanden.

6. Straßburger Qualen

Die facettenreiche Schönheit Straßburgs, die einen die ersten Wochen beim Flanieren in der historischen Altstadt, bei der Suche nach einem Plätzchen für eine kleine Siesta im weitläufigen Parc de l'Orangerie oder auch beim Erkunden der vielen Stadtteile in den Bann zieht, wird einem nur bewusst, wenn man sich zu Fuß fortbewegt.

Zu Fuß sollte man sich zudem wie ein echter Straßburger benehmen, der sich nicht um Radwege oder Fahrstraßen schert, die ihn in seinem Fortbewegungsdrang behindern. Klingelnden Fahrradfahrern und hupenden Fahrzeuglenkern schenkt er keinerlei Beachtung, vielmehr werden sie noch mit unflätigen Bemerkungen und abschätzigen Handbewegungen bedacht. Lediglich bei größeren, vorzugsweise zweispurigen Einfallstraßen wartet er vermeintlich geduldig an der rot leuchtenden Fußgängerampel. Hier ähnelt sein Verhalten durchaus dem seiner Nachbarn auf der anderen Rheinseite und unterscheidet sich nun deutlich von dem seiner Landsleute, vor allem jener aus dem Süden Frankreichs, die sich todesmutig den heranschießenden Autos stellen und in waghalsigen Aktionen zwischen den Fahrzeugen hindurchspringen. Und das obwohl der französische Autofahrer für einen Fußgänger im Allgemeinen um ein beträchtliches Maß weniger kalkulierbar agiert als sein deutscher Kollege. Das Überqueren einer Straße bei rollendem Verkehr kommt in Frankreich tatsächlich einem russischen Roulette gleich.

Reduzieren aber die Fahrzeuglenker ihr Tempo auch nur ansatzweise, um den Schwenk der Verkehrsampel auf Rot zu respektieren, kommt in dem Straßburger Fußgänger die französische Seele unvermittelt wieder durch. Unverzüglich erobert er sich den öffentlichen Verkehrsaum zurück, indem er und seine Mitstreiter nun – unabhängig von der alsbald wieder wechselnden Farbgebung der Fußgängerampel – eine Schneise schlagen und diese nicht mehr so rasch an die stets aufdringlicher hupenden Autofahrer zurückgeben. Erst ein verunsicherter ausländischer Tourist oder ein zögerlicher Passant höheren Alters vermag es, der Autoschlange ihr inzwischen wiedererlangtes Vorfahrtsrecht zu gewähren.

Dieses revolutionsgeübte Blut des französischen Fußgängers bringt die sowieso schon äußerst fragile „grüne Welle" im Straßburger Stadtverkehr noch mehr zum Erliegen als die Tramfahrer, die walten können, wie sie wollen, und die Ampeln nach eigenem Gutdünken und selbstredend zu ihrem Vorteil schalten können. Die Folge ist ein tagtägliches Verkehrschaos, *la galère strasbourgeoise!*

Verschärft wird dieses noch durch eine Flut an Baustellen. Am berüchtigsten ist wohl jene an der Place de l'Étoile, die aus nichts anderem als einem überdimensionierten, mehrspurigen und mit mehreren Ampeln bestückten Kreisverkehr besteht und sternförmig zusammenlaufende Stadt- und Einfallstraßen aus allen Himmelsrichtungen vereint. Ein regelrechter Verkehrsknotenpunkt sozusagen. Wöchentlich werden Autofahrer an diesem Nadelöhr zudem mit baustellenbedingt geänderter Verkehrsführung überrascht. Mit unermesslicher Fantasie und unerschöpflichem Einfallsreichtum werden Ein- oder Ausfahrten umgeleitet oder vollends gesperrt, zusätzliche Ampelanlagen aufgestellt oder wieder abgeschaltet, Fahrstreifen freigegeben und wieder verengt oder gar zu einem einzigen zusammengefasst. Doch all das in den Schatten stellen die provisorisch angebrachten Begrenzungsplanken, die so schmächtig ausfallen, dass sie beim kleinsten Windstoß umkippen und weiteres Chaos verursachen. Wahrscheinlich muss die Straßburger Straßenbaudirektion einen Arbeiter allein darauf abstellen, den Kreisverkehr unentwegt abzulaufen, um die Planken wieder ordnungsgemäß anzubringen. *Mon dieu!*

Ich muss also unbestreitbar erkennen, dass ich mich mit meinem Auto oftmals langsamer fortbewege als zeitvergessen bummelnde und angeregt plaudernde Rentnerinnen auf dem Trottoir nebenan. Und wenn man sich dann endlich erschöpft seinem Wohnhaus nähert, folgt die gleichermaßen enervierende Parkplatzsuche, die mich irrlichternd in meinem Viertel umherkreisen lässt wie einen umherstreunenden Hund.

So beschließe ich, auf die Tram umzusteigen.

An jeder Straßenbahnhaltestelle findet der interessierte Nutzer des öffentlichen Personennahverkehrs eine Digitalanzeige mit den verbleibenden Minuten bis zur Ankunft der nächsten Tram. Und wer darüber hinaus noch blutiger Anfänger in seiner Eigenschaft als Fahrgast der Straßburger Verkehrsbetriebe ist, nimmt diese Zeitangaben für eine Information mit unwiderlegbarem Wahrheitsgehalt, gaukeln sie einem doch eine vollkommene Genauigkeit vor.

Mehrmals bin ich Zeuge dieses countdownartigen Herunterzählens der verbleibenden Minuten, gefolgt von einem *„proche“*, dem Hinweis also, dass die nächste Bahn nahe ist, und einem *„arrive“*, der Ankündigung ihrer Ankunft sozusagen. Mehrmals muss ich allerdings ebenso feststellen, dass sich, so weit das Auge reicht, keine Tram erblicken lässt, geschweige denn dass eine in den Haltepunkt einfährt. Indes fängt die

Digitalanzeige unbeirrt von Neuem an, die Minuten stoisch herunterzuzählen.

Nach den Erlebnissen der ersten Wochen keimt in mir immer mehr der Gedanke, dass ich mein altes Motorrad reaktivieren müsste, um mich im Straßburger Stadtverkehr einigermaßen elegant und effizient fortbewegen zu können. Ich könnte mich ja, der allgemeinen Anarchie folgend, zwischen den sich stauenden Autos durchschlängeln, dabei selbstverständlich ständig mit querenden Fußgängern, ampelschaltenden Tramfahrern und unüberlegten Aktionen der französischen Autofahrer rechnend.

Es würde die einzig mögliche Lösung sein, um aus den Fängen der Immobilität zu entkommen.

7. Von Württembergisch Sibirien ins sonnige Baden

Und so sitze ich tags darauf im Zug nach Regensburg, um meine Moto Guzzi aus dem Dornröschenschlaf zu erwecken und sie dem abenteuerlichen Straßenverkehr in Straßburg auszusetzen.

Ich möchte gleich am nächsten Tag zurückkehren, damit bei Familie und Nachbarn nicht die leiseste Vermutung aufkommt, ich würde, aufgefressen von schrecklichem Heimweh, bereits nach so kurzer Zeit kapitulieren und mein Auslandsjahr abbrechen. So gleite ich am nächsten Morgen bereits wieder Richtung Westen, bis Ulm auf der Autobahn und dann auf kleinen Landstraßen in Richtung Schwarzwald.

Normalerweise ist Motorradfahren im Frühling Genuss pur: Man nimmt unmittelbar und in schneller Abfolge die unterschiedlichsten Gerüche der Natur auf. Den Duft von Blumen am Wegesrand, von in voller Blüte stehenden Obstbäumen und von frisch gemähten Wiesen. Man spürt am ganzen Körper den Wechsel von sonnig-wohliger Wärme und erfrischenden Passagen durch schattige Wälder. Der Fahrtwind und das uneingeschränkte Blickfeld vermitteln einem ein intensives Fahrerlebnis. Und jede optimal ausgefahrene Kurve lässt das Hochgefühl der vollkommenen Freiheit von Neuem erwachen.

Heute aber hält die Natur keinerlei Gerüche bereit, die Kälte pirscht sich immer mehr heran und durch die Motorradkleidung hindurch, um tief in die Glieder vorzudringen. Und mittlerweile wird jede Kurve zu einem regelrechten Abenteuer, da ausgiebiger Landregen den Asphalt spült und die Straße in eine regelrechte Rutschbahn verwandelt. Der Regen findet indes mit jedem gefahrenen Kilometer weiter seinen Weg durch die Nähte der Lederjacke. Am ganzen Körper durchnässt, quäle ich mich durch zahllose württembergische Dörfer, die Sicht nur wenige Häuser weit und zusätzlich erschwert durch herunterprasselnde Regentropfen auf das Visier meines Motorradhelms.

Endlich hört es auf zu regnen. Der Himmel ist noch wolkenverhangen und taucht die ganze wellige Landschaft in verschiedene Grautöne. Der Frühling scheint weit weggerückt zu sein.

Ich entschließe mich, im nächsten Café die Kleidung zu wechseln und mich bei einem Cappuccino aufzuwärmen. So führt mich mein Weg nach Dunningen, eine Gemeinde auf einer augenscheinlich eher rauen Hochebene ein paar Kilometer westlich von Rottweil. Halb erfroren flüchte ich mich in ein recht modernes Bäckerei-Café im Ortszentrum. Die Verkäuferin der Bäckerei stattet mich sogleich mit Handtüchern und Waschlappen aus und zeigt mir die großräumige Personaltoilette, damit ich mich dort ungestört umziehen kann. Mir fällt sofort ihre perfekte Föhnfrisur auf, die blondierten Haare schwirren bei jeder Kopfbewegung raumgreifend herum. Und so verwundert es mich kaum, dass mir zusätzlich ein hochprofessioneller, gewiss äußerst wertvoller Föhn mit allerlei Knöpfen und Schaltern anvertraut wird. Ein Haarspray, ein Schaumfestiger für glanzvolle Lockenpracht und eine Tube Stylinggel vervollständigen die für die Verkäuferin gewiss unentbehrliche Grundausstattung, die mir helfen soll, mein Äußeres wieder einigermaßen in Ordnung zu bringen.

„Ihre Frisur ist ja vollkommen platt gedrückt durch den Helm!", bescheinigt sie mir noch, als sie sich schwungvoll umdreht, mir ihre Haarspitzen ins Gesicht wirft und wieder in Richtung Verkaufsraum abdüst. Ich verstehe zwar nicht, warum ich mir die Haare zurechtstylen soll, muss ich doch ohnehin wieder behelmt auf mein Motorrad. Ich folge aber brav ihren Anweisungen, um in äußerlich bestmöglichstem Zustand in einem doch eher unscheinbaren Café am Ende der schwäbischen Welt einen Automaten-Cappuccino zu trinken, per Knopfdruck mit wallendem Haar zubereitet.

Es dauert nicht lange, bis sich mir ein älterer Herr zielstrebig nähert. Seine wenigen ergrauten Haare sind streng nach hinten gekämmt. Sämtliche Friseurutensilien der beherzten Verkäuferin könnten hier keinerlei Wunder mehr vollbringen. Bewaffnet mit der lokalen Tageszeitung und einem genauso unförmigen Cappuccino wie es der meinige ist, möchte er wissen, ob an meinem Tisch noch Platz sei. Ich bin etwas verwundert ob der Frage, da ja die meisten anderen Tische des Cafés an diesem verregneten Nachmittag menschenleer sind.

Dabei habe ich in den vergangenen Jahren die Erfahrung gemacht, dass man, wenn man mit dem Motorrad unterwegs ist, ständig ungefragt Menschen kennenlernt. Entweder wollen sie technische Einzelheiten über das Motorrad erfahren oder man bekommt nostalgisch verklärte Erinnerungen an eigene vergangene Motorradfahrten erzählt. Andere wiederum wollen wissen, von wo man gerade herkomme und welche Destinationen noch auf dem Plan stünden.

Als Belohnung für das Offenlegen der geplanten Route erhält man daraufhin von den stolzen Ortskundigen wertvolle und gut gemeinte Tipps für den weiteren Weg. An Tagen wie heute jedoch erfährt man gewöhnlich von allen Seiten aufrichtiges Mitleid, bei Dauerregen auf zwei Rädern unterwegs sein zu müssen.

Doch verkneift sich der gebückt vor mir stehende Mann jedwede Bemerkung über die Unbilden des Wetters. Gespannt darauf, welche Anekdote mir der Herr stattdessen aus seiner aktiven Motorradzeit auftischen wird, komme ich seinem Wunsch nach und räume sämtliche Utensilien – Motorradhelm und -jacke, meinen Tankrucksack, den vollgepackten Seesack sowie Handschuhe und Palästinenserschal – bereitwillig zur Seite. Geduldig wartet mein zukünftiger Tischnachbar die größere Umräumaktion ab.

„Na, wo geht's denn heute noch hin?", werde ich unverzüglich gefragt, nachdem er schließlich Platz nehmen konnte. Eventuell bleibt mir tatsächlich ein längerer Monolog über frühere Ausritte in der guten, alten Zeit erspart und der Mann möchte lediglich angesichts eines unbekannten Gasts im Dorf-Café seine Neugier stillen.

„Ich muss noch bis nach Straßburg heute", erwidere ich, „und hoffe, von nun an trocken voranzukommen."

„Das dürfte sich erfüllen. In der Rheinebene ist das Wetter immer besser als hier oben", teilt er mir etwas wehmütig mit.

„Mal sehen", reagiere ich etwas ungläubig.

„Das können Sie mir glauben. Ich komme selbst von da unten – aus Gengenbach. Das ist ein hübscher Ort im Kinzigtal", erklärt er mir.

Ich nicke zustimmend und trinke von meinem Cappuccino, von dem sich der anfangs schon recht löchrige Milchschaum mittlerweile ganz verflüchtigt hat.

„In Gengenbach ist oft schon der Frühling in vollem Gange, während hier noch Schnee liegen kann."

Gott bewahre, denke ich mir, Schnee kann ich heute nun wirklich nicht mehr gebrauchen.

„Wenn sich hier noch die Wolken stauen, zwischen Schwarzwald und Schwäbischer Alb, scheint in Gengenbach bereits die Sonne von einem ungetrübten, blauen Himmel!", prophezeit er mir.

Ich schaue ihn mit weit geöffneten Augen etwas skeptisch an: „Na, Ihr Wort in Gottes Ohr! Ich kann hier noch nicht mal die Andeutung eines blauen Himmels erkennen."

„Sie befinden sich ja auch noch im württembergischen Landkreis Rottweil. Hier oben trägt das Klima oft sibirische Züge, kein Gengenbacher, ja, kein Badener wird sich je hierherwagen", poltert er.

„Meinen Sie?", werfe ich ein und folge aufmerksam seinen für mich recht übertrieben wirkenden Ausführungen.

„Na klar. Dort unten im Rheintal leben sie in der deutschen Toskana. Nur wenige Landsmänner von mir haben sich wie ich hierher verirrt. Die bleiben lieber unten und lassen sich von der badischen Sonne wärmen. Die Sonne macht die Menschen zufriedener, offenherziger und großzügiger. In Württemberg sind sie viel engstirniger. Hier oben die streng frommen Protestanten, in Baden die barocker lebenden Katholiken."

Gewiss muss es sich hier um generalisierende Klischeevorstellungen handeln. Doch behalte ich meine Vorbehalte in diesem Augenblick für mich, das Café ist nicht der Ort für langwierige Grundsatzdiskussionen.

„Nachdem sich, vereinfacht gesagt, Baden und Württemberg 1952 zu einem Bundesland zusammengeschlossen hatten, hat man die jungen Staatsdiener zunächst für ein paar Jahre in den jeweils anderen Landesteil geschickt“, erklärt mir der offensichtlich historisch kundige Herr, „damit das neu geschaffene Gebilde sozusagen zusammenwachsen konnte. Ich kann Ihnen sagen, dass viele Württemberger gerne in Baden geblieben wären. Als sie schließlich in ihre alte schwäbische Heimat zurückversetzt wurden, wären sie ohne langes Überlegen, notfalls zu Fuß, mit Leiterwagen und bei Sturm, Schnee und Hagelschlag, gleich wieder ins sonnenverwöhnte, weltoffene Baden zurückgekehrt.“

„Aber warum haben Sie dann dieses Paradies verlassen?“, möchte ich von ihm wissen.

„Die Frauen! Nehmen Sie sich in Acht vor den Frauen! Sie machen Sie willenlos, bringen Sie dazu, Ihre Heimat aufzugeben. Seit Jahrzehnten leide ich regelrecht hier oben.“

Mitleidsvoll höre ich dem Mann zu.

„Heute weiß ich, dass die württembergischen Frauen im Alter ‚verschafft‘ sind, so eisern sind sie zu einem von Disziplin geprägten, arbeitserfüllten Leben erzogen worden – ganz dem evangelischen Pietismus verbunden. Die badischen Frauen dagegen sind ‚verlebt‘“, erklärt er mir.

„Nun, das Ergebnis scheint das gleiche zu sein“, erwidere ich amüsiert. Da mein Gesprächspartner jedoch keine Miene verzieht, bin ich mir nicht mehr sicher, ob er seine Theorie als Scherz versteht oder ob es ihm todernst ist.

„Früher bin ich noch einmal die Woche hinunter nach Gengenbach“, fährt er fort, „über das Moosenmättle, um Sonne zu tanken! Um meinen Dialekt zu hören. Aber man wird älter …“

Ich überlege, ob er sich wohl eher als „verschafft“ oder als „verlebt“ bezeichnen würde. Jedenfalls komme ich beim Zuhören immer wieder ins Schmunzeln, auch weil ich doch auffällige Parallelen zwischen den Badenern und uns Bayern entdecke. Meine Landsleute würden sich gewiss auch eher der Kategorie „verlebt“ zuordnen und für sie wäre es ebenso grauenvoll, wenn sie ihre gesegnete Heimat verlassen müssten. Zugleich kann ich nicht ganz glauben, dass die Unterschiede im Klima und in der Mentalität der Menschen so ausgeprägt sind.

„Kennen Sie das Moosenmättle?“, werde ich abrupt aus meinen Gedanken gerissen.

Doch noch bevor ich antworten kann, folgt prompt die Erklärung: „Das ist eine schmale Passstraße über den Hauptkamm des Schwarzwaldes. Am höchsten Punkt treffen die ehemals existierenden souveränen Territorien des Großherzogtums Baden und des Königreichs Württemberg zusammen. Es ist die schönste Verbindung runter nach Gengenbach!“, klärt er mich auf. „Sie müssen unbedingt über das Moosenmättle ins Kinzigtal fahren und dann weiter nach Straßburg.“

Ich hole meine Straßenkarte heraus und tatsächlich findet der nun hellwache Rentner in Sekundenschnelle die kleine Straße, die sich hinter Schramberg hinüber ins badische Kinzigtal schlängelt.

In heller Erregung fährt er fort: „Die Straße ist herrlich! Voll Kurven, eng, äußerst abwechslungsreich in ihrer Streckenführung. Und wenn Sie dann in Kirnbach jenseits der alten Grenze sind, werden Sie ein anderer Mensch sein.“

Er blickt mich geheimnisvoll an, mit ausgestrecktem, nach oben gerichtetem Zeigefinger. Er schweigt, der letzte Satz soll wohl ausgiebig auf mich wirken. Etwas verrückt kommt er mir schon vor, wenn er von einer Grenze mitten im Land faselt. Aber warum sollte ich nicht dem Tipp eines erfahrenen Menschen folgen?

„Also gut. Ich fahre übers Moosenmättle und trinke auf Ihr Wohl ein Bierchen in Kirnbach."

„Das machen Sie. Aber bestellen Sie sich lieber einen fruchtigen Grauburgunder aus Gengenbach! Trinken Sie das, was die Erde vor Ort hervorbringt", rät er mir pathetisch.

„Einverstanden. Regional genießen!"

„Genau, Sie haben mich verstanden." Mit Blick auf meinen leeren Cappuccino wünscht er mir allseits gute Fahrt, um dann doch noch einen Seitenhieb auf meine unverkennbar bayerischen Wurzeln loszulassen: „Und denken Sie stets daran: Auch in Bayern ist noch Winter, wenn am Rhein schon die Magnolien und die Forsythien blühen!"

Ich lächle etwas angestrengt, lasse ich doch nur ungern etwas auf Bayern kommen – mit bayerischem Selbstbewusstsein geimpft und dem unerschütterlichen Bewusstsein beseelt, dass die Mehrzahl der Menschen lieber nach Bayern ziehen würde, als diesen beliebten Landstrich zu verlassen.

Die Kälte hat mich auf meinen zwei Rädern schnell wieder, als ich die ersten Kurven nach Schramberg nehme. Die Stimmung in dem kleinen, in ein enges Schwarzwaldtal gezwängten Städtchen ist an diesem tristen Maitag überaus bedrückend. Auch Lauterbach, der letzte Ort vor dem Aufstieg zum Moosenmättle, verströmt heute eine ganze Symphonie von Grautönen mit den tief hängenden Wolken und den vielen, fast uniform gestrichenen Häuserfassaden.

Am Ortseingang entdecke ich eine Tankstelle, die auf mich sympathisch und wie aus der Zeit gefallen wirkt. Statt eines angegliederten Shops und des sterilen, austauschbaren, ja seelenlosen Snack-Angebots verfügt diese Tankstelle lediglich über ein winziges Wärterhäuschen, von dem aus der Inhaber das Geschehen an den Zapfsäulen genauestens beobachtet.

Wenn ich voll bepackt mit dem Motorrad tanke, kommt dies stets einer kleinen akrobatischen Übung gleich: Mit der linken Hand muss ich den prall gefüllten Tankrucksack hochheben, damit ich den Zapfhahn mit der rechten in die Tanköffnung einführen kann. Gleichzeitig halte ich mit beiden Beinen das Motorrad in senkrechter Stellung, um möglichst viel Kraftstoff einfüllen zu können.

Die Neugierde des Tankstellenwarts ist ob dieser zirkusreifen Darbietung gleich geweckt, wenngleich er sich nur langsam in Bewegung setzt. Bedächtig erhebt er sich hinter seiner in die Jahre gekommenen Registrierkasse und schlendert, beide Hände in den Hosentaschen seines Blaumanns vergraben, zu mir herüber. Sein stattlicher Bauch sowie diverse Werkzeugutensilien in der Brusttasche setzen seine Arbeitskleidung dabei beträchtlich unter Druck.

Einige längere Augenblicke steht der Mann nun dicht an meinem Motorrad und prüft es samt den Gepäckaufbauten – wortlos und mit strengem Blick. Dabei rückt er regelmäßig seine auffallend große Brille zurecht.

„Diese neumodischen Tankrucksäcke sieht man jetzt immer öfter", stellt er fest und mustert meinen auffallend genau. „Da passt jede Menge rein!"

„Das stimmt!", erwidere ich, obwohl ich finde, dass diese so neuartig nicht mehr sind. Das Gewicht seines Inhalts spüre ich jedenfalls während des Tankvorgangs zunehmend in meinem gesamten linken Arm. Doch kann dies den Mann keineswegs beeindrucken oder gar zu einer helfenden Hand bewegen. Er inspiziert derweil mit schwäbischer Genauigkeit die Unterseite des Tankrucksacks. Der nun stark nach vorne gebeugte Oberkörper schwankt dabei gefährlich. Seine beiden Hände verharren weiterhin regungslos in den Hosentaschen.

„Und die wenigen Magnete können den gesamten Tankrucksack fixieren?"

„Ja, da gab es noch nie Probleme!", stöhne ich.

Wieder schweigen wir uns an, die Stille wird nur durch das leise Summen der Tankanlage gestört.

Der Mann richtet sich langsam wieder auf und führt die zögerlich begonnene Kommunikation nun stoisch fort: „Schön unser Schwarzwald, nicht wahr?"

„Bei schönem Wetter sicherlich ein traumhaftes Stück Erde", antworte ich, „heute fühlt es sich eher rau und ungemütlich an."

„Da haben Sie recht. Nichts für Weicheier."

Ein sanftes Lächeln stellt sich unter seinem mächtigen Schnauzbart ein, um dann sogleich wieder zu verschwinden: „Leider ziehen die Jungen immer häufiger weg. In die großen Städte oder runter ins Rheintal."

Traurig klingt der Mann nun, sicherlich haben auch seine Kinder ihre Heimat verlassen, und er hat gewiss niemanden, der die Tankstelle später übernehmen könnte.

„Es ist ein Jammer. Lauterbach hat in den letzten dreißig Jahren ein Viertel seiner Einwohner verloren", klagt er.

Jetzt bin ich doch etwas verblüfft, denn einerseits kenne ich eher das Gegenteil von meiner Heimatstadt Regensburg, die unter beständigem Zuzug ächzt. Andererseits erscheint mir der Schwarzwald – trotz der tief hängenden Wolken – nicht unattraktiv. Mir fallen viele etwa gleichaltrige Bekannte aus dem landschaftlich ähnlichen Bayerischen Wald ein, die bereit sind, viel zu geben, um nach dem Studium in Regensburg wieder in ihre Heimat zurückkehren zu können.

„Wirtschaften schließen, Geschäfteinhaber haben keine Nachfolger, ganze Häuser stehen leer. Wenn das so weitergeht, stirbt der ganze Landstrich in absehbarer Zeit aus!", prophezeit man mir, die Hände weiterhin wie erstarrt in den Hosentaschen. Lediglich sein Kopf bewegt sich. Sein Blick schweift melancholisch in Richtung des Ortes, wo sich die Häuser einer Perlenkette gleich an den Hängen bewaldeter Hügel hochschrauben, bis sie im Wolkendunst verschwinden.

Die Leute hier scheinen gerne zu übertreiben. Der eine malt mir seine Heimat rund um Gengenbach in den schönsten Farben, der andere ergeht sich in Schreckensvisionen für seinen Heimatort. Ich relativiere für mich beides: Mich wird gewiss weder sonniges Wunderland im Kinzigtal erwarten noch steht vermutlich Lauterbach vor dem Totalverlust seiner Bewohner.

Dennoch setze ich wenig später etwas traurig gestimmt meine Fahrt fort, verlasse die Hauptstraße und biege rechts ab in Richtung der kleinen Passstraße zum Moosenmättle.

An einer älteren Brücke wechselt die Straße die Talseite, die letzten Häuser treten zurück und bald dominieren ausgedehnte Wiesen- und Weideflächen die Szenerie, ehe die sanft ansteigende Straße immer enger werdend in einen Bergwald hineinführt. Zahllose Nebelschwaden umhüllen die überaus naturnahe Strecke samt ihren dicht am Fahrbahnrand stehenden Fichten und Tannen auf gespenstische Weise. Von der mir prophezeiten Sonne, geschweige denn von Wolkenlücken, ist weit und breit nichts zu sehen. Im Gegenteil, ich muss darauf achten, die nächste Kurve nicht zu verfehlen, so schlecht ist die Sicht kurz vor der Passhöhe.

Dann ist der Scheitelpunkt, das Moosenmättle, erreicht. Ich

stehe also an einer historischen Grenze an der Schwelle zu Baden. Das Wetter schert sich darum jedenfalls höchst wenig. Nur mit Mühe erkenne ich einen geschlossenen Gasthof auf einer kleinen Anhöhe links von der Straße. Rechter Hand lassen sich vereinzelte Höhenhöfe ausmachen, die sich das Hochplateau untereinander aufzuteilen scheinen.

Eiskalt ist es hier, feucht bis nass die Luft, das Visier meines Helms erbarmungslos angelaufen, sodass ich beschließe, diesen für Exilbadener sicherlich bedeutenden Ort aufgrund seiner heutigen Unwirtlichkeit schnellstmöglich wieder zu verlassen.

Die schmale Straße fällt nun steil ins Tal ab, vorbei an vereinzelten Bauernhöfen sind mehrere Kehren durch dunkle Wälder und nebeldurchdrungene Lichtungen zu meistern. Wieder verengt sich die Passstraße und taucht ein in ein kleines Wäldchen. Eine immer geringere Sichtweite, Astwerk und glitschiges Laub, vom vergangenen Regen auf den Asphalt geschwemmt, erschweren die Fahrt zunehmend. Böse Worte kommen mir in den Sinn, als ich gedanklich den Rentner aus dem Dorf-Café verfluche. Jede andere den Schwarzwald querende Straße wäre bei diesem Wetter einfacher zu befahren gewesen. Und ein Achtele Grauburgunder mit T-Shirt in der Sonne? Nichts erscheint mir ferner in diesem Augenblick.

Und dennoch sollte ich wenige Kurven später eines Besseren belehrt werden. Just in dem Moment, als ich das Waldstück verlasse, öffnet sich der Nebelvorhang und gibt den Blick frei auf ein überaus malerisches, anfangs noch recht enges Tal. Willkürlich verstreut liegende, alte, aber liebevoll restaurierte Schwarzwaldhöfe, mit reichlich Blumenschmuck ausgestattet, säumen einen munter dahinfließenden Bach. Diesen flankiert wiederum ein malerischer, heiter geschwungener Pfad. Eine Szenerie, wie aus einem romantischen Heimatfilm der 1950er-

Jahre entsprungen. Es fehlt nur noch, dass mich ein ansehnliches, in hiesiger Tracht gekleidetes Schwarzwaldmädel samt traditionellem Bollenhut auf badischem Hoheitsgebiet begrüßt und mir ein kühles, frisch gezapftes Pils und hausgeräucherten Schwarzwälder Schinken lächelnd am Wegesrand reicht.

Es sollte eine Wunschvorstellung bleiben.

Was sich aber tatsächlich immer ungetrübter zeigt, ist die lang ersehnte Sonne. Um mich an ihren Strahlen zu erwärmen, halte ich am Gasthof „Sonne" in Kirnbach an. Wenigstens sollte der Traum vom frisch gezapften Pils in Erfüllung gehen. Serviert wird es dann tatsächlich in Tracht, wenngleich diese mich eher an Oberbayern erinnert als an die Schwarzwaldregion. Wir Bayern verstehen es einfach, Kulturgüter in andere Regionen zu exportieren, sodass Touristen aus der ganzen Welt bayerische Dirndln und Lederhosen in allen Ecken Deutschlands erwarten. Ein Hauch von Bayern ist jedenfalls selbst hier in Kirnbach zu spüren.

Um meinem freundlichen Rentner, der bestimmt noch auf die ersten Wolkenlücken in Württemberg warten muss, Respekt zu zollen, mache ich mich bald auf in Richtung seines Geburtsorts. Kleine, kurvige Nebenstraßen führen mich an Obstwiesen vorbei und durch hübsch herausgeputzte Schwarzwalddörfer, bis ich in das schmucke Städtchen Gengenbach komme. Wie mir empfohlen wurde, bestelle ich einen Grauburgunder von der hiesigen Winzergenossenschaft. Der fruchtig-trockene Wein mundet vorzüglich und passt unbestritten zur Szenerie, die sich vor meinen Augen ausbreitet. Ganz automatisch lasse ich von der kleinen Weinstube aus den Blick vom historisch gewachsenen Marktplatz mit seinen stattlichen Fachwerkhäusern bis hin zu den nahen Rebhängen schweifen, während die Strahlen der badischen Frühlingssonne angenehm meinen Körper streicheln und das Wetterfiasko schnell vergessen lassen.

Es muss eine überaus hübsche Frau gewesen sein, die meinen Café-Freund loreleyenhaft dazu verführt hat, dieses klimatisch begünstigte, sonnige Fleckchen Erde zu verlassen und sich in einer verregneten Hochebene niederzulassen. Oder ist dieser zauberhafte, der badischen Seele schmeichelnde Wetterwechsel schlicht und ergreifend einer gewöhnlichen, ostwärts abziehenden Regenfront zu verdanken?

Jeder badische Patriot wird dies kühn bestreiten …

Claire erwartet mich bereits ungläubig im Treppenhaus. Das für mich wohlklingende, blubbernde Brummen meiner zweizylindrigen Moto Guzzi scheint sie aufgeschreckt zu haben, woraufhin sie mich gewiss beim sorgfältigen Einparken von ihrem Wohnzimmerfenster aus genauestens beobachtet hat.

Etwas vorwurfsvoll dreinblickend begrüßt sie mich dann: „Wo waren Sie denn die ganze Nacht? Ganz besorgt war ich wieder um Sie!"

Wie rührend! Schon zum zweiten Mal sehe ich Claire zutiefst beunruhigt. Dabei ist es lange her, dass sich jemand Sorgen um mich machte, wenn ich eine Nacht nicht nach Hause kam.

„Ich konnte nachts kaum zur Ruhe kommen. Sie müssen mir jetzt schleunigst Ihre Handynummer geben."

Mich überkommt ein Schauder bei dem Gedanken, dass ich für Claire dann stets erreichbar sein werde. Nie würde ich meine Telefonnummer preisgeben …

„Und jetzt haben Sie sich ein Motorrad gekauft?", sprudelt es aus ihr heraus.

„Nein, nein. Ich habe es bei meinen Eltern geholt", erkläre ich ihr.

„Was?“, sieht sie mich verwundert an. „Und mich lassen Sie hier im Ungewissen?“

Es war tatsächlich nicht richtig von mir, dass ich keine Nachricht hinterlassen, sondern mich vielmehr klammheimlich aus der Wohnung geschlichen hatte, um den gewöhnlich zahllosen Nachfragen von Claire aus dem Weg zu gehen. Ich schlage ihr deshalb vor, mich in Zukunft artig abzumelden, damit ihre Nachtruhe nicht mehr unnötig von sorgenvollen Gedanken gestört wird.

„Sie müssen ja total ausgehungert sein, wenn Sie den ganzen Tag unterwegs waren“, vermutet sie.

„Ja, in der Tat“, stottere ich in meinem holprigen Französisch.

Und ehe ich michs versehe, hantiert Claire bereits im Kühlschrank herum und dreht ihre Herdplatten auf. „Gehen Sie ruhig duschen“, befiehlt sie mir, „danach werden Sie etwas Anständiges zu essen bekommen!“.

Es bleibt mir nichts anderes übrig, als ihren Anweisungen zu folgen. Obwohl es ein anstrengender Abend nach einem ereignisreichen Tag wird, werden mir Claires köstlich-luftige Omelettes stets in Erinnerung bleiben. Kochen kann sie und unaufhörlich quasseln sowieso. Aber mit einem elsässischen Pinot blanc kann man selbst Claires einseitige Gespräche genussvoll und elegant überstehen, hat man ja ausgiebig Zeit, sich auf den Geschmack des vorzüglichen Weißweins zu konzentrieren … *Santé!*

8. Vom Glück, ein Elsässer zu sein

Wieder steht ein sonniger Spätfrühlingstag in Straßburg an, und auf meinem studentischen Terminkalender strahlt ebenso die Sonne – in Form einer großen weißen Leere, nicht der kleinste Termin ist auszumachen.

Meine Arbeitswoche beginnt seit geraumer Zeit am Montag mit einem Sprachkurs an der Universität und sie endet an selbigem Tag mit selbigem Kurs. Ein süßes Leben führe ich hier, ohne große Verpflichtungen und ohne schlechtes Gewissen für mein Nichtstun. Die einzige alltägliche Hürde, die es zu meistern gilt, ist, der zeitraubenden verbalen Berieselung durch Claire, ihrem gewaltigen Wörterschwall, zu entkommen. Immer raffinierter werden meine Methoden hierfür.

So weiß ich mittlerweile von ihrer Gewohnheit, nach einem ausgiebigen Frühstück für eine knappe halbe Stunde die Wohnung zu verlassen. Vielleicht streift sie dann auf der Suche nach bereitwilligen und geduldigen Gesprächspartnern durch die Straßen und Gassen des *Quartier allemand*, die um diese Uhrzeit aber ob der Gepflogenheit meiner Zimmerwirtin menschenleer sein dürften.

Wenn Claire also die Wohnungstür wie gewöhnlich lautstark ins Schloss fallen lässt, ist dies für mich der Startschuss zu einer regelrechten Hetzjagd durch die Wohnung: ein hastiger *Café crème* in der Küche, eine wahrhaftige Blitzdusche im Badezimmer, hurtiges Zähneputzen mit der rechten Hand und hektisches Rasieren mit der linken. Die tags zuvor zurechtgelegte Jeans samt Oberteil eiligst übergestreift, die Motorradbekleidung fieberhaft erhascht, und schon sitze ich, kurz bevor der Countdown in Form einer immer näher kommenden, von Weitem winkenden und laut rufenden Claire einsetzt, auf meinem Gefährt und bewege mich durch die Straßen Straßburgs – nun unkenntlich für sie mit Helm und in anonymem Lederschwarz.

Dass nach einer solchen Aktion in Windeseile, die absolut

konträr zu meinem übrigen entspannten, studentischen Dasein steht, alsbald Hunger aufkommt, erklärt sich von selbst. Zum Frühstücken komme ich nicht, nicht einmal zu einem hinuntergewürgten *Croissant* – trotz meines mittlerweile perfekt ausgeklügelten Ablaufplans. Würde ich ein *petit déjeuner* einnehmen, begäbe ich mich in die Gefahr einer zeitlich nicht kalkulierbaren und nervlich belastenden Beanspruchung durch eine alsbald zurückkehrende Claire.

Also streune ich wieder durch die Straßen der Stadtteile Straßburgs und der umliegenden Dörfer, um ein französisches Restaurant fernab der Touristenströme ausfindig zu machen, das ein ebenso preisgünstiges wie üppiges Tagesmenü, ein *menu du jour*, anbietet. Aus Erfahrung ist dies stets schmackhafter als *la bouffe* in der Mensa der Universität.

Wenn ich von Weitem eine verführerisch am Straßenrand platzierte Schrifttafel entdecke, drossle ich stets mein Tempo, um die meist mittels witterungsfester Kreide kundgegebenen Drei-Gänge-Menüs genauer zu inspizieren. Als Student achte ich natürlich zuallererst auf den Preis. Die genannten Gerichte kann ich sowieso in den allermeisten Fällen nicht übersetzen, viel zu stümperhaft haben mich der Französischunterricht am Gymnasium und die Sprachkurse im Studium auf diesen eigentlich eminent wichtigen Bereich des täglichen Lebens vorbereitet.

Ein anderes Kriterium für ein ausgezeichnetes kulinarisches Preis-Leistungs-Verhältnis, wofür man keine Sprachkenntnisse benötigt, erwies sich in den vergangenen Wochen als bedeutend zielführender: die Anzahl der vor dem Restaurant geparkten Fahrzeuge. Oder vielmehr der Typ der Fahrzeuge, die oftmals von ihren Lenkern wild abgestellt werden, in freudiger Erwartung eines guten Mahls während der Mittagspause: weiße Lieferwagen! Diese scheinen ein untrüglicher Beweis dafür zu sein, dass man in dem von ihnen belagerten Restaurant gut, reichhaltig und günstig essen kann.

Ein einschneidendes Erlebnis für meine mittlerweile immer treffsichere Auswahl von Lokalen war für mich der Besuch der Gaststätte „La Roue d'or" im Stadtteil La Robertsau ein paar Wochen zuvor. Seitdem bin ich oft dorthin zurückgekehrt, so auch heute.

Wieder habe ich Mühe, mein Motorrad zwischen den am Straßenrand eng aneinander geparkten Kastenwagen und Kleintransportern hindurchzubalancieren, um das für heute angekündigte *menu du jour* in Erfahrung zu bringen. Doch auch dieses Mal sagt mir die französische Formulierung des Hauptgerichts nichts: *Bouchées à la reine*. Mit der Beilage, den *tagliatelles*, kann ich schon mehr anfangen, auch die Vorspeise *pâté de campagne*, eine Fleischpastete im Teigmantel mit Salaten der Saison, ist mir bekannt.

Das „Roue d'or" befindet sich in einem keilförmigen, zweistöckigen, recht schmucklos dastehenden Haus mit dreieckigem Grundriss auf der Hauptstraße Richtung La Wantzenau am nördlichen Ende Straßburgs. Durch die einfache Tür, an der heute zwei gut beleibte Rentner vor den aufgestellten Schrifttafeln ihre Essensauswahl diskutieren, gelangt man direkt in einen schlicht gehaltenen Gastraum. Mehrere nüchtern eingedeckte und mit Papiertischdecken überzogene Tische reihen sich entlang der beiden Fensterfronten um die mittig aufgestellte Theke aus Holz. Diese mag farblich so gar nicht zu den weinrot gestrichenen, halbhohen Holzverkleidungen an den Seitenwänden passen. Selbst die Deckenlampen nehmen sich bescheiden aus, ganz auf ihre banale Aufgabe beschränkt, den ohnehin hellen Raum auszuleuchten. Das Restaurant erscheint dadurch noch karger, keinerlei dekorative Elemente sind zu finden. Zweifellos konzentriert man sich hier ganz ausschließlich auf das Stillen des ordentlichen Hungers der bereits um kurz nach zwölf Uhr zahlreich anwesenden Gäste.

Den französischen Gepflogenheiten folgend, bleibe ich an der Theke stehen, bis man mich bemerkt und mir einen Platz an einem Tisch zuweist. Lebhaft unterhalten sich derweil die bereits sitzenden Gäste. Pastis wird mit genau definierten Wassermengen vermischt. Saisonales Bier, das *bière du printemps,* wird gekostet. Man prostet sich zu mit *Picon Bière.* Wasserkaraffen stehen bereit, damit der Côte du Rhône nicht zu schnell in den Kopf steigt. Zwischen den Tischen huscht Christelle hin und her – schlank, quirlig, mit ihrer markanten, tiefen Stimme nie um eine schlagfertige Bemerkung verlegen. Je nach Gegenüber auf Französisch oder Elsässisch, stets aber mit perfekt getimter Pointe, bringt sie die ersten Vorspeisen an den Mann.

Und tatsächlich, mehr als drei Viertel der Gäste sind männlich. Tapezierer und Maler erkennt man gleich an den bunten Farbklecksen auf der weißen Arbeitskleidung. Die Klempner und Installateure tragen wiederum kräftiges Blau, den Zollstock und einen kräftigen Handwerkerbleistift in der Brusttasche des Overalls. Einige wenige Kaufleute haben sich unter die Handwerker gemischt. Sie achten sorgfältiger auf die Sauberkeit ihrer Kleidung, die Krawatten an den Hemdkragen großzügig gelockert. Nichts darf der genussvollen Nahrungszufuhr im Wege stehen. Am Tisch neben der Eingangstür sitzen seit jeher vier recht betagte Rentner, treue Gäste, jeden Mittag von Neuem an ihrem angestammten Platz. Sie machen einen äußerst vifen Eindruck, echauffieren sich leidenschaftlich über die Skandale des Tages und diskutieren voll Elan die aktuellen politischen Themen.

Für mich steigt indes die Spannung, welche Art von Gespräche ich heute führen werde. Entscheidend beeinflussen wird dies wiederum Christelle, indem sie intuitiv und ohne langes Überlegen entscheidet, zu wem ich als Tischgenosse am besten passen würde. Allein sitzt man im „Roue d'or" nämlich nie, zu groß ist der Andrang auf das *menu du jour*. Pünktlich um zwölf Uhr sollte man daher erscheinen.

Nachdem ich das letzte Mal von stolzen Klempnern über zukunftsfähige Heizungssysteme aufgeklärt wurde und über die Unsitte, dass viele Elsässer immer noch mit vorsintflutlichen Elektro-Nachtspeicheröfen ihre Häuser heizen, darf ich heute neben einem älteren Mann Platz nehmen. Im Nu enttarnt er mich als Deutschen.

„Woran haben Sie das so schnell erkannt?", frage ich ihn neugierig.

Er beugt sich langsam nach vorne, schiebt seinen *Picon bière* behutsam zur Seite und eröffnet mir seine Theorie: „Kein Franzose wäre so lange brav wie Sie an der Theke stehen geblieben, bis die *serveuse* kommt."

„Aber das ist doch so üblich in Frankreich", entgegne ich.

„Das stimmt. Aber der Franzose ist ungeduldig – und das grundsätzlich vor dem Mittagessen. Nach wenigen Augenblicken würde er sich durch Ruflaute bemerkbar machen: Ein *Madame* oder ein *garçon* wären ihm sehr schnell lautstark über die Lippen gekommen."

„Ich wollte höflich sein", erkläre ich ihm.

Der Mann lehnt sich wieder zurück. Sein altmodischer, in den Farben Ockerbraun, Olivgrün und Gelb gehaltener, längs gestreifter Pullunder entspannt sich. Der Knopf am Kragen des farblich gänzlich unpassenden rot-weiß karierten Hemds atmet wieder auf.

„Höflich. Eben, so sind sie, die Deutschen! Meine Frau vermietet Gästezimmer, die ehemaligen Zimmer unserer längst ausgezogenen Kinder. Und am liebsten empfängt sie Touristen aus Deutschland. Die wissen sich zu benehmen."

Wieder beugt er sich vor, seine Stimme abermals senkend. Ich muss derweil auf den erneut gefährlich ächzenden Kragenkopf starren: „Die Franzosen glauben immer, ihnen gehört das ganze Haus, wenn sie ein Zimmer mieten. Sie halten sich für royale Gäste und uns für ihre Dienerschaft. Wissen Sie, wenn man sich zu den Nachfahren von absolutistischen Sonnenkönigen zählt, bleibt etwas hängen. Im Kopf!"

Ich muss schmunzeln: „Aber Sie sind doch auch Franzose."

Sein Gesichtsausdruck wird ernst, er nimmt die Hand vom Glas, um mir in nun aufrechter Körperhaltung feierlich zu verkünden: „Nein, *Monsieur*, ich bin Elsässer! Und stolz darauf! Wir haben uns mit den Deutschen – meistens – arrangiert und genauso mit den Franzosen, uns ihre jeweils besten Charakterzüge einverleibt. Die Disziplin, den Arbeitseifer und die Korrektheit der Deutschen, die Lebenslust und das Genussvermögen der Franzosen. *Voilà!* Wirtschaftskraft und zuverlässig arbeitende Industriebetriebe einerseits, Esskultur wie jetzt gerade in ausgedehnten Mittagspausen andererseits. Bei euch in Deutschland essen sie zumeist belegte Brote zu Mittag."

Er wirft mir einen etwas abschätzigen Blick zu.

„*Epouvantable!* Schrecklich! Im Elsass sind deutsche Braukunst und französische Weinkultur harmonisch vereint, eine wahrhaftige Genussgegend!"

Mein Blick fällt wieder auf seine abenteuerliche Hemd-Pullunder-Kombination, die mich zur Überzeugung kommen lässt, dass modisches Bewusstsein eher hinter den Vogesen im

Intérieur beginnt, wie die Elsässer das Kernland Frankreichs nennen.

„Das heißt, jeder Elsässer trägt zwei Seelen in sich", philosophiere ich etwas banal.

„*Absolument!*", schießt es mir entgegen, beide Arme weit ausgebreitet, als wolle er mir zu meinem treffenden Fazit gratulieren oder mich gleich freundschaftlich *à la française* umarmen.

Ein wenig erinnert er mich an meinen Onkel, der gleichsam lokalpatriotisch, wenn auch modischer gekleidet, stets die Vorzüge der bayerischen Lebensweise herausstreicht. Ich weiß noch, wie ich als Jugendlicher oft in seinem Bayern-Zimmer saß, einem großzügigen Raum, der nur für Sonn- und Feiertage vorgesehen ist. Die Büste des sagenhaften Bayernkönigs Ludwig des Zweiten unter dem Jesuskreuz im Herrgottswinkel zu meiner Linken – gerahmtes, bayerisches Bergpanorama mit Königssee in erdrückenden Dimensionen zu meiner Rechten. Und eine majestätisch angerichtete, üppige bayerische Brotzeit auf weiß-blauer Spitzen-Tischdecke vor mir.

Auch mein Onkel pflegt sich bei bedeutungsschweren Mitteilungen nach vorn zu beugen. Auch bei ihm haben es manche Knöpfe je nach Körperhaltung schwer, ihre Position zu halten. Auch bei ihm stellt man Überzeugungen tiefer Heimatverbundenheit fest, die jenen meines Tischnachbarn auffallend ähnlich sind: „Die größten Tugenden der Österreicher und die wertvollsten Eigenschaften der Deutschen vereinen wir, die Bayern!"

Stets verleiht er seinen Worten zusätzliche Wissenschaftlichkeit, indem er Zitate bedeutender Persönlichkeiten quasi als Beleg oder Untermauerung heranzieht. Häufig dient hierzu eine überlieferte Aussage des früheren österreichischen Bundeskanzlers Bruno Kreisky, der seinen Urlaub am liebsten in Bayern verbringe, weil er dann nicht mehr in Österreich sei und auch noch nicht in Deutschland.

„Sehen Sie, die Bayern und die Elsässer sind Brüder im Geiste!“, lässt mich mein Tischnachbar wissen. „Bestimmt hat auch Ihr Heimatland eine äußerst wechselvolle Geschichte.“

Da müsste ich ihm widersprechen, denn der Freistaat Bayern war seit eineinhalb Jahrhunderten stets föderales Mitglied eines deutschen Staatengebildes, während das Elsass im gleichen Zeitraum mehrere Male seine nationale Zugehörigkeit wechseln musste: 1871 zu Deutschland gekommen als Kriegsbeute, 1918 wieder Frankreich angegliedert, nach der deutschen Niederlage im Ersten Weltkrieg. 1940 erlitten die Elsässer eine erneute Annexion durch die Deutschen. Viele von ihnen wurden in der Folge gegen ihren Willen in die Wehrmacht eingezogen, die sogenannten *malgré-nous*. Schließlich seit 1945, nach dem Ende des Zweiten Weltkriegs, der endgültige Verbleib bei Frankreich.

Ich versuche, in das Thema nicht zu sehr einzusteigen. Meine noch nicht zufriedenstellenden Sprachkenntnisse könnten auf so delikatem Terrain eventuell plumpe, undiplomatische Formulierungen begünstigen.

„Die deutschsprachige Vergangenheit zeigt sich noch in den Ortsnamen, in den allermeisten Fällen bis heute“, versuche ich, das Gespräch wieder in der Gegenwart zu verorten.

„Ja, wir haben auch unsere deutschen Nachnamen beibehalten, wohingegen die Vornamen zuallermeist französischen Ursprungs sind. Ich heiße zum Beispiel Didier Winter. Dieter sozusagen.“

Ich nicke wiederholt, um ihm zu signalisieren, dass ich ihm folgen kann. Sein reger Wechsel zwischen einem bedächtig artikulierten Französisch und einem glücklicherweise recht abgemilderten Elsässisch kommt mir dabei zugute.

„Und wir im Elsass haben genauso wie unsere Nachbarn im *Département de la Moselle*, dem historischen Lothringen sozusagen, Privilegien im Vergleich zu den Franzosen im Kernland: Die Autobahnen im Elsass sind fast alle gratis benutzbar, im Gegensatz zu den meisten im *Intérieur*. In der Sozialgesetzgebung sind wir ebenfalls besser gestellt. Wir erhalten eine Lohnfortzahlung im Krankheitsfall in der Höhe von 90 % unseres Gehalts, während alle anderen Franzosen nur zu 70 % bezahlt werden. Im Konkursrecht gibt es hier im Elsass großzügigere Erstattungsregeln. Das Jagdrecht ist unterschiedlich und auch einige Regelungen, die mit dem Grundbuch zu tun haben."

Interessiert lausche ich seinen Ausführungen. Geradezu überrascht bin ich, dass sich im so zentralistisch organisierten Frankreich solch große Unterschiede in den Gesetzen bis in die heutige Zeit erhalten haben.

„Außerdem werden bei uns im Elsass die Priester vom Staat bezahlt – wie bei euch in Deutschland. Im *Intérieur* dagegen gilt streng das laizistische Prinzip, wonach Staat und Kirche radikal getrennt sind, die Kirchen sich also selbst finanzieren müssen, beispielsweise durch Spenden von Privatleuten oder Zuwendungen von der Mutterkirche. Hier zwischen Mulhouse und Metz hingegen gibt es drei Staatsreligionen: die katholische, die protestantische und die jüdische. Und wir haben zwei Feiertage mehr! *Saint-Étienne* am 26. Dezember und Karfreitag zwei Tage vor Ostern. Die Franzosen im *Intérieur* gehen da ganz pflichtbewusst arbeiten", grinst er zu mir herüber, „und wir schlafen aus! Haben wir nicht gut verhandelt mit den Franzosen?" Er sieht mich überaus selbstzufrieden an, als wäre er höchstpersönlich an den Verhandlungen für die Zugeständnisse an das Elsass und an Lothringen beteiligt gewesen.

„Wieder eine Gemeinsamkeit“, setze ich stolz und gewiss auch etwas anbiedernd an, „wir Bayern haben auch die meisten Feiertage aller Bundesländer!“

„Sehen Sie, die Bayern scheinen auch ein intelligentes Völkchen zu sein.“

Sicherlich hätten wir noch viel mehr Gemeinsamkeiten in unserem Gespräch entdeckt. So erkenne ich an meinem Gegenüber deutlich die spezifische Lautfärbung und Satzmelodie, mit der ein Elsässer Französisch spricht, weit entfernt von der Standardaussprache. Diese kann ich im Deutschen auch keineswegs aufbieten, mein Akzent entlarvt mich unweigerlich als Bayern.

Aber unsere Fraternisierung müssen wir an dieser Stelle vorerst unterbrechen, denn Christelle kommt zielstrebig auf uns zu mit zwei Tellern *pâté de campagne*, begleitet von verschiedenen Salaten an einem schmackhaften Senfdressing. Sie füllt uns nochmals das Körbchen mit frisch geschnittenem, herrlich knusprigem Baguette auf, das wir bereits während unseres angeregten Gesprächs zum Aperitif geleert haben.

Die Baguettes in Frankreich sind überhaupt kein Vergleich zu den Stangenbroten vom anderen Rheinufer. Oft sind diese in Deutschland aus Fertigmischungen hergestellt, und in Ermangelung einer reschen Kruste können sie ihre aufrechte Form kaum halten, wenn sie nur an einem Ende in die Hand genommen werden. Labbrig wie sie sind, krümmen sie sich sogleich unansehnlich und reißen schließlich ganz. Ein unerhörter Makel, der einem französischen Baguette keinesfalls anhaften darf!

„Bestellen Sie sich Rotwein dazu! Christelle hat mittags

einen guten, ehrlichen Côte du Rhône im Angebot“, flüstert er mir zu, als ob das tägliche Kontingent begrenzt wäre. „Christelle, einen *Côte* für den Herrn!“

Mit meinem neuen elsässischen Freund kommuniziert Christelle übrigens im elsässischen Dialekt, während sie mit mir stets Französisch parliert, obwohl sie bei jeder Äußerung meinerseits merken müsste, dass ich kein *Français de souche* bin. Immer wieder bemerke ich bei ihren zahlreichen Small Talks mit den Gästen, dass sie herzlicher und gelöster erscheint, wenn sie sie auf Elsässisch erheitern oder necken kann. Die kurzen Gespräche mit mir wirken förmlicher, auch wenn Christelle selbst hier nicht ohne Seitenhiebe auskommt. Schlagfertig wie sie ist, könnte sie es jederzeit auch mit mürrisch-grantigen bayerischen Stammtischlern aufnehmen …

Ein wenig wurmt es mich aber zugegebenermaßen, dass ich trotz meines deutschen Akzents und meiner holprigen Formulierungsversuche immer noch mit ihrem recht distanziert wirkenden Französisch vorliebnehmen muss. Ich denke aber, bei ihr muss der Gast nicht nur einen deutschen Dialekt vorweisen können, sondern auch ein langjähriger Stammgast sein und grundsätzliche Sympathie ausstrahlen. Mindestens eine Voraussetzung scheint mir eben noch zu fehlen.

Meine große Sympathie für die *menus du jour* im „Roue d’or“ bleibt jedenfalls auch heute erhalten. Die *Bouchées à la reine* stellen sich als mit Ragout gefüllte Blätterteigpasteten heraus und schmecken köstlich. Die Champignonsoße ist gut gewürzt und bei Christelle wie immer großzügig portioniert, was meinen persönlichen Vorlieben vollends entgegenkommt.

Ein Soßen-Schlaraffenland ist Frankreich nämlich in der Regel nicht, vielmehr geizen die Restaurants damit, ja, sogar Reaktionen der Empörung kann man sich einhandeln, wenn man vorsichtig um etwas Soßennachschub bittet. Bei Christelle ist der Gast eher froh und stolz, wenn er es schafft, sämtliche Beilagen und Soßen in den diversen silbernen Servierschalen zu leeren.

Meine Vorhaben waren diesbezüglich meist von Erfolg gekrönt, egal ob Lammragout, Piccata milanese, Schweinenieren, *Bœuf bourguignon* oder Hühnerfrikassee serviert wurde. Auch das *Couscous à la Roue d'or* und die pikant gewürzte *Paella* sind zu empfehlen. Buchstäblich teuflisch gut schmeckte mir aber das *plat du jour* meines ersten Besuchs, die *Palette à la diable*. Hierbei handelt es sich um ein typisch elsässisches Gericht. Fleisch von der Schweineschulter wird dafür gepökelt und mindestens ein, zwei Tage in Senf eingelegt. Serviert wird es dann mit Kartoffeln und Gemüse in einer dezent gewürzten Wein-Sahne-Soße – ein unvergessliches Geschmackserlebnis.

Didier tupft sich derweil mit seinem großkarierten Stofftaschentuch die Schweißperlen von der Stirn. Auch gegenüber seinem Hemdkragen zeigt er nun Erbarmen und öffnet den obersten Knopf. Sich räuspernd genießt er den verbliebenen Rotwein.

„*On va attaquer le dessert!*", grummelt er mir zu. Ein *dessert du jour* soll das Menü nun abrunden.

Vor der Auswahl der Nachspeise beschleicht mich stets eine gewisse Nervosität, stellt dies doch jedes Mal eine große Herausforderung für mich dar. Die *serveuse* zählt dabei meist mehrere zur Auswahl stehende Nachspeisen auf. Und weil sie diese mehrmals täglich, ja, quasi bei jedem Gast, wiederholt, nimmt die Geschwindigkeit dieser Aufzählung im Laufe eines Mittags kontinuierlich zu.

Man muss sich das so vorstellen: Man sitzt selbstzufrieden mit vollem Magen nach dem Hauptgericht und beschwingt vom Côte du Rhône am Tisch, und ohne jegliche Vorwarnung ergießt sich über einen eine rasche Abfolge von Lauten, die es nicht zulässt, die einzelnen Wörter zu identifizieren. Man vernimmt höchstens bruchstückhafte Dessertbezeichnungen wie *mousse, crème, fraise* oder *gâteau*. Überwältigt wiederhole ich dann mehr schlecht als recht die letzten Silben der zumeist rätselhaften Lautkette, was mir zumindest immer das letztgenannte Dessert einbringt. In den seltensten Fällen ahne ich dann, was ich soeben bestellt habe. Aber so lernt man vorurteilsfrei die süßen Leckereien Frankreichs kennen. Insgeheim hoffe ich aber weiterhin, dass sich mein Französisch doch noch zu einem vorzeigbaren Sprachniveau entwickelt.

Heute jedoch profitiere ich von Didier, der die allmittägliche Prozedur entscheidend abkürzt, indem er mir zur hausgemachten Heidelbeertarte rät. Erleichtert akzeptiere ich seinen Vorschlag ohne langes Überlegen.

Nach einem großen Stück mit großzügiger Sahnehaube bevorzugen wir es nun beide schweigend, das Gebrummel in der Gaststätte auf uns wirken zu lassen. Christelle huscht noch immer zwischen den Tischen hin und her, bestens gelaunt, während sich die meisten Gäste, ihren Gesichtsausdrücken nach zu urteilen, gern auf ein bequemes Sofa zur Siesta zurückziehen würden.

„Keine Müdigkeit vorschützen! Jetzt geht's zurück zur Baustelle", holt mich Didier aus meinen Träumereien zurück. „Wissen Sie, mein Sohn hat eine kleine Firma und ich helfe ihm in Stoßzeiten auf den Baustellen."

Etwas beschämt über meinen derzeitigen, leicht dekadenten Lebensstil staune ich über die Energie dieses Mannes, der, gewiss bereits im Rentenalter, nach drei Gängen, einem Aperitif, Rotwein und einer großen *carafe d'eau* voll Tatendrang seinen

Espresso in einem Zug ausschlürft und bereit zum Aufbruch ist.

„Junger Mann, Sie interessieren mich. Wir sollten über unsere absolut spannenden Heimatregionen weiter diskutieren. Hier ist die Visitenkarte meiner Frau. Melden Sie sich und kommen Sie vorbei zu einem elsässischen Abendessen." Er schiebt mir das Kärtchen zu, steht auf, bezahlt an der Theke und wirft mir beim Verlassen des Lokals einen knappen Gruß zu.

Überrascht und erstaunt darüber, war ich unfähig, mich wenigstens für die Einladung zu bedanken. Auf der Karte sind Bilder von schlichten, aber sympathisch wirkenden Gästezimmern abgedruckt. Auf der Rückseite sieht man Didier, der seine gewinnend lächelnde Frau Louise im Arm hält. „*Chez Louise*" steht in orangefarbenen Buchstaben darüber, darunter eine Telefonnummer. Eine Nummer, die ich bald wählen sollte.

Als ich ein paar Tage später tatsächlich die Visitenkarte von Didier und Louise wieder zur Hand nehme, um mit ihnen am Telefon ein abendliches Treffen zu vereinbaren, überrascht mich Didier erneut, da ich sofort, gewissermaßen augenblicklich bei ihnen vorbei kommen soll.

„*Mais oui!* Setzen Sie sich auf Ihr Motorrad und geben Sie Gas. Oder haben Sie keinen Hunger?", schmettert es mir mit tiefer Stimme entgegen.

„Einfach so? Von jetzt auf gleich?", will ich mich vergewissern.

„Na klar. Wir haben Gäste in unseren Zimmern, die auch versorgt werden wollen. Da kommt es auf einen Esser mehr oder weniger nicht an", lacht Didier ins Telefon. „Wir sind bereits beim *Apéro*. Beeilen Sie sich!"

Etwas mulmig ist mir schon angesichts meiner nicht sattelfesten Französischkenntnisse. Auch kenne ich von der Tischrunde einzig und allein Didier, und dies auch nur von einem einzigen Mittagessen. Keine Ahnung habe ich, ob seine Frau Louise von dieser spontanen Aktion ihres Manns überhaupt begeistert sein würde. Und keinen blassen Schimmer, mit welchen Freunden sie den Abend verbringen, geschweige denn, was es zu essen gibt.

Da mir zugutekommt, dass ich nur ganz wenige Gerichte überhaupt nicht mag, fasse ich Mut und steuere ohne Umwege Didiers stattliches Anwesen an. Und meine *courage* wird gebührend belohnt. Die sehr aufgeschlossenen Gäste zum *dîner* sind keineswegs Freunde, sondern für Didier und seine herzliche Frau ebenso gänzlich unbekannte Urlaubsgäste, die sich kurzfristig in eines ihrer Gästezimmer, in ein *chambre d'hôtes*, eingebucht haben.

Dennoch sitzen alle bei meiner Ankunft amüsiert und zwanglos bei *Picon bière* und *Crémant d'Alsace* zusammen. Louise hat für ihre Gäste ein mehrgängiges Abendessen vorbereitet – mit Aperitif, Wein, Selbstgebranntem von Didiers Bruder und einem *Café* danach.

Diese *tables d'hôtes* sind ein sehr französisches Konzept. In keinem anderen Land findet man dieses Angebot so weit verbreitet vor wie hier. Und es ist etwas ganz Wunderbares, das die Gastfreundschaft der Franzosen, ihre Lebensart und ihre Vorliebe für mehrstündigen, gemeinsamen Genuss auf geniale Weise miteinander verbindet. In den folgenden Jahren würden private Gästezimmer mit einer *table d'hôtes* zu meinen bevorzugten Unterkünften werden, vor allem wenn ich alleine auf meinem Motorrad durch das ländliche Frankreich streife. Unbeschreiblich ist das Gefühl, wenn man nach einem ereignisreichen Tag voll intensiver Eindrücke auf zwei Rädern die letzten Kurven nimmt, um dann wohlig ausgepowert für eine Nacht Halt zu machen und einen unterhaltsamen Abend zu erleben. Immer wieder werde ich angenehm gespannt darauf sein, mit welchen Gastgebern und Gästen man zusammensitzen wird, welche erkenntnisreichen Gespräche sich ergeben und welche regionalen Gerichte einem serviert werden. Es sind bereichernde Zusammenkünfte, die man in sterilen Ferienclubs und auf vororganisierten Pauschalreisen sicherlich nicht erlebt. Und es sind nie miesepetrige Menschen, die sich da zu einer kulinarischen *soirée* versammeln, sondern stets liebenswerte Gäste und warmherzige Gastgeber, immer erfreut über erfrischende Gespräche bei Tisch.

So werde ich einmal in Copponex unweit des Genfer Sees von einer rüstigen alten Dame in den hohen Achtzigern bekocht, die darüber hinaus die gesellige Runde, die aus mehreren, ebenso betagten Nachbarn und mir bestand, zu unterhalten weiß. Bei Cluses in den französischen Alpen entdecken Gastgeberin und Gäste unverhofft ihre gemeinsame Liebe zu den großen französischen *Chansonniers*, woraufhin diesen mit lautstark nachgesungenen Refrains, begleitet von stimmigen Gitarrenklängen, gehuldigt wird. In der Nähe von Les Rousses im französischen Jura sollte ich in eine quirlige Geburtstagsfeier geraten, an der ich samt der halben Verwandtschaft wie selbstverständlich teilnehmen darf – Champagner und Geburtstagskuchen inklusive. In dem Vogesendorf Eloyes versuchen die Besitzer eines aussichtsreich gelegenen Hofs, mir bei Speckkuchen, buntem Eintopf und viel Münsterkäse den markanten Akzent der Einheimischen beizubringen, was die beiden höchst amüsiert. Und in dem kleinen lothringischen Dörfchen Athienville nahe Nancy stoße ich auf einen kleinen landwirtschaftlichen Betrieb, dessen glücklich zurückgezogen lebende Besitzer fast ausschließlich von ihren hofeigenen Produkten leben. „Bis auf den Wein stammt alles aus eigener Herstellung“, verkündet man mir stolz. Es sollte eine wunderbare Mahlzeit und ein überaus erkenntnisreicher Abend werden.

Zu verdanken habe ich all diese Erlebnisse der Bekanntschaft mit Didier, der mich zusammen mit seiner begnadet kochenden Frau auf diese Art von Urlaub neugierig machte. Christelle vom „Roue d'or“ hatte mit ihrem untrüglichen Blick sofort erkannt, dass wir beide uns einiges zu sagen haben würden.

Ihr Restaurant wird – neben anderen empfehlenswerten, preisgünstigen Mittagsrestaurants wie die „Steinmuehl“ in Lampertheim oder das „Bateau du Rhin“ im Straßburger Hafenviertel in der Nähe des Grenzübergangs nach Kehl – auch weiterhin eine beliebte Anlaufstelle für mich bleiben. Viele interessante Gesprächspartner werde ich in den nächsten Monaten noch kennenlernen, die mir von ihren familiären Verhältnissen berichten, ihre Probleme in der Handwerksbranche schildern, mir ihre Sicht von Deutschland erklären oder aber mich an ihren Erinnerungen aus Kriegszeiten teilhaben lassen. Für meine Generation Erzählungen aus einer unbegreiflichen, ja nicht mehr vorstellbaren Zeit.

Mein Französisch bekommt jedenfalls dank meiner kulinarischen Exkursionen Konturen und kann sich immer mehr sehen lassen ...

Doch auch in der Ortenau sollte ich auf der Flucht vor dem Mensa-Essen zahlreiche Gaststätten ausfindig machen, die ihre Gäste mittags zu einem absolut fairen Preis verköstigen. Stets hervorragend gewürzt und abwechslungsreich zusammengestellt sind die Mittagsgerichte im „Roten Ochsen“ in Freistett.

Klassisch-bodenständig geht es wiederum zu in der Neumühler „Traube“. Und wenn ich Sehnsucht bekomme nach der Küche meiner Mutter, schwinge ich mich über die kurvigen Strecken durch die Rheinebene nach Oberachern, wo in der „Feldbachstube“ die Wirtin höchstpersönlich hinter dem Herd steht und Köstliches für den kleinen, studentischen Geldbeutel zaubert. Dazu kann man sich Burgunderweine von den hauseigenen Reben schmecken lassen. *Un vrai plaisir!*

9. Ein doppeltes Leben

Deutschland und Frankreich können getrost als das Herzstück der Europäischen Union bezeichnet werden, als der Motor dieses aus doch sehr unterschiedlichen Staaten bestehenden, recht heterogenen Gebildes. Die Grenze zwischen den beiden Ländern bildet für mich den gefühlten Mittelpunkt Europas, treffen sich doch dort diese zwei die europäische Integration ganz entschieden fördernden Länder. An eben dieser Grenze kann man, wie ich finde, den europäischen Gedanken wie sonst nirgendwo in der Europäischen Union spüren. Die Idee eines Europas, in dem sich in Frieden verbundene Nachbarn treffen, ein Europa des regen Austauschs, ein Europa, das verbindet, aber auch die Besonderheiten eines jeden Landes und einer jeden Region respektiert und schützt. Und ein Europa, das viele Bereiche des täglichen Lebens vereinfacht.

All das zeigt sich wie unter einem Brennglas am Grenzübergang zwischen Kehl und Straßburg, der unbestritten der bedeutendste ist entlang der mehrere hundert Kilometer langen Grenze zwischen Deutschland und Frankreich. Mittlerweile ist der Rhein dort auf vier Brücken passierbar, einer Fußgänger-, einer Auto-, einer Eisenbahn- und einer Trambrücke.

Hier, wo die Eurometropole Straßburg und die eher ländlich anmutende Ortenau samt ihrer Grenzstadt Kehl – die den drittgrößten Binnenhafen Deutschlands besitzt – zusammentreffen, lassen sich die vielfältigen Beziehungen zwischen den beiden wichtigsten Volkswirtschaften der EU besonders deutlich erkennen.

Ganz zu Recht wird Straßburg in Frankreich als *carrefour de l'Europe*, als Kreuzung oder – treffender übersetzt – als Treffpunkt Europas bezeichnet. Nicht nur deshalb, weil sich in Straßburg mehrere wichtige europäische Institutionen befinden, angefangen beim Europäischen Parlament über den Europarat bis hin zum Europäischen Gerichtshof für Menschenrechte, sondern auch weil die Straßburger, ja, das gesamte Elsass, enge Beziehungen mit ihren deutschen Nachbarn pflegen und umgekehrt, und das in einer Intensität, wie es wohl selten an einer europäischen Binnengrenze der Fall ist.

Dies lässt sich bereits an einer sehr profanen Sache erkennen, dem wöchentlichen Einkauf. Ganze Armaden bevölkern täglich die Große Kreisstadt Kehl, um stangenweise Zigaretten zu kaufen und an einer der wie an einer Perlenschnur aufgereihten Tankstellen ihre Autos aufzutanken, und zwar den Geldbeutel schonend dank niedrigerem Steuerniveau. Da der Preiskampf zwischen den Supermarktketten in Deutschland unerbittlich geführt wird, können die Elsässer zudem von merklich günstigeren Lebensmitteln im Nachbarland profitieren. Nur ganz wenige Artikel wie beispielsweise Kaffee oder bestimmte Käsesorten sind in Frankreich weniger teuer.

Gewiss ist ein weiterer Haltepunkt auf einer Einkaufstour durch Kehl einer der zahlreichen Drogeriemärkte, die in dieser Form in Frankreich überhaupt nicht anzutreffen sind. Heftig erschrocken bin ich, als ich zum ersten Mal in Straßburg Deodorant, Haargel und Reinigungsartikel kaufen wollte, weil auf den Preistäfelchen geradezu inflationäre Beträge prangten. Bis zu doppelt so viel Geld wollen die französischen Geschäfte hier ihren Kunden aus der Tasche ziehen. Da lohnt sich schnell eine Fahrt über den Rhein zu einer der Filialen von „dm" oder der Drogeriekette Müller, wo man sich ob des Stimmengewirrs wie in einer französischen Exklave fühlt: Überall sieht man wild diskutierende Franzosen ihre Einkaufswagen recht turbulent durch die Regale navigieren, mannshoch mit diversen Pflegeprodukten vollgepackt.

Deutsche sieht man dagegen in französischen Supermärkten mal bedächtig, mal überfordert vor ellenlangen Regalen stehen, die einen für Genießer betörenden Geruch verströmen. Oder besser gesagt: eine Mischung aus Hunderten von Düften, die von einem unerlässlichen Bestandteil eines klassischen, französischen Menüs herrühren, dem Käse! Es soll davon mehr Sorten geben als Tage im Jahr, was den ehemaligen französischen Staatspräsidenten Charles de Gaulle zu dem Bonmot verleitete, dass ein käsegustatorisch so vielfältiges Frankreich quasi unregierbar sei. Die deutschen Kunden zieht diese Auswahl magisch an. Sie quälen sich durch Produktbeschreibungen und Verzehrhinweise, erschnüffeln die zu erwartende Geschmacksintensität von Rohmilchcamemberts und prüfen gefühlvoll drückend die Reife der angebotenen Weichkäsesorten. In französischen Supermärkten werden exzellente Reifegrade zum Kauf angeboten, die im unkundigen Deutschland als abgelaufene Ware zum halben Preis verramscht oder gleich ganz aus den Regalen genommen würden.

Komplettiert wird ein typisch deutscher Supermarktbummel in Straßburg oder den grenzübergangsnahen Dörfern Eschau und Gambsheim durch den Erwerb mehrerer Kartons französischen Weins, extra trockenen *Crémant*, pikante *Cornichons*, hochwertigen Fisch von der beeindruckenden Frischetheke, durch knusprige *Baguettes*, ein paar Dosen *Crème de marrons* sowie Kaffee, der in der Regel intensiver geröstet wird als in Deutschland. Wenn man es dann bis zur *hôtesse de caisse* geschafft hat, wird man angesichts der sehr eigenwilligen Warenauswahl auf dem Fließband sogleich mit einem freundlich schmunzelnden „Guten Tag“ begrüßt, ohne sich zuvor durch ein zaghaftes *„Bonjour“* mit typisch deutschem Akzent zu erkennen gegeben zu haben.

Und wer noch nicht genug hat von Frankreich, der kann sich in einer der zahlreichen Boutiquen in Straßburg modisch einkleiden, oftmals mit Marken, die auf deutscher Seite weniger verbreitet sind. Die Wahrscheinlichkeit, dass man dann hierzulande auf jemandem mit demselben Kleid, demselben Oberteil oder aber mit einer identisch gemusterten Jacke trifft, ist daher äußerst gering.

Strategisch günstiger wäre es allerdings, den Bummel durch die Bekleidungsläden vor dem Einkauf im Supermarkt anzusetzen, da man sonst, zurück im Auto, unverhofft in den Genuss der unvergleichlichen Duftkomposition der ausgewählten Käsesorten kommt, die sich derweil im Kofferraum zähfließend ihren Weg zueinander bahnen.

Das fröhliche Hin und Her auf den Kehler Rheinbrücken setzt sich abends ungebremst fort, wenn Franzosen gutbürgerliche, bezahlbare Restaurants in den Dörfern rund um Kehl aufsuchen und deutsche Feinschmecker sich auf elsässischer Seite genussvoll durch exquisite Mehrgängemenüs der gehobenen französischen Küche dinieren. Die Abwechslung dank unterschiedlicher Gerichte hüben wie drüben, landestypischer Zubereitungsarten und regionaler Getränkeauswahl macht das

Leben an der deutsch-französischen Grenze sicherlich attraktiver im Vergleich zu Regionen, die sich im Inneren eines Landes befinden. Da Frankreich zudem auf eine ganz andere Zuwanderungsgeschichte zurückblicken kann als Deutschland, findet man in Straßburg auch in größerer Zahl Spezialitätenrestaurants mit libanesischen, marokkanischen oder palästinensischen Gerichten.

Nachts dann bevölkern Franzosen die deutschen Grenzorte auf der Suche nach in Frankreich verbotenen Glücksspielautomaten und den im liberaleren Deutschland weit vielfältigeren Angeboten an Sex und Erotik.

Und wenn der Morgen anbricht, setzt sich bereits wieder der Strom an Berufspendlern in Bewegung, die tagein, tagaus über die Kehler Europabrücke hinweg ihren Arbeitsort ansteuern. Dabei gehen bedeutend mehr Elsässer in Deutschland einer Beschäftigung nach als umgekehrt und profitieren von einer niedrigeren Arbeitslosenquote in der Ortenau und auch von höheren Löhnen in qualifizierten Berufen, die sie dann in Frankreich zu geringeren Abzugssätzen versteuern. Wer beide Sprachen fließend beherrscht oder zumindest über ausreichende Kenntnisse der Sprache des jeweiligen Nachbarlandes verfügt, kann durchaus finanziellen Nutzen daraus ziehen.

In jedem Fall aber kann derjenige, der sich für beide Grenzregionen gleichermaßen interessiert, die Freuden des Lebens quasi doppelt genießen.

Ich selbst schalte überaus gern zwischen den Radioprogrammen Deutschlands und Frankreichs hin und her und entdecke immer wieder, dass im jeweiligen Nachbarland oft ganz andere Songs zu Charthits werden. Dank einem französischen Gesetz aus den 1990er-Jahren, nach dem mindestens 40 % der gespielten Lieder in französischer Sprache gesungen werden müssen, bildeten sich in Frankreich vielfältige Musikgenres mit reichhaltigem Repertoire heraus, das sich wohltuend vom häufig englischsprachigen Einerlei in deutschen Radiostationen abhebt. Ob französischer Rap, Reggae, der Raï, eine mit algerischen Klängen durchsetzte Spielart der Popmusik, oder aber die französischen Chansons von einstmals und heute, alle Stilrichtungen eignen sich für eine erfrischende Abwechslung zu den rauf- unter runtergespielten Mainstream-Hits zumeist amerikanischer oder britischer Herkunft.

Allein die Chansons aus früheren Jahrzehnten begeisterten mich sofort und ließen mich in den ersten Wochen meines Auslandsaufenthalts in eine Welt der Musik eintauchen, die mir bisher großteils unbekannt geblieben war. Es ist eine Welt, die so viel mehr Tiefgang und künstlerische Kreativität bietet als im Allgemeinen der deutsche Schlager oder andere zeitgenössische Musikrichtungen. Stets gewürdigt werden diese Meilensteine der Musikgeschichte auf Radio Nostalgie, das mehr junge Zuhörer anspricht, als ursprünglich bei seiner Gründung erwartet wurde.

Doch nicht nur die musikalischen Bedürfnisse lassen sich durch den Blick auf das Nachbarland vielfältiger zufriedenstellen, auch im Bereich der Filmkunst bringt Frankreich immer wieder Werke hervor, die in Deutschland im Allgemeinen wenig beachtet werden. Hier an der Grenze bieten deutsche Kinos französische Spielfilme mit deutschen Untertiteln an. Oder aber man traut sich gleich für ein sprachliches Abenteuer in ein Straßburger Kino.

Ferner genieße ich es, innerhalb kürzester Distanz deutsche wie auch französische Tageszeitungen lesen zu können. Und selbst wenn man nicht alle Feinheiten versteht, so wird man immer versierter dabei, französischsprachige Artikel in ihren inhaltlichen Grundzügen zu erfassen. Besonders interessant finde ich es immer wieder, wenn französische Autoren über Ereignisse in Deutschland berichten und ihre Sicht der Vorgänge kundtun. Auch fällt mir oft auf, dass internationale Ereignisse in den beiden Ländern doch häufig unterschiedlich eingeordnet werden, was mich viel differenzierter auf viele Geschehnisse blicken lässt. Ganz nebenbei lernt man dadurch auch das Nachbarland, seine Überzeugungen und Argumentationsmuster, seine Probleme und Chancen, ja, die Mentalität seiner Bürger viel genauer kennen.

Es ist also ein doppeltes Leben, das man hier führen kann, wenn man eintaucht in die Gegebenheiten beider Länder, selbst wenn es nur die Feste und Traditionen diesseits und jenseits des Rheins sind, die einen interessieren und die auf das jeweilige Nachbarland ausstrahlen.

So verkaufen mittlerweile auch deutsche Bäckereien die berühmten *galettes des rois*, runde, aus Blätterteig bestehende Kuchen, die am Dreikönigstag traditionell in Frankreich verzehrt werden. Versteckt im Teig ist eine Figur, die denjenigen, der sie in seinem Kuchenstück vorfindet, zum König für einen Tag werden lässt.

Immer mehr Franzosen wiederum trifft man in den grenznahen badischen Fastnachtshochburgen, wo die schwäbisch-alemannischen Bräuche zur närrischen Zeit in bunten Straßenumzügen und beim geselligen, ja, ausgelassenen Feiern in den Gaststätten gepflegt werden.

Bald nach Ostern beginnt dann in Frankreich die Saison der über die Landesgrenzen hinaus beliebten Flohmärkte, auf denen beinahe jeden Sonntag in einem anderen elsässischen Dorf gut Erhaltenes von früher, mehr oder weniger wertvolle Raritäten oder schlicht und ergreifend Kitsch und Ramsch feil geboten werden. Die zumeist äußerst redseligen Verkäufer, die gemäß dem französischen Ausdruck *vide-grenier* für die Flohmärkte ihre Dachböden ausräumen, freuen sich auf eine sympathische Plauderei und auf faire oder aber auch energische Preisverhandlungen, ganz egal, ob der potentielle Käufer ein Deutscher oder ein Landsmann ist.

Am 1. Mai wiederum hält man sich am besten mit einem Fahrrad ausgestattet auf der deutschen Rheinseite auf, wenn in den Dörfern rund um Kehl von den ansässigen Vereinen die ersten ungezwungenen Zusammenkünfte des Jahres im Freien organisiert werden. Während man hier in der Ortenau die bayerische Tradition des Maibaumaufstellens nicht kennt, so macht die „Genussregion" ihrem Namen alle Ehre, wenn man die erstaunliche Vielfalt an angebotenen Leckereien bei den Maifesten betrachtet. Bei einer Maitour in Bayern würde man in den meisten Dörfern eher Immergleiches bekommen.

Mehrere Monate lang ist am Oberrhein Hochkonjunktur mit Festen, Konzerten und Attraktionen in beiden Ländern, die teils sogar gemeinschaftlich organisiert werden, wie beispielsweise im *Jardin des deux rives* rund um die beeindruckende Fußgängerbrücke über den Rhein zwischen Kehl und Straßburg. Viele Dörfer und Städte der Ortenau putzen sich heraus für liebevoll gestaltete Feste, von denen die meisten ihre Unverwechselbarkeit bewahrt haben – auch durch das Angebot jeweils lokaler Produkte und Spezialitäten.

In Mösbach kann man sich bei einem kleinen Fest von der Kirschblüte verzaubern lassen. Traumhafte Eindrücke gewinnt man bei einer lockeren Wanderung entlang des Dreikirschenwegs und bei einem Abstecher hinauf auf die Ausläufer des Schwarzwalds, wo der Blick frei ist auf das Dorf inmitten eines Meeres an strahlend weiß blühenden Kirschbäumen.

Oberkirch, ein überregional bedeutendes Obst- und Gemüseanbauzentrum, begeht alljährlich sein berühmtes Erdbeerfest, wo sich alles um die Königin der Früchte dreht – in zahllosen Varianten dem hungrigen Besucher dargeboten.

Zwischendurch kann man auf französischer Seite in vielen Städten und Dörfern zur Sonnenwende in die kürzeste Nacht des Jahres hineintanzen. Auf der *Fête de la musique* singen und spielen Profis neben Amateuren gänzlich kostenlos in der Fußgängerzone, vor Restaurants und auf öffentlichen Plätzen.

Nicht weniger musikalisch geht es auf dem *Festival du houblon* in Haguenau zu, bei dem man dem heimischen Hopfen alle Ehre erweist. Hunderte Künstler aus der ganzen Welt geben sich ein Stelldichein und begeistern mit einer breiten Palette unterschiedlichster Musikstile.

Zum Schnapsfest sollte man sich dann wieder in der Ortenau einfinden, wenn das sympathische Dorf Nesselried in den verschiedenen Obsthöfen allerlei Hochprozentiges von heimischen Destillateuren und kulinarische Köstlichkeiten bereit hält.

Doch sehr bald empfiehlt es sich, wieder den Rhein in Richtung Elsass zu überqueren, wo in dem Dorf, in dem das Kraut gärt, in Krautergersheim unweit von Straßburg, das Sauerkrautfest steigt. Mehrere Tage lang ist in dem friedlichen Fachwerkdorf mitten in der Rheinebene nichts so wie sonst. Der farbenfrohe Umzug mit Orchester, Trachtengruppen und kohlkopfbestückten Wagen ist gewiss der Höhepunkt, wenn sich dieser am Sonntag an den zahlreichen Ständen vorbeischlängelt und von den kleinsten Teilnehmern frisches Kraut ins Publikum geworfen wird. Und während man sich die letzten Krautstreifen vom Hemd klaubt, zieht einen der Duft von frisch mit Weißwein, Lorbeer und Wacholder gekochtem Sauerkraut zu einem der Verkaufsstände. Dort kann man sich das *choucroute nouvelle*, das von der diesjährigen Ernte stammt, schmecken lassen, zum Beispiel zusammen mit einem saftigen Kassler. Wer nach so viel Deftigem einen Drang zur Bewegung verspürt, sollte auf seinem Rundgang in der Dorfkirche vorbeischauen, wo es den Festaltar zu besichtigen gilt, den die Krautergersheimer feierlich geschmückt haben – natürlich mit sattgrünen Kohlköpfen.

Wer lieber Süßes mag, sollte schleunigst wieder zurück nach Deutschland kommen, wenn die Stadt Bühl im September ihre weltweit bekannte, überaus aromatisch-saftige Bühler Frühzwetschge zum Mittelpunkt eines mehrtägigen Fests macht. Und man sollte alles probieren, um herauszufinden, welch einer göttlichen Frucht hier gehuldigt wird: den Rindfleischburger mit Speck-Quetschenmuß-Soße, das Wildragout mit Semmelknödel und fruchtiger Zwetschgenbratensoße, die leckeren mit Zwetschgen gefüllten Knödel aus Quark- oder Kartoffelteig oder ganz einfach ein Stück Zwetschgenkuchen mit viel Sahne darauf und daneben. Bei einem Viertele Wein von den Winzern aus dem nahen Affental lernt man schnell weitere, leidenschaftliche Fans der Bühler Zwetschge kennen. An ein frühes Ende ist bei den immer noch lauen badischen Spätsommerabenden sowieso nicht zu denken …

Ganz in der Nähe der deutsch-französischen Grenze lädt derweil ein elsässisches Dorf zu einem weiteren Fest ein, das man ebenfalls gesehen haben muss: das Zuckerfest in Erstein. Wieder zieht einen der feierliche Umzug mit vielen in landestypischer Tracht gekleideten Teilnehmern in den Bann, die ihre mit Abertausenden von Blüten hergestellten Figuren dem staunenden Publikum präsentieren. Am Ende dieses Blumenkorsos taucht dann der Zuckerwagen auf, auf dem dieses Jahr die elsässische Hohkönigsburg aus unzähligen weißen und braunen Zuckerwürfeln nachgebaut wurde. Eine wahrlich zeitaufwändige Arbeit!

Auch in Straßburg kann man vielerlei sommerliche Attraktionen bestaunen. Äußerst beliebt bei Besuchern sind hier wie in ganz Frankreich Ton- und Lichtspiele, die einzigartige historische Gebäude mit einbeziehen. Eine überaus eindrucksvolle Projektionsfläche für Illuminationen hält die Stadt mit der reich verzierten und mit unermesslicher Detailverliebtheit ausgestatteten Westfassade des Straßburger Münsters bereit. Unterschiedliche Musikstile sowie Lichteffekte in vielerlei Farben und Formen verzaubern jeden Abend Hunderte von Besuchern.

Auch bietet der französische Nationalfeiertag eine wunderbare Gelegenheit für einen Besuch des Elsass, wenn die Plätze der Dörfer und Städte festlich herausgeputzt den Rahmen für prachtvolle Feuerwerke geben.

Wenn der Herbst Einzug hält und die Weinlese zum Großteil vollbracht ist, schmücken sich die badischen und elsässischen Dörfer entlang der immer farbenfroher verfärbten Weinhänge von Neuem: Das alljährliche Weinfest mit seinen Zehntele-Streifzügen durch die lokale Weinvielfalt steht an. Bei mir mischt sich nun in die gelassen-dionysischen Freuden der melancholische Schmerz der letzten angenehm warmen Tage des Altweibersommers oder des goldenen Oktobers.

Zusätzlich zu den klassischen Weinfesten werden mancherorts, vor allem auf badischer Seite, in landschaftlich reizvoller Umgebung Weinwanderungen angeboten. Mit meinen Studienfreunden begab ich mich zum Beispiel auf einen eindrucksvollen Streifzug durch das Offenburger Rebland. Von Rammersweier führte uns der ausgeschilderte Weg durch die

Rebhänge hoch über Zell-Weierbach und Fessenbach bis nach Ortenberg, inklusive einem Bus-Shuttle zurück zum Ausgangsort. An mehreren aussichtsreichen Wegpunkten offerierten die jeweiligen Weingüter ihre Produkte, die Restaurants aus den uns zu Fuße liegenden Dörfern boten eine kleine Auswahl ihrer Spezialitäten unter freiem Himmel an. Immer wieder wanderte man weiter auf einem abwechslungsreichen Panoramaweg, der uns zwischen Weinreben, Obstbäumen und schattenspendenden Waldabschnitten von einer Station zur nächsten brachte. Mit unzähligen interessanten und überaus aufgeschlossenen Menschen konnten wir Kontakte schließen, anstoßen, philosophieren und herumalbern, bis uns der nahende Sonnenuntergang über den Vogesen schließlich dazu veranlasste, die letzten Kilometer nach Ortenberg eilenden Schrittes hinabzusteigen, um noch einen der letzten Busse zurück nach Rammersweier zu erwischen, wo unsere Fahrräder auf uns warteten. Die einstündige Fahrradfahrt durch das nächtliche Rheintal nach Straßburg war gewiss amüsant, aber zugleich anstrengend nach der Wanderung und all ihrer Verführungen am Wegesrand. Doch dank einem ausgezeichneten Radwegenetz kamen wir unversehrt zuhause an – wenn auch zu später Stunde …

Und wer hart gesotten ist, noch im Oktober Energie zum Feiern hat und auf einem Dorffest einem herausragenden Produkt der Ortenau seine Ehre erweisen will, dem sei das Meerrettichfest in Urloffen empfohlen.

In der Adventszeit schließlich kann man das Jahr auf eher besinnlichen Weihnachtsmärkten in den badischen Fachwerkstädtchen Gengenbach oder Oberkirch ausklingen lassen. Oder aber man zieht die bunt blinkenden, glitzernden und farbenfroh leuchtenden Märkte auf elsässischer Seite vor. In Straßburg, Colmar und dem ein oder anderen Winzerstädtchen versammeln sich dabei Touristen aus ganz Frankreich, um die im *Intérieur* eher unbekannten elsässischen Weihnachtstraditionen zu bestaunen.

An den Tagen vor Silvester kommt es dann zu längeren Staus an der Grenze zu Frankreich. Die eigentlich abgeschafften Grenzkontrollen werden nun alljährlich unversehens wieder eingeführt. Die französischen Beamten begeben sich nämlich auf die Suche nach Feuerwerkskörpern, Chinaböllern und sonstigem pyrotechnischen Material, das auf deutscher Seite in den Supermärkten zuhauf zum Verkauf steht, in Frankreich aber verboten ist. Etwas neidisch blicken dann in der Silvesternacht die Straßburger auf ihre Kehler Nachbarn, die das Neue Jahr mit ihren persönlichen Feuerwerken begrüßen dürfen. In Straßburg brennen indes traurigerweise mehrere Autos an den immer gleichen Plätzen, so zum Beispiel im Brennpunkt-Stadtteil Neuhof.

Einen Umstand genieße ich aber das ganze Jahr hindurch. Es ist der abrupte Wechsel von der weit mehr als eine halbe Million Einwohner zählenden Eurometropole Straßburg zu dem hinter der Stadt Kehl sogleich zutiefst ländlich-naturnahen Hanauerland. Während die elsässische Hauptstadt nördlich, westlich und südlich schonungslos weit in das Umland hineinwuchert und ehemalige Dörfer in eher seelenlose, zusammengewachsene Schlafstädte verwandelt hat, verhindern dies östlich davon der Rhein und die Landesgrenze zu Deutschland. Wer zum Beispiel im Grünen Fahrrad fahren will, kann das am schnellsten, wenn er Straßburg in Richtung Ortenau verlässt. Dank zahlreicher Radwege und geteerter Feldwege ist es ein Leichtes, eine abwechslungsreiche Tour durch die Rheinauen und das Ried zusammenzustellen. Selbst die Ortenauer

Rebhänge und die Ausläufer des Schwarzwalds sind schneller erreichbar als die Vogesen im Elsass, und zudem auf naturnaheren Wegen.

Wer also die Vorzüge und Traditionen beider Regionen zu nutzen weiß, der kann tatsächlich ein intensives Leben führen, ein doppeltes Leben gewissermaßen, diesseits und jenseits des Rheins. Leider sind es gerade die jungen Leute, die sich wieder mehr auf ihre eigene Hälfte des breiten Rheintals beschränken, die weniger Interesse haben am jeweiligen Nachbarn als die Generationen vor ihnen. Dabei wäre es essentiell für ein weiteres Zusammenwachsen in einem friedlichen und verständnisvollen Europa, wenn sich die Menschen begegnen würden – selbst wenn es auch nur oberflächliche Kontakte bei einem Glas Wein und einem Flammenkuchen auf einem der zahlreichen Feste wären. Wer positive Erfahrungen auf der anderen Rheinseite sammelt, sieht diese gewiss nicht mehr als Ausland und deren Bewohner keineswegs mehr als Ausländer. Man wird zu Nachbarn, die in einem breiten Tal eines sehr europäischen Flusses zusammenwohnen.

10. Bei Saunawetter auf dem Oberkircher Brennersteig

Hundstage. Mitten im Monat Juli erreicht das gesamte Oberrheintal eine drückende Hitzewelle. Selbst nachts bleibt es unerträglich stickig.

„Sie werden sehen. Es wird hier oft heißer als in Südfrankreich", hat mich Claire bereits vor Wochen gewarnt. Ausgerechnet an einem trüben Maitag mit einstelligen Temperaturen entschied sie sich, mir gewohnt ausführlich und ohne Recht auf irgendeinen Einspruch ihre wissenschaftlichen Theorien über das Mikroklima im Elsass auszubreiten.

„Wir haben hier direkten Zugang zum Mittelmeer!" Etwas ungläubig muss ich sie angesehen haben, da sie sogleich lautstark mit einem erzürnten *„Mais ouiiii!"* nachlegte.

„Die Luft gelangt direkt von Afrika über das Mittelmeer hierher. *Croyez-moi.* Reinste Saharaluft!"

Ich redete mir ein, sie müsse doch wissen, dass man einen ganzen Tag im Auto zu verbringen habe, um das Mittelmeer überhaupt zu erblicken – der afrikanische Kontinent ist selbst dann bei Weitem noch nicht erreicht. Um das Gespräch nicht unnötig in die Länge zu ziehen, verzichtete ich darauf, ihr meine Bedenken zu ihren Ausführungen kundzutun.

„Es gibt keinerlei Barrieren zwischen dem Mittelmeer und Straßburg, keinen einzigen Berg!", fuhr sie fort.

Da hat sie recht, dachte ich mir. Uns Bayern trennen die Alpen vom Goethe'schen Sehnsuchtsland Italien, wo bekanntermaßen die Zitronen blüh'n. Außer bei Föhnwinden grüßt uns der Süden selten auf direktem Weg, und der Frühling, heißt es, komme sowieso vom Südwesten, also von hier. Ich stutzte. Sollten ihre gewiss unbedarften Formulierungen auf einem wahren Kern beruhen?

„Die höchste Erhebung zwischen der Côte d'Azur und dem Elsass ist die Burgundische Pforte, und die ist nicht viel höher als dreihundert Meter!"

„Die Burgundische Pforte?", musste ich nachfragen.

Sie hatte mich kalt erwischt. Etwas beschämt wartete ich gespannt auf ihre Antwort.

„Sie kennen die Burgundische Pforte nicht? Das lernt jeder Elsässer in der Volksschule!"

Und genau damit konnte ich ja eben nicht dienen, mit einer erkenntnisreichen Grundschulzeit in Claires gesegneter Region, beruhigte ich mich ob meiner Wissenslücken.

„Das ist bis heute eine wichtige Grenze zwischen dem Elsass und dem Rest Frankreichs, dem *Intérieur*." Das Wort *Intérieur* zog sie dabei verächtlich in die Länge, die Nase gleichzeitig rümpfend.

„Sie pinkeln hier immer in den Rhein und somit in die Nordsee, hinter der Burgundischen Pforte aber geht's über die Saône und die Rhône ins Mittelmeer."

Sie trumpfte immer mehr auf. Mittlerweile musste ich staunen und fühlte mich tatsächlich zurückversetzt auf die harte Schulbank samt gestrenger Lehrerin, die dabei war, mich über das Leben aufzuklären.

„Wie Sie ja bestimmt bereits bemerkt haben, sind hier viele Ortsnamen deutschen Ursprungs. Nach der Burgundischen Pforte befinden Sie sich im Kernland Frankreichs, da finden Sie keine Dorfnamen wie Meistratzheim oder Niederschaeffolsheim mehr."

Wieder musste ich grinsen bei der Vorstellung, welche Schwierigkeiten ein Franzose aus dem *Intérieur* wohl hätte mit der massiven Ansammlung an Konsonanten und den typisch deutschen Lautverbindungen in elsässischen Ortsnamen.

Mit einem schroffen *„Bref!"* zog Claire meine volle Konzentration wieder auf sich: „Der Mittelmeerluft ist das jedenfalls egal", dozierte sie weiter, *„et voilà* – Sie werden hier im Sommer schwitzen, wie Sie es auf diesen Breitengraden noch nie getan haben."

Sie sollte recht behalten.

Seit mehreren Tagen brennt die Sonne mitleidslos auf die Rheinebene, nicht die kleinste Wolke schiebt sich vor sie. Die gewittrigen Regenschauer verharren über den Hügelketten der Vogesen und des Schwarzwalds. Es scheint fast so, als ob sie sich nicht in die sengende Hitze vorantrauen, die sich erbarmungslos staut in dem weiten, dicht besiedelten Becken Badens und des Elsass. Die gefühlten Temperaturen liegen dabei weit über den tatsächlichen in der schwül-feuchten Luft ohne jeglichen Hauch von Wind.

Man könnte fast meinen, dass ganze Ortschaften menschenleer und verlassen sind, aufgegeben von ihren Einwohnern. In den Dörfern und Städten links und rechts des Rheins bleiben seit Tagen die Jalousien und Fensterläden geschlossen, gelüftet wird lediglich frühmorgens oder noch besser mitten in der Nacht.

Claire strafte mich eines bitterbösen Blicks und mehrerer Flüche, die ich – Gott sei's gedankt – nicht verstand, als ich es tags zuvor wagte, am späten Vormittag das Fenster meines Zimmers zu öffnen. Noch dazu stand die Tür zum Flur sperrangelweit offen! In kurzer Zeit flutete die Schwüle die ganze Wohnung, sodass sich seitdem die sonst so quirlige Claire kaum mehr bewegt, und wenn, dann nur noch mit ihrem überdimensionierten Fächer bewaffnet und wild umherwedelnd. Es muss schlimm um sie stehen, verweigern doch auch ihre Artikulationsorgane jeglichen Dienst, was mich wiederum um einiges befreiter durch die Wohnung schlendern lässt.

Statt mit meinen Kommilitonen heute ein weiteres Mal den Korker Baggersee hinter Kehl aufzusuchen, fällt mir ein, dass ich vor längerer Zeit auf einer kleinen Motorradrunde nahe Oberkirch eine Wandertafel mit einem interessanten Rundweg entdeckt habe. Dieser sollte nun endlich in Angriff genommen werden. Und tatsächlich habe ich Flo, einen Bekannten aus Offenburg, zu dieser Wanderung überzeugen können. Es sollte eine fahrlässige Entscheidung sein, mittags bei knapp vierzig Grad durch aufgeheizte Weinberge zu streifen und entlang nur selten schattiger Pfade zu marschieren. Der sprichwörtliche Stolperstein des rund fünfzehn Kilometer langen Steigs sollte jedoch sein, dass es sich um einen Brennersteig handelt – gesäumt von teuflischen Verführungen in der Größe von 2-cl-Becherchen.

Wir treffen uns am späten Vormittag am Oberkircher Bahnhof, wo man sinnigerweise die Wanderung beginnen und auch wieder beenden kann. Ausgestattet mit einer Flasche Wasser, einem zweiten T-Shirt und einer deftigen Wanderbrotzeit machen wir uns auf den Weg zum Start des Brennersteigs im Ortsteil Albersbach.

Flo habe ich vor ein paar Wochen in einem Nachtclub in Offenburg kennengelernt. Schnell haben wir festgestellt, dass wir uns beide gern sportlich bewegen, aber auch Motorradfahren als bequemeren Zeitvertreib teilen. Vor allem jedoch hat Flo Humor, ein für mich wesentlicher Charakterzug, wenn ich Freundschaften knüpfe. Wir hatten sofort einen Riesenspaß, weil wir uns beide meist nicht sehr ernst nehmen und über vieles lachen können.

Nur bei einem Thema wird Flos Miene unverzüglich ernst, nämlich wenn man ihn in der mentalen oder sprachlichen Nähe eines Schwaben verortet. Dabei spricht er unbestritten ein perfekt artikuliertes Schwäbisch, unter anderem sofort erkennbar am tief im Rachen artikulierten R. Er selbst sieht sich jedoch als waschechten Badener, wenngleich sich der Bauernhof seiner Eltern in Schenkenzell, wo er aufwuchs, zweifelsfrei außerhalb der Ortenau im schwäbischen Landkreis Rottweil und somit in Württemberg befindet.

„Aber erst seit 1973! Vor der Verwaltungsreform waren wir badisch!", rechtfertigt er den Schönheitsfehler seines Heimatorts.

Claire würde sich nun bestimmt dafür interessieren, wohin der Dorfbach sich entwässert, in welches Meer man also *pipi* macht, um ihren französischen Ausdruck zu zitieren. Und tatsächlich, meinen Nachforschungen zufolge liegt Schenkenzell noch im Einzugsgebiet des badischen Flusses Kinzig, die dann ziemlich zielstrebig durch die Ortenau westwärts fließt und bei Kehl in den Rhein mündet. Doch dieses Indiz für die topografische Zugehörigkeit Schenkenzells zu Baden behalte ich lieber für mich, viel zu gern necke ich ihn weiterhin mit seiner fragwürdigen Herkunft.

Letztens hat mich Flo sogar mitgenommen auf einen Besuch bei seinen Eltern. Auf schönen, kurvigen Nebenstrecken durchstreiften wir den Schwarzwald mit unseren Motorrädern, bis wir dann von seinen überaus gastfreundlichen Eltern ausgezeichnet bewirtet wurden, mit Alpirsbacher Klosterbräu, Kaffee und ... Apfelkuchen nach schwäbischer Art. So kündigte ihn zumindest Flos Mutter herrlich schwäbelnd an, als sie ihn stolz auf einer edlen Servierplatte an den Tisch brachte. Ich musste derweil verstohlen schmunzeln, während Flo sich anschickte, schnell das Thema zu wechseln.

Um mir gegenüber dann doch noch den Beweis zu erbringen, dass sich der Hof auf historisch badischem Grund befindet, nahm er mich nach Kaffee und Kuchen mit auf einen kleinen Spaziergang zu einem nahen Grenzstein, der den historischen Übergang vom Großherzogtum Baden zum Königreich Württemberg signalisiert. Beim Anblick dieses gewiss ehemals bedeutsamen Ortes ertappte ich mich sogleich, wie ich Bodenbeschaffenheit und Verwitterung des markanten Steins prüfte – es wäre gewiss nicht das erste Mal gewesen, dass Grenzsteine zum eigenen Vorteil verrückt oder neu aufgestellt worden wären …

Auch stelle ich bei all den gemeinsamen Hobbys immer wieder fest, dass Flo und ich uns in einem Punkt gänzlich unterscheiden in der Art, wie und wofür wir Geld ausgeben. Während ich für den augenblicklichen, kulinarischen Genuss bereit bin, meinen studentischen Geldbeutel weit und tief zu öffnen, ja, ihn gar überzustrapazieren, achtet Flo, der nach seiner Ausbildung bereits über ein geregeltes Einkommen verfügt, penibel darauf, kostengünstig einzukehren. „Ein Vesperbrett mit Bier oder ein Salatteller, und der Magen ist gefüllt!", pflegt er gern zu sagen.

Wenn es hingegen um langfristige Anschaffungen geht, achtet er auf höchste Qualität deutscher Wertarbeit. So nennt er einen absolut hochwertigen, multifunktionalen Kühlschrank sein Eigen, der zweifelsohne ein Studentenbudget von vielen Monaten gekostet hat. Öffnet man aber die schwere Schwenktür, findet man edel beleuchtet Billigbier einer industriellen Großbrauerei. Würde man dieses Bier in Bayern seinen Gästen anbieten, hätte das absolute Sprengkraft, da sich die gesellige Runde schneller wieder auflösen würde, als sie sich zusammengefunden hat.

Auch verfügt er gewiss über fast alle Accessoires, die die Premiummarke BMW für sein schickes Motorrad bereitstellt, vom hochwertigen Kofferzubehör über den Original-Tankrucksack bis hin zu Wärmemodulen für die Lenkergriffe. Dafür wird es eher selten für mehrtägige Fahrten bewegt. Ich wiederum investiere mehr in ausgedehnte Urlaubsfahrten auf meinem eher elementar ausgestatteten Motorrad, den Seesack recht abenteuerlich mit Spanngurten am Soziussitz befestigt, und gebe zumeist mehr Geld für das Abendmenü aus als für die Unterkunft selbst. Flo dagegen soll für ein verlängertes Wochenende in der Schweiz gar sämtliche Lebensmittel für die

Vesper in seinen Hochglanzseitenkoffern die Alpenpässe rauf und runter transportiert haben, um sich das Geld für das Abendessen vor Ort zu sparen. Nun, meine eher sparsame Mutter würde ihm recht geben.

Vielleicht verstehen wir uns ja gerade deshalb so gut, weil wir in manchen Dingen so grundverschieden sind.

Mittlerweile sind wir jedenfalls in Albersbach angekommen, dem offiziellen Start des Brennersteigs. Bei drückender Hitze, schweißgebadet trotz sparsamster Bekleidung und bislang keinen einzigen Höhenmeter erklommen, stehen wir vor der Kartentafel, um zu erahnen, welche Qualen uns erwarten: Der Rundwanderweg misst 14 Kilometer und soll aussichtsreich um das Hesselbacher Tal verlaufen; die angekündigten 450 Höhenmeter klingen dabei für einen Bayern eher lächerlich.

Recht zügig queren wir den kleinen Ort und folgen dabei penibel den roten Hinweistafeln, die mit ihrer in einem Kreis abgebildeten Destillieranlage nur eine Richtung kennen: bergauf! Keuchend lassen wir den zugegebenermaßen malerischen Weg durch die glühend aufgeheizten Rebhänge hinter uns, die Wasserflasche stets griffbereit, und retten uns in den sich anschließenden Wald, der, dicht bewachsen mit allerlei Nadelbäumen entlang verwunschener Pfade, verlässlichen Schatten spendet. Doch währt dieses Glück nicht lange: Auf einem Hügelrücken angelangt, begrüßt uns unmittelbar und schonungslos die Sonne von Neuem, wobei – einer Fata Morgana gleich – in geringer Entfernung ein Holzpavillon auftaucht, samt Bierbänken drum herum.

Die oasenhafte Erscheinung in der entbehrungsreichen Wanderwüste entpuppt sich als rettender Schnapsstand des Köbelesberghofs. Wir sind vernünftig und bedienen uns nur am Himbeerlikör, ignorieren standhaft die hochprozentigeren Getränke. Die Liköre stellen sich als wahrlich gehaltvoll heraus.

Ganz in den Genuss der edlen Tropfen vertieft, fahren wir erschrocken zusammen, als uns eine tiefe, markante Männerstimme aus unmittelbarer Nähe anspricht: „Gut ist er geworden, der Likör, nicht wahr?“ Es steht wohl der stolze Schnapsbrenner des Hofs hinter uns, die Hände in der Arbeitshosentasche und zufrieden lächelnd. „Den schwarzen Johannisbeerlikör müsst ihr auch noch probieren!“, legt er uns nahe.

Wir diskutieren kurz, ob wir uns den Verführungen schon zu diesem Zeitpunkt maßlos hingeben sollten, doch Flos beherzter Aussage, es sei ja nur ein Likör und nichts Hochprozentiges, kann ich nichts entgegensetzen.

Kaum ausgesprochen, wird uns eine fast schwarze, recht dickflüssig erscheinende Köstlichkeit in unsere Gläser gefüllt. Und während wir den überaus intensiven Geschmack von Cassisbeeren genießen, richtet der Landwirt eine in jeder Hinsicht berechtigte Frage an uns: „Was machen eigentlich ein Schwabe und ein Bayer in Oberkirch auf dem Brennersteig?“

Ich muss mit Blick auf Flos sich verfinsternden Gesichtsausdruck, von sanfter Schadenfreude erfüllt, breit grinsen. Dabei verschlucke ich mich jedoch derart an dem leckeren Likör, dass ich lauthals keuchend verhindern kann, dass Flo die wechselvolle Geschichte seines Heimatdorfs vorträgt und damit seinen schwäbischen Zungenschlag zu rechtfertigen versucht.

„Na ja, trinken!“, erwidere ich heftig hustend.

„Dann seid ihr hier genau richtig. Nirgendwo in Deutschland gibt es so viele Brennrechte auf engstem Raum.“ Er unterbricht sich abrupt, dreht sich bedeutungsvoll in meine Richtung und beugt seinen Kopf gefährlich nah an mich heran, während ich mittlerweile angestrengt nach Luft schnappe. „Auch nicht in eurem Bayern! In Oberkirch, der ‚Hauptstadt der Brenner' machen wir alles, was wächst, zu einem köstlichen Tröpfchen. Birnen, Schlehen, Äpfel, Johannisbeeren, Mirabellen, Himbeeren zu Schnaps und Likör, Weintrauben zu Wein, Getreide zu Bier."

Schneller als wir gucken können, sind unsere Schnapsgläser von Neuem gefüllt. Noch mich unentwegt räuspernd proste ich Flo zu und wir lassen uns einen Kirschlikör schmecken.

„Das ist tatsächlich beeindruckend", gebe ich mit belegter Stimme zu. Ich kapituliere, noch bevor ich verschiedene Vorzüge Bayerns lobpreisen könnte.

„In der Ortenau finden Sie an die 7.000 Kleinbrenner. Ein Viertel von ganz Deutschland, Bayern weiterhin inbegriffen." Er wirft mir augenzwinkernd einen schelmischen Blick zu. „Die Brennrechte verlieh uns im Jahre 1726 der Straßburger Bischof. Ein epochales Jahr für uns!"

So wie die Elsässer über die Burgundische Pforte Bescheid wissen müssen, dürfte jedem Oberkircher diese Jahreszahl bekannt sein, denke ich mir.

„Das Jahr 1726 änderte nicht nur viel für uns. Nein, der Kardinal Armand Gaston de Rohan handelte damals keineswegs uneigennützig, denn er erhielt von da an beträchtliche Steuergelder auf das Brennen von Kirschen. Bis heute gelten diese Brennrechte, aber es entstehen nicht nur Kischbrände, sondern Destillate von vielerlei Obst, von selbst gezüchtetem, meist aus Streuobstwiesen, die seit mehreren Generationen in Steillagen gepflegt werden. Paradiesische Obst- und Beerengärten sind das! Obstbrände sind für uns ein absolutes Kulturgetränk, eng verbunden mit den Traditionen dieser Region hier."

Sein Blick schweift über seinen aussichtsreich gelegenen Schwarzwaldhof hinunter ins Rheintal, wo man trotz des Dunsts der schwülen Hitze den imposanten Turm des Straßburger Münsters erkennen kann, der aus der wie mit einem Lineal gezogenen Ebene herausragt. Der imposante Amtssitz des „Schnapsbischofs“ scheint uns mit erhobenem Zeigefinger inständig davor zu warnen, schon jetzt dem Alkohol hemmungslos zu frönen. Oder soll er die Brenner mahnend an ihre Steuerschulden erinnern?

Bei dem Begriff „Kulturgetränk“, den unser fachmännischer Destillateur stolz und erhaben aussprach, musste ich verstohlen schmunzeln, rechtfertigt er doch unseren heutigen Genuss als Unterstützung und Wertschätzung der kulturellen Errungenschaften der gesamten Region rund um Oberkirch.

„Jeder Bauer hat hier etliche Flaschen Schnaps im Keller eingelagert! Für schlechte Zeiten! Man weiß nie …!“, klärt er uns derweil über vernünftige Vorratshaltung auf.

Wir lauschen noch einige wenige Liköre lang unserem liebenswerten Fachmann für Obstbrennrechte, bis wir pflichtbewusst von Neuem dem Wanderpfad folgen, von nun an samt mehreren Souvenirflaschen, die uns, randvoll mit Likör gefüllt und behutsam im Rucksack verstaut, fortan den Weg zusätzlich erschweren werden.

Derart beladen schleppen wir uns nach einer kühlen Flasche Mineralwassers im Busseckhof hinauf zum Geigerskopf, einem Höhenrücken, ausgestattet mit einem Aussichtsturm, um dem erschöpften Wanderer den Blick auf den Schwarzwald im Osten und die Vogesen samt Rheinebene im Westen zu ermöglichen.

Fast beschämt gebe ich, durch und durch erprobter Bergsteiger, Flo gegenüber zu, regelrecht abgekämpft zu sein, obwohl diese Wanderung keineswegs vergleichbar ist mit dem Erklimmen eines Berggipfels in Bayern. Doch bei saunaartiger Hitze und dampfbadähnlicher Luftfeuchtigkeit sind wir froh, den höchsten Punkt der Wanderung erreicht zu haben – eher lächerliche 435 Meter über dem Meeresspiegel! Angesichts der beschämenden Leistung von lediglich dreihundert Höhenmetern nehmen wir uns daher vor, uns über dieses wenig ruhmreiche Detail des heutigen Glut- und Gewaltmarsches anderen gegenüber besser auszuschweigen.

Das mittlere Drittel des Brennersteigs verläuft nun recht eben entlang einer höhepunktarmen Forststraße. Dank mehrerer schattiger Wegpassagen erholen wir uns allmählich von den schweißerfüllten Aufstiegen, wenngleich sich die tropischen Luftmassen nicht um dicht stehendes Fichten- und Tannenholz scheren. Auch unsere Zweit-T-Shirts verbreiten bereits wieder üble Gerüche, die äußerst attraktiv für lästiges Insektenvolk zu sein scheinen.

In alle Himmelsrichtungen mit den Händen fuchtelnd passieren wir das Freilandgehege des Hofguts Silva, auf dem die englischen Schweinerassen Berkshire und Tamworth artgerecht gezüchtet werden und das Potpourri an diversen Gerüchen noch zusätzlich bereichern. Etwas ungläubig sieht uns ein ausgewachsenes Exemplar an, sich dabei keinen Zentimeter bewegend. Gar befremdlich muss es für das stoisch daliegende Tier aussehen, dass wir uns gerade heute diesem Wanderaktionismus hingeben. Sollte ich mir eines Tages ein saftiges Stück Fleisch oder einen aromatischen Schinken von diesen wertvollen Tieren schmecken lassen, werde ich gewiss in Erinnerung an die heutige Wanderung gehörig ins Schwitzen kommen.

Mittlerweile beherbergt der Hof außerdem mehrere Gauloise-Blanche-Hühner, sozusagen das französische Nationalhuhn in den Farben der Tricolore – mit seinen blauen Füßen, dem weißem Gefieder und dem roten Kamm. Das Fleisch soll etwas dunkler und von außerordentlich köstlichem Geschmack sein, vor allem in Frankreich eine überaus gefragte Spezialität!

Bei solchen kulinarischen Gedankengängen lässt der Hunger freilich nicht lange auf sich warten und wir machen es uns auf zwei wundervollen Himmelsliegen gemütlich, allerdings mit gewöhnlichem Schinken der Sorte „Deutsches Hausschwein". Da ich nach einer ordentlichen Brotzeit, oder vielmehr einer „Veschper", wie mich Flo korrigiert, überall und jederzeit ein Schläfchen halten kann, dauert es auch heute nicht lange, bis mir die Augen zufallen. Ein willkommenes Lüftchen macht die drückende Hitze nunmehr auch etwas erträglicher.

Wieder bei Kräften, dank der Siesta erfrischt und ausgeruht, steuern wir zielstrebig die nächsten „Kulturgetränke" an, um erneut den überaus wertvollen Ortenauer Traditionen zu huldigen. Wir gelangen an das „Schnapshisli" des Huberhofs, dessen liebevolle Aufmachung uns an ein nostalgisches Puppentheater erinnert, nur dass der rot-weiß karierte Vorhang nicht Marionetten einen würdigen Rahmen verleiht, sondern – welch Überraschung – allerlei Obstbränden, Likören und selbstgemachtem Apfelmost, dem wir trotz aller vorher gefassten, vernunftvollen Absichten nicht widerstehen können.

Der Weg führt nun wieder abwechslungsreicher mehrere Kilometer entlang von Höhenrücken, oft mit schattigen Abschnitten, teils mit schönen Aussichten ins Hesselbacher Tal oder in Richtung Schwarzwald, bis er scharf rechts talwärts abbiegt. Sehr verlockende Schilder möchten uns den Weg in die Brennerei „Grüner Baum" weisen, nur einen Steinwurf vom Brennersteig entfernt. Doch gemäß dem studentischen

Motto „Mut zur Lücke", wonach man aus Gründen der Freizeitoptimierung üblicherweise nicht alle Prüfungsthemen für die Klausuren vorbereitet, entschließen wir uns, hier etwas Lernstoff zu streichen. Es fällt uns schwer, vor allem als uns ein sichtlich bestens gelauntes Wandererpärchen seinen Geheimtipp verrät.

„Ausgerechnet hier pausieren?", wirft man uns vorwurfsvolle Blicke zu. „Überdenkt eure Absicht, hier gibt es neben Obstbränden selbstdestillierten Whiskey!"

Der Herr, dessen Wanderhut gefährlich schief auf dem Kopf sitzt, hat bereits größere Mühe, die einzelnen Buchstabenfolgen korrekt auszusprechen. Sinnigerweise will ihm das Wort „Whiskey" so gar nicht über die Lippen gehen. Mehrmals muss er von Neuem ansetzen, um die selbstgesetzte, hohe Hürde zu nehmen, das Wort schon beim anlautenden W möglichst britisch zu artikulieren. Seine Partnerin, ihn unentwegt fest umklammernd und ihm Halt gebend, erbarmt sich schließlich seiner und zeigt uns stumm aber entschlossen die Flasche des unaussprechlichen Getränks, die sie offensichtlich nach einer längeren, intensiven Schnapsprobe erworben haben. „Alemannischer Hochland Blended Whiskey" lesen wir auf dem Etikett.

Überrascht sind wir schon, dass hier im Schwarzwald Whiskey hergestellt wird, aus Bio-Emmer-Getreide, einer der ältesten kultivierten Getreidearten, wie wir später herausfinden. Wir belassen es jedoch dabei, lediglich an der edel wirkenden, bauchigen Flasche zu riechen. Mit einem angenehm nussigen und erfreulich wenig rauchigen Aroma in unseren Nasen verlassen wir die beiden und schwören uns mit Blick auf unsere lallenden Freunde des schottischen Nationalgetränks, dass wir den Rundweg auf jeden Fall in Würde beenden wollen.

Der Weg führt uns unerwartet noch ein letztes Mal auf eine Anhöhe hinauf. Es scheint gar so, als ob sich der Brennersteig nun emporschwingen möchte zum finalen Höhepunkt, zum Paukenschlag einer erhabenen Symphonie, in ein irdisches Paradies, in dem sich von Rosensträuchern bestandene Rebstöcke an ein überwältigendes Meer an Obstbäumen und Beerensträuchern reihen, die im Überfluss und in einer schier unendlichen Vielfalt Früchte jeglicher Couleur tragen, verführerisch, einem Garten Eden gleich: Pfirsiche, Schlehen, Birnen, Kirschen, Aprikosen, Zwetschgen, die Indianerbanane, aber auch Sanddorn, Mispel und Kriecherle, eine spezielle Pflaumenart, tummeln sich in diesem farbenprächtigen Eldorado.

Schmale Holzkästchen, die wie zierliche Vogelhäuschen anmuten, mit kleinem Guckloch in der Mitte, säumen den kurvig ins Tal zurückführenden Weg. Als wir aber das schützende Dach eines dieser seltsamen Konstrukte anheben, blickt uns kein empört zwitschernder Spatz entgegen, vielmehr sticht uns ein Flaschenhals ins Auge.

Wir ahnen Diabolisches, lässt uns der überraschende Fund doch vermuten, dass sich in jedem dieser zahllosen Kästen die Frucht des dahinter wachsenden Baums in hochprozentig-flüssiger Form versteckt. Scheinbar sind wir ins Elysium der bezaubernden Genüsse gelangt. Frohlockend stürmen wir zurück zum Beginn dieses märchenhaften Wegabschnitts, schnappen uns überschwänglich die bereitstehenden kleinen Becherchen und probieren in zunehmender Hochstimmung die verschiedenen edlen Brände und Liköre, die uns wie an einer kostbaren Perlenschnur aufgereiht serpentinenhaft in den unaufhaltsamen Abgrund führen.

Von hier an tun sich beträchtliche Lücken in meinem Erinnerungsvermögen auf. Trotz angestrengtem Nachdenken entsinne ich mich nur, dass wir am Gutshof brav unser Trinkgelage bezahlten, neugierig in ein geräumiges Indianerzelt schauten, eine mannshohe Destillieranlage inspizierten und auf dem Rückweg zum Bahnhof das Angebot einer Konditorei von einer Original Schwarzwälder Kirschtorte mit kirschwassergetränktem Teigboden ausschlugen. Ein einziges Stück davon hätte uns sicherlich umgehauen, hätte das berühmte Fass zum Überlaufen gebracht. Besser spät als nie. Es ist vorteilhaft, wenn man um seine Grenzen weiß …

Irgendwie stehe ich jedenfalls Stunden später vor der geöffneten Wohnungstür und Claire sieht mich entsetzt an. Entweder habe ich mich durch lautes Poltern bereits im Treppenhaus angekündigt oder aber ich stocherte zu lange mit dem Wohnungsschlüssel am Türschloss herum, ohne das erlösende Loch zu finden.

„Was ist denn mit Ihnen los, *Monsieur?* Sie grinsen ja unentwegt und Ihre Augen! Ihre Augen!" Claire scheint zutiefst besorgt zu sein, ihren zahllosen Fragen nach zu urteilen.

Doch statt ihr Rede und Antwort zu stehen, ziehe ich es vor, erhobenen Hauptes an ihr vorbeizuparadieren. Gediegen schreite ich in Richtung meines Zimmers, öffne mit einem beherzten Griff die Tür und lasse mich trotz aller widrigen Umstände würdevoll ins Bett fallen. Claire steht mit offenem Mund im Türrahmen – aber sie schweigt, zum ersten Mal, seitdem ich bei ihr eingezogen bin. Kopfschüttelnd schließt sie die Tür, ein *„Mon dieu!"* dringt noch in mein Bewusstsein, und noch bevor sich Schränke, Regale, Lampen und Topfpflanzen zu drehen beginnen, schlafe ich ein und werde nicht vor der Mittagszeit zurück unter den Lebenden sein.

Nie mehr jedenfalls wird mich die Wanderlust überfallen, wenn sich Saharaluft auf direktem Wege hier festgesetzt hat.

Nie mehr werde ich mithilfe von Bus oder Bahn dem stürmischen und enthusiastischen Genuss von badischen Kulturgetränken Tür und Tor öffnen.

Gelegenheiten böten sich freilich viele, zuallererst auf dem Schnapsbrunnenweg in Sasbachwalden, wo quelwassergekühlte Obstbrände und hausgemachte Liköre, gelagert in allerlei idyllisch gelegenen Brunnen, zu ausgedehnten Pausen einladen. Aber auch auf dem Durbacher Weinpanoramaweg oder auf den Premiumwanderwegen rund um Bad Peterstal-Griesbach wird einem großzügig verziehen, wenn man Proviant und Getränk achtlos zu Hause vergessen hat. Gewiss, ein Gipfelerlebnis wie in den bayerischen Alpen stellt sich im Mittleren Schwarzwald selten ein. Doch weisen diese Rundwege oftmals äußerst abwechslungsreiche Landschaftsformen auf, von Streuobstwiesen über akkurat gepflegte Weinberge, schattige Pfaden durch Laub- und Tannenwälder bis hin zu wildromantischen Bachläufen. Dennoch, an einer Stelle darf man sogar eine Viertelstunde lang alpin klettern: Auf dem Karlsruher Grat bei Ottenhöfen, den man in einen herrlich abwechslungsreichen Genießer-Rundweg eingliedern kann, der über den Eichkopf, an den Edelfrauengrab-Wasserfällen vorbei zum herrlichen Aussichtspunkt „Brennte Schrofen“ führt. Und auch hier darf man auf das Queren eines Bauernhofs hoffen, wo dem Wanderer eigene Erzeugnisse auf gastfreundliche Art angeboten werden. Man wird sich einschränken, wenn das Auto am Ende der Wanderung in Ottenhöfen auf einen wartet – und nicht die Ortenau-S-Bahn am Bahnhof nebenan …

11. Von badischer Bescheidenheit und bayerischer Selbstüberzeugtheit

Auf badischer Seite fällt mir immer wieder auf, dass nur wenige Einheimische tatsächlich noch Dialekt sprechen. Dabei meine ich nicht das weit verbreitete, leicht regional gefärbte Deutsch, den landestypischen Akzent sozusagen, bei dem nur die Aussprache einzelner Buchstaben die badische Herkunft verrät. Auch geht es mir nicht um die häufig vorkommende, leicht ins Singen tendierende Satzmelodie, die vor allem in Richtung Karlsruhe die Verortung ihrer Sprecher erleichtert.

Ich denke an echten Dialekt, der besondere, außerhalb der jeweiligen Region meist unverständliche Wörter enthält und mitunter auch grammatikalische Phänomene aufweist, die jeglichen Hüter des Regelwerks der hochdeutschen Sprache auf die Barrikaden gehen lässt.

In meiner altbayerischen Heimat pflegen wir beispielsweise die doppelte Verneinung: Wenn ein echter Bayer die Frage nach Zucker im Kaffee verneint, so beantwortet er das freundlich gemeinte Angebot recht unwirsch für nicht-bayerische Ohren mit einem „I brauch koan Zucker ned!“. Auch können sich im Bairischen Bindewörter wie der Ausdruck „wenn“ in ihrer Gestalt verändern, fast einer Konjugation gleich, undenkbar jedenfalls in der Hochsprache: „Wennst magst, dann kommst vorbei.“ Zudem würde es Norddeutschen vor dem Wörtchen „wie“ nach einem gesteigerten Adjektiv grauen: „Des is ja schöner wia dahoam!“ Für uns Bayern ist dies jedoch ein absolut korrekt zurechtgezimmerter Satz.

Garniert werden unsere dialektalen Ausdrücke schließlich mit sehr spezifischen Lauten: Das A wird tiefer ausgesprochen als außerhalb Bayerns, das R gerollt, ein Ü existiert in einem perfekt artikulierten Bairisch quasi nicht mehr. Daher rührt vermutlich auch unsere tiefe Abneigung vor dem hochdeutschen „Tschüß".

Der Dialekt wird einem gewissermaßen in die Wiege gelegt. Kein zugezogener Erwachsener kann sich diesen aneignen, eher wiederum nur den Akzent einer Regionalsprache. Der Dialekt stellt also etwas Originales, nicht zu Leugnendes dar, das die Herkunft des Sprechers gnadenlos offenlegt – jeglichen neumodischen Datenschutzregelungen zum Trotz. Oft finden Nicht-Bayern die weiche Aussprache des Bairischen attraktiv: Wir neigen dazu, Konsonanten weniger hart auszusprechen oder gar ganz zu tilgen. Darüber hinaus wird der Anteil an Vokalen, die eine Sprache melodischer werden lassen, beträchtlich erhöht, sodass aus dem zackig klingenden hochdeutschen Wort „Mutter" ein viel sanfter wirkendes „Muada" wird.

Und genau in diesem Zusammenhang erscheint es mir unverständlich, warum immer mehr Badener ihren ebenfalls eher weichen, anschmiegsamen Dialekt verleugnen. Vielmehr bevorzugen sie es, ihre Zunge in Richtung eines nur noch leicht badisch gefärbten Hochdeutsch zu verdrehen.

Einer der wenigen unter meinen mittlerweile zahlreichen Bekannten, der stolz und unerlässlich die badische Dialektfahne hoch hält, ist mein väterlicher Freund Jürgen. Die allermeisten dagegen begnügen sich mit einem zurückhaltend dosierten Akzent oder vereinzelt eingestreuten Dialektwörtern.

In meiner Heimat wiederum wird die tiefe Verbundenheit mit ihrer Herkunft von vielen nicht zuletzt durch eine recht konsequente Verwendung des bayerischen Dialekts demonstriert. Nie käme es beispielsweise mir in den Sinn, in ein für mich gestelzt wirkendes, ja künstliches Hochdeutsch zu wechseln, wenn ich mich im privaten, ungezwungenen Bereich unterhalte – selbst wenn Gesprächspartner anderer Herkunft anwesend sind. Oft wirft man uns Bayern in solchen Situationen Sturheit oder mangelnde Flexibilität, ja, sogar Arroganz vor. Aber für viele würde es einer Verleugnung ihrer regionalen Wurzeln gleichkommen, einer Verfälschung der ureigenen Authentizität. In Baden dagegen vermeiden es die jüngeren Generationen geradezu, ihre dialektale Originalität zu zeigen, wenngleich sie stolz darauf sein könnten.

Doch nicht nur sprachlich fällt mir auf, dass sich die Badener – und insbesondere die Ortenauer – regelrecht unter Wert verkaufen. Sie könnten in vielerlei Hinsicht ihre Bescheidenheit ablegen, weist doch ihre Heimat überaus attraktive und äußerst abwechslungsreiche Landschaftsformen auf: von schroffen, naturbelassenen Tälern des Schwarzwalds über die lieblichen Hänge der Weinberge samt schmucker Winzerdörfer bis hin zu den obstbaumgesäumten Hügeln neben fruchtbaren Ackerböden der Rheinebene. Gesegnet ist die Ortenau zudem mit einem äußerst günstigen Mikroklima mit zahlreichen Sonnenstunden und milden Wintermonaten, mit dem zeitigsten Frühlingsbeginn in Deutschland und mit wochenlang lauen Sommerabenden, die eher an Mittelmeerregionen erinnern.

Gleichzeitig verkaufen die Ortenauer ihre Gegend nicht ungebremst für touristische Zwecke, haben sie dies doch im Gegensatz zu vielen südbayerischen Destinationen gar nicht nötig dank einer gesunden Mischung unterschiedlichster Industrie- und Dienstleistungsunternehmen, die die Arbeitslosigkeit im äußerst niedrigen Bereich halten. Wer die Badische Weinstraße entlangfährt, die in der Ortenau mit den malerischen Orten Durbach und Sasbachwalden durchaus Höhepunkte bereithält, erlebt sanften Tourismus. Nichts erinnert an die überlaufenen Moseltalorte oder die ebenfalls stark frequentierte Weinstraße in der Pfalz. Und die Qualität des hiesigen Weins kann im Allgemeinen zudem getrost als höher eingestuft werden. Auch die zahlreichen, von unabhängiger Stelle ausgezeichneten Premium- und Genusswanderwege sind selbst zu Ferienzeiten erfreulich wenig besucht. Wer an einem sonnigen Wochenende jemals in den bayerischen Alpen bergsteigend unterwegs war, atmet hier auf und erfährt erholsame Glücksmomente – auch ohne alpines Gipfelerlebnis.

Stolz könnten die Ortenauer auch sein auf mehrere noch gut erhaltene Ortskerne, vor allem in den Dörfern und kleinen Städtchen des Hanauerlandes. Bestens hergerichtet sind beispielsweise die Fachwerkhäuser in Eckartsweier, Hesselhurst und Willstätt. Idyllisch steht um den Korker Bühl, einen heiteren Platz, ein prachtvolles Ensemble jahrhundertealter Gebäude, die von den geschmacklichen Verirrungen der Nachkriegsjahrzehnte verschont geblieben sind. Nur selten finden sich stilwidrige Modernisierungen wie Kunststofffenster oder Aluminiumhaustüren an den Fachwerkhäusern.

Der sich von anderen süddeutschen Regionen unterscheidende Haustyp des Hanauer Fachwerkhauses, zuallermeist rechtwinkligen Grundrisses, ursprünglich einstöckig, oftmals aufgestockt, weist neben dem Hauptdach häufig oberhalb der Fensterreihen mehrere zusätzliche Schrägdächer auf, sogenannte „Wetterdächle“. Oftmals findet man diese an der schmaleren Frontseite des Hauses, wo sie die Fassade vor Regen schützen. Wohlhabende Familien leisteten sich darüber hinaus einen Krüppelwalm, eine weitere Dachschräge im Dachstuhl. Wenn ich zeitvergessen mit dem Motorrad durch die Dörfer der Rheinebene und der Vorwaldzone fahre, fasziniert mich immer wieder diese relativ hohe bauliche Geschlossenheit der für die Ortenau typischen Hauslandschaft in den Dorfkernen.

In vielen Ortschaften rund um Kehl scheint der Tornado der Abrisswut der 1960er- und 1970er-Jahre nicht so stark gewütet zu haben wie in meiner Heimat. Fast beschämend ist es für mich, dass man in den Dörfern rund um Regensburg blindlings, rücksichtslos und ohne jeglichen Respekt vor der Geschichte eines alten Hauses so gut wie alle historischen Gebäude, auch zahllose von den Kriegsbomben verschonte, in der Nachkriegszeit abgerissen hat. Man muss weit fahren, um so viele schöne Dörfer ausfindig zu machen, die in der Ortenau eng beieinanderstehen. Freilich muss man auch hier in dem ein oder anderen Neubaugebiet beide Augen zukneifen und sich fragen, wie manch verunglücktes Eigenheim entstehen konnte.

Nicht zuletzt kann auch die badische Küche als weiterer Vorzug dieser Region genannt werden, zählt sie gewiss zum Besten, was Deutschland zu bieten hat. Ihre Vielfalt ist legendär, unter anderem dank eines regionalen Gemüse- und Obstreichtums, der seinesgleichen sucht. Der Oberkircher Obstgroßmarkt erhält beispielsweise jährlich bis zu 50.000 Tonnen Obst aus regionaler Produktion von nahezu 3.000 Erzeugern! Und für die genussvolle Begleitung zum Essen muss die Region ebenso keinesfalls verlassen werden – würziges Weißbier aus Ulm, erfrischender Klingelberger Riesling aus Durbach, fruchtiger Grauburgunder aus Sasbachwalden, überraschend vollmundiger Spätburgunder aus Waldulm. Von den unterschiedlichsten Edelbränden und den vielen qualitätsvoll-trockenen Winzer-Seccos, die sich hinter einem elsässischen Crémant keineswegs verstecken müssen, ganz zu schweigen.

Für mich persönlich ist die Nähe zu Frankreich ein weiteres Plus – vieles ändert sich nach der Grenze. Ein Sonntagsausflug kann daher wie ein Kurzurlaub sein, ein Gefühl, das sich für einen Bayern, wenn er ein paar Stunden nach Österreich fährt, kaum einstellt, zu ähnlich sind Landschaftsformen, Kulinarik, Sprache und Mentalität.

Doch warum verfallen die Leute hier trotz all dieser Vorzüge in grundlose Bescheidenheit, rühmen selten ihre Heimat und sich selbst? Eigentlich ist dies ja ein weiterer sympathischer Wesenszug dieses Menschenschlags hier, der im Allgemeinen sehr liberal eingestellt, aufgeschlossen, großzügig und gastfreundlich ist.

Viele Bayern sind dagegen eher konservativ und oftmals reserviert Zugezogenen gegenüber, gepaart mit einer schier unerschütterlichen Selbstüberzeugtheit und dem eisernen Bewusstsein, etwas Einzigartiges zu sein. Schon in der offiziellen Bezeichnung des Bundeslandes als Freistaat kommt dies zum Ausdruck, wobei der Begriff „Freistaat" zweifellos eher eine Worthülse ist, gehört Bayern doch wie alle anderen Bundesländer unumstößlich dem föderalen Gebilde der Bundesrepublik Deutschland an. Daran kann auch die Tatsache nicht rütteln, dass die Bayern in der Nachkriegszeit dem Grundgesetz der Bundesrepublik Deutschland formal nicht zugestimmt haben.

Die Selbstherrlichkeit rührt wohl auch daher, dass Bayern ein historisch gewachsenes Flächenland Deutschlands ist, nicht in großer Not zusammengeflickt nach dem Zweiten Weltkrieg. Oft schwingt bei vielen Bayern eine Prise Geringschätzung mit, wenn über Bindestrichländer wie eben Baden-Württemberg oder Rheinland-Pfalz gesprochen wird.

Wenn man mein Heimat- und Sachkundeheft aus der Grundschulzeit durchblättert, hält man daher eher einen bunt bebilderten, von Kinderhand gestalteten Werbeprospekt über die Schönheit und die Vorzüge Bayerns in Händen, gespickt mit vielen Superlativen, die die Attraktivität unserer Heimat lobpreisen – in meinem Fall die historischen Schätze meiner Geburtsstadt Regensburg und ihres überaus lebenswerten Umlandes. Im Jahr 2006 wurde dann tatsächlich, eventuell auch aufgrund großer Überzeugungsarbeit der bayerischen Politiker, die Regensburger Altstadt von der UNESCO als schützenswertes Welterbe ausgezeichnet.

Man vermittelte uns also schon im Kindesalter eine äußerst positive Grundeinstellung allem Bayerischen gegenüber. Dialekt zu sprechen, wurde selbst in der Schule absolut akzeptiert, viele Lehrer bedienten sich seiner, um die Lerninhalte möglichst anschaulich, authentisch und einprägsam zu vermitteln. Unsere zweifelsohne staatstragende bayerische Mehrheitspartei tut ihr Übriges, erweckt sie gar den Eindruck, gebührend zu der Entstehung dieses ach so attraktiven Landstrichs beigetragen zu haben, der einer Vorstufe zum Paradies gleichkomme. Dessen absolut irdische Interessen werden derweil unablässig in Berlin kraftstrotzend vertreten und durchgesetzt.

Aus einer ganzen Reihe an barock-extrovertierten, ja gar Außenpolitik betreibenden Ministerpräsidenten sticht gewiss Franz Josef Strauß hervor, von dem das Bonmot stammt, außerhalb Bayerns gebe es kein Leben, und wenn doch, dann kein solches. Gern trug er diese Weisheit seinen amüsierten Zuhörern gar auf Latein vor: Extra Bavariam nulla vita, et si vita, non est ita. Von einem bayerischen Ministerpräsidenten erwarten die Bayern, dass er stets die freistaatliche Souveränität hervorhebt, obwohl dies gemäß der deutschen Verfassung rein illusorisch ist. Während die Bayern gern in den Vordergrund drängende, selbstbewusst polternde Politiker wie Strauß, Stoiber und jetzt Söder wählen, geben die Baden-

Württemberger bevorzugt unauffälligen Sachwaltern ihre Stimme, die wie Späth, Teufel oder Kretschmann ohne großes Charisma, aber mit viel Fleiß und Disziplin ihr Land nach vorne bringen. Ein Stefan Mappus, der in seinem herrschaftlichen Gebaren CSU-Ministerpräsidenten das Wasser zu reichen vermochte, konnte daher keinen Erfolg haben. Den überheblichen Regenten verwiesen alsbald die Proteste rund um den geplanten Stuttgarter Hauptbahnhof in seine Schranken, ehe ihn die Tsunamiwelle von Fukushima ganz wegspülte, die den Glauben an die von ihm favorisierte Atomkraft abrupt beendete.

Wenn man durch bayerische Städte fährt, fallen einem vielerorts die zahlreichen weiß-blauen Fahnen auf, die die repräsentativen Boulevards, die zentralen Plätze und viele private Gärten zieren. In der Ortenau sieht man die Landesfarben Gelb und Rot kaum im privaten Raum. Weitaus öfter outen sich die Bewohner hier auf Balkonen und in Vorgärten bezeichnenderweise als FC-Bayern-Fans. Viel seltener sind dagegen Fahnen des unweit von hier kickenden SC Freiburg zu sehen.

Weit weg ist der Ortenauer vom fleischgewordenen Prototypen des zügellosen Bayerntums, dem Oberbayern, der scheinbar bereits mit der Muttermilch so viel davon in sich aufsaugt, dass ihn all das Bajuwarische schier erdrückt, überwallt und übermannt. Sämtliche Lebensformen außerhalb der bayerischen Alpen und dem ihnen vorgelagerten Hügelland sieht er generell als nicht erstrebenswert an. Irgendwie mag man ihm solche Attitüden verzeihen, ist er doch umgeben von geranienbewehrten herrschaftlichen Bauernhäusern, majestätischen Berggipfeln und glitzernden, tiefblauen Seen. Doch dasselbe Tiefdruckgebiet, das sich tagelang in seinem Voralpenland abregnet, hat zuvor binnen weniger Stunden elegant die Ortenau passiert, und die Menschen freuen sich sogleich wieder mit einem schmackhaften Viertele fruchtigen Grauburgunders unter der unmittelbar wieder wärmenden Sonne Badens des Lebens, während der Oberbayer Zeuge eines intensiven Landregens und eines längeren, markanten Temperatursturzes wird.

Die erfrischende Zurückgenommenheit der Ortenauer lässt mich zunehmend das permanente Sendungsbewusstsein der Bayern vergessen, die ständig dem Rest Deutschlands aufzeigen wollen, was alles in Bayern besser läuft: Gerne werden unentwegt die zweifelsohne starken bayerischen Wirtschaftsdaten, die effiziente Staatsverwaltung, die guten Ergebnisse der Schüler in der PISA-Studie und die Schönheit des Landes betont – für Nichtbayern gewiss enervierend. Superlative beherrschen den Diskurs: Bayern habe die höchsten Berge, die malerischsten Seen, den angenehmsten Dialekt, das anspruchsvollste Abitur, die meisten Feiertage, die größte Kaufkraft und die niedrigste Arbeitslosigkeit. Als Heranwachsendem bleibt einem nichts anderes übrig, als all diese plakativen Aussagen in sich aufzusaugen. Gleichzeitig wird man im bayerischen Fernsehen immer wieder Zeuge der weiß-blauen Selbstinszenierungen von staatlicher und der barock-pompösen Darbietungen von kirchlicher Seite. Selbstbewusst werden prachtvolle Traditionen gepflegt. Vieles wirkt wie großes Theater, glanzvoll vor eindrucksvoller Kulisse zur Aufführung gebracht.

Woher dieser Drang zur Selbstdarstellung kommt, kann nur vermutet werden. Eventuell haben es die Bayern in ihrem tiefsten Inneren bis heute nicht verkraftet, nach all den Jahrhunderten stolzer königlicher Selbständigkeit diese in der Niederlage gegen das Deutsche Reich unter Kaiser Wilhelm I. und Bismarck verloren zu haben und heute auf einer Stufe zu stehen mit Hessen oder Mecklenburg-Vorpommern. Ist die ganze

Bayernherrlichkeit am Ende Ausdruck einer tiefen Verletzung und einer traumatischen Demütigung in der historischen Entwicklung im Verhältnis zu Deutschland, ja, Ausdruck eines Minderwertigkeitskomplexes vor dem Hintergrund ehemals größerer Bedeutsamkeit zu Zeiten des Königreichs Bayern? Soll der ständige Verweis auf die wirtschaftliche Stärke Bayerns vergessen machen, dass der Freistaat – im Gegensatz übrigens zu Baden-Württemberg – lange stark agrarisch geprägt und bis in die 1980er-Jahre hinein ein Nehmerland war beim Länderfinanzausgleich? Dessen Regelwerk möchte die bayerische Staatsregierung, clever wie sie ist, am liebsten eher heute als morgen grundlegend ändern, da sich der Freistaat inzwischen zum bedeutendsten Nettozahler entwickelt hat.

Auf jeden Fall führte meine bayerische Sozialisation so weit, dass mein geistiger Horizont lange nur auf Bayern beschränkt war, ohne jegliche Bestrebungen, in Lebensweisen und -formen jenseits davon einzutauchen. Die allermeisten meines Abiturjahrgangs und ich selbst blieben daher der Stadt Regensburg und dem sie umgebenden Landkreis verhaftet. Nur einige wenige setzten ihren beruflichen oder studentischen Weg in München fort. Ganz vereinzelt traute man sich gar ins fränkische Nürnberg oder nach Augsburg in Bayerisch-Schwaben.

Nun, nachdem ich in meiner Heimatstadt das Abitur abgelegt, den Zivildienst absolviert und das fast komplette Studium hinter mich gebracht habe, entdecke ich mehr und mehr einen überaus attraktiven Landstrich rund um Straßburg und Offenburg – außerhalb Bayerns. Dabei ist es eher dem Zufall geschuldet denn gewollt gewesen, dass mich das Auslandsjahr hierher verschlagen hat. Der Name Ortenau war mir und ist den allermeisten Bayern gänzlich unbekannt. Und Offenburg verortet man – trotz bayerischem Abitur – eher als Vorort von

Frankfurt, die badische Kreisstadt mit Offenbach verwechselnd. Gewiss, Straßburg und das Elsass sind ein Begriff für jedermann, dennoch kennen sich viele besser an italienischen Stränden oder auf weiter entfernten Inseln aus.

Ich jedenfalls brauche immer weniger die Landkarte oder die Hilfe von Navigationsgeräten diesseits und jenseits des Rheins. Ich bin eingetaucht in die mir immer heimischer werdende Region, mache mich mehr und mehr vertraut mit der Mentalität der Menschen hier und lasse mich treiben in einem Sommer purer Freiheit, voll von Abenteuern und einer Menge neuer Erfahrungen.

12. „Nesselried brennt!“

Nichts ist schöner als eine Grenzgegend, die sich ihre Originalität und Eigenheiten bewahrt hat. So wie das Elsass, das weit weg liegt von der Hauptstadt Paris und ihrem ständigen Bestreben, alle Ecken und Enden Frankreichs zentralistisch auszurichten sowie einheitlich zu gestalten. Oder wie die Badener in der Ortenau, ihrerseits von der Hauptstadt Berlin geografisch ebenso abgewandt wie die Elsässer von der ihren und vom Schwarzwald zudem gut von den zwangsangeheirateten Württembergern abgeschirmt.

Kontaktfreudig sind die Menschen hier, offen, liberal, leutselig. Wenn ich daran denke, wie viele Einheimische ich spielend kennengelernt habe trotz meines offensichtlichen Nicht-von-hier-Seins. Und man kann mir getrost glauben, meine Herkunft zeigt sich unfreiwillig im ersten Satz, ja, im ersten Wort, das ich von mir gebe. Im ländlichen Bayern hätten es viele Zugereiste dagegen viel schwerer, dort Fuß zu fassen.

Fast einheimisch fühle ich mich, wenn ich mit dem Motorrad Eskapaden in den Schwarzwald unternehme. Mittlerweile nicht mehr auf Bundesstraßen, sondern auf eigens erkundeten, malerischen und kurvigen Nebenstraßen. So führt mich ein Ausflug abseits der Bundesstraße 28 durch das Dorf Nesselried, sanft eingebettet zwischen den Ausläufern der letzten Rebhänge und zahlreichen Obstbaumwiesen. Wie romantisch verzaubert muss die Gegend wirken während der Apfel- und Kirschblüte im Frühjahr, wie malerisch und farbenfroh im Herbst, wenn die Blätter der Kirschbäume in der tief stehenden Sonne sattrot erstrahlen und auch die Reben ihr schönstes Kleid tragen: Hänge voll milder Ockertöne neben solchen in dunklem Weinrot, je nachdem für welche Rebsorte sich der Winzer entschieden hat.

Nesselried selbst erscheint eher unscheinbar: Nicht stolze Fachwerkhäuser, üppig herausstaffiert mit Blumenschmuck im Stile des Hanauerlands, säumen die Hauptstraße, sondern zumeist eher schlicht wirkende Gebäude. Diese sind zwar oft von großer Gestalt, aber ohne den Flair historischer Einzigartigkeit.

Dennoch durchdringt das Dorf seltsame Geschäftigkeit an diesem brütend heißen Augustnachmittag. Da werden Höfe sorgfältig herausgeputzt, Bürgersteige von allem Unrat befreit, Fenster blitzblank poliert. Sollte es sich hier etwa um eine schwäbische Exklave handeln – mit perfektionierter Kehrwoche?

Andere wiederum platzieren überall Strohballen. Kleine, holzverkleidete Verkaufsstände werden aufgebaut und Bierzeltbänke in Reih und Glied aufgestellt. Spätestens der Anblick dieser mir aus meiner Heimat höchst vertrauten Sitzgarnituren lässt mich für ein paar Augenblicke den Ausflug zur Oppenauer Steige vergessen. Instinktiv erkenne ich, dass hier etwas Originelles, etwas Landestypisches vorbereitet wird.

Bereitwillig Auskunft erhalte ich dann sogleich von einer älteren Dame, die wie ich dem Treiben im Schatten der wie die Wohnhäuser schlicht gehaltenen Dorfkirche beiwohnt.

„Das Fest sollten Sie sich nicht entgehen lassen!“, sagt sie stolz, um sogleich den obligatorischen Verweis auf meine Herkunft beizufügen, an den ich mich in den letzten Wochen so gewöhnt habe und dessen Fehlen mich mittlerweile zutiefst enttäuscht: „So etwas habt ihr in Bayern nicht!“

Ich will wissen, warum solch ein Fest in meiner Heimat nicht stattfinden könne, wo wir doch als die Feierkönige Deutschlands gelten. Kein Ausländer wird je an ein baden-württembergisches Fest denken, während unser weltberühmtes Oktoberfest in seiner ganzen Strahlkraft Zigtausende Besucher aus aller Welt anzieht.

„Kommen Sie einfach vorbei, Sie werden sehen. Aber lassen Sie Ihr Motorrad zuhause ...“, rät sie mir.

Meine Neugier ist geweckt.

Obwohl ich gerne aus der schwülen Sauna des Rheintals in Richtung Schwarzwaldhochstraße geflüchtet wäre – sinnigerweise nennt sich der Sehnsuchtsort aller Hitzegeplagten oberhalb von Oppenau „Zuflucht“ –, verschlägt es mich seltsam elektrisiert ins aufgeheizte Offenburg, wo ich Alex und ihrem Mann Mehmet sogleich von meiner Entdeckung berichte.

Alex ist vorzüglich erprobt, was Feste und Feierlichkeiten anbelangt, und ihr Mann ein ebenso erfahrener Begleiter. Ich lernte beide vor Kurzem selbstredend auf einem Weinfest kennen. Keine Festlichkeit dürfte ihnen unbekannt sein, deshalb erwarte ich weitere Vorschusslorbeeren für das Nesselrieder Dorffest.

„Da soll etwas Großartiges gefeiert werden?“, fragt Alex mich ungläubig. „Na ja, dann sollten wir nach Nesselried fahren und das Fest auf seine Tauglichkeit testen.“ Alex’ unverwüstliche Freude am Ausgehen scheint selbst bei einem ihr unbekannten Fest unverzüglich geweckt worden sein. Und so verabreden wir uns für Samstagabend am Ortseingang von Nesselried.

Da man als Student für gewöhnlich samstags wenig vorhat, nehme ich mir vor, die Umgebung von Nesselried vorab etwas zu erkunden. So befinde ich mich bereits mehrere Stunden vor dem Treffen im Ort. Das zunächst unscheinbare Dorf präsentiert sich nun beträchtlich herausgeputzt: Mehrere kleine Bühnen erwarten voll Vorfreude Sänger wie Gäste. Die Strohballen haben sich zu einem dekorativen Ganzen gefügt und laden zum gemütlichen Plaudern ein. In jedem größeren Hof scheint eine Veranstaltung mit eigenem Motto stattzufinden. Der vormals schmucklose Parkplatz schräg gegenüber der Dorfkirche zeigt sich nun bunt dekoriert mit Ständen, die baldigst allerlei Köstlichkeiten anbieten werden.

Trotz dieser kulinarischen Versprechungen entdecke ich ein ganz unscheinbares kleines grünes Schildchen mit dem Dorfwappen von Nesselried, das auf einen Höhenrundweg hinweist. Angekündigt wird eine Strecke von zehn Kilometern. Eher hätte ich bei einer solchen Wegbezeichnung eine stolze Angabe von Höhenmetern erwartet. Doch wenn mich an diesem Abend schon die regelrechte Inkarnation eines einzigartigen badischen Dorffestes erwartet und dabei meinen bayerischen Stolz endgültig begraben wird, so möchte ich wenigstens noch vorher auskundschaften, was die Badener unter einem Höhenweg verstehen, denn hier kann man uns Bayern ja gewiss nichts vormachen. Die Zugspitze oder der Watzmann stechen ja gerade nicht hinter den auslaufenden Hügeln des Schwarzwalds hervor.

Und folgerichtig erwarten mich auch keine alpinen Bergpfade, dafür aber knackige, kurze Anstiege in den Weinbergen, in deren Kessellagen ich der Sommerhitze schonungslos ausgeliefert bin. Es muss in diesem Jahr ein teuflisch guter Wein heranreifen! Vollkommen verschwitzt erreiche ich nach ausgedehnten Kirschbaumwiesen und kurzen kühlenden Abschnitten durch Mischwälder einen flachen Bergrücken oberhalb der ersten Durbacher Reblagen. Und eine Fahne am nahen Schloss Staufenberg signalisiert mir, dass es dort eine Erfrischung geben könnte. Wieder hat mich mein Eindruck nicht getäuscht, und so kann die Wanderung nach einem fruchtigen Rosé des hiesigen Weinguts fortgesetzt werden.

Der Abstieg gestaltet sich schattiger, erholsamer und auch schneller als der schweißtreibende Weg hinauf durch die Reben. Mein T-Shirt und der unbestreitbar aufdringliche Körpergeruch erholen sich dennoch nicht mehr von den Strapazen. Um nicht den ganzen Abend von der übrigen Bevölkerung isoliert auf dem Fest verbringen zu müssen, nur umgeben von Stechmücken, die auf meinen Geruch fliegen, bitte ich Alex, mir ein T-Shirt ihres Mannes mitzubringen. Bis dahin will ich mich – allen Versuchungen zum Trotz – in sicherer Entfernung zu den Feierlichkeiten aufhalten.

Alex denkt sogar noch an ein Deodorant, wohl nicht zuletzt aus Eigennutz. Und somit kann das Fest nunmehr im aprilfrisch duftenden Poloshirt beginnen.

Und tatsächlich kommen wir aus dem Staunen nicht heraus. Nicht nur, dass in kürzester Zeit und trotz noch beachtlich hoher Temperaturen am frühen Abend das ganze Dorf proppenvoll ist, sondern auch, welche Vielfalt an kulinarischen Genüssen hier in Nesselried geboten wird.

In manchen Höfen wird gegrillt, andere haben sich auf

Flammenkuchen in verschiedensten Variationen spezialisiert. Hausgemachte Leberspätzle lassen einem das Wasser im Mund zusammenlaufen, für Gesundheitsbewusste liegen Gemüse und Obst in den Auslagen der Bauernhöfe bereit. Ein ganzer Ochs am Spieß macht derweil langsam vor dem Rost rotierend Appetit.

„Knapp 300 Kilogramm Schlachtgewicht hatte der", versichert mir ein älterer Herr, der mit seinem gut gefüllten Weinglas selbstzufrieden und erwartungsvoll seinen Blick nicht von seinem nächsten Mittagessen hebt. „Morgen heißt es, pünktlich hier zu sein!", gibt er mir noch einen Tipp mit. „Oder sind Sie morgen schon wieder auf der Heimreise? Dann würde ich heute noch vom badischen Wein profitieren, bevor es zurück in die bayerische Diaspora geht", zwinkert er mir noch zu, um dann genüsslich einen großen Schluck aus seinem Glas zu nehmen und sich wieder auf den brutzelnden Ochsen zu konzentrieren.

Immer wieder fällt mir auf, dass man mir ob meiner Herkunft mit mitleidsvoller Mimik begegnet. Dabei wurde mir mein ganzes Leben lang beständig eingeimpft, dass es keinen anderen lebenswerten Ort als das bayerische Paradies auf Erden gibt. Nun, mein Blickwinkel hat sich in den letzten Wochen bereits enorm geweitet. Nur ganz wenige altbayerische Dorffeste könnten mit einer derart breiten Palette an Speisen aufwarten, und keines von ihnen könnte mit den vielen, zumeist vor Ort produzierten Getränken mithalten. Gewiss, es ist für mich immer noch gewöhnungsbedürftig, ein Weißbier aus einem kleinen Glas zu trinken. Vorteil an solchen heißen Abenden wie heute ist wiederum, stets ein kühles Getränk in Händen zu halten. Ich akzeptiere den Umstand als eine badische Anpassung an extremere Wetterverhältnisse.

„Jetzt kommt, Männer. Ich bin nicht nach Nesselried gekommen, um nur am Bierstand herumzustehen!“

Wie recht unsere nörgelnde Alex hat, denn wir hätten das allermeiste verpasst. Bereits im ersten Obsthof rechter Hand der Hauptstraße zeigt sich von Neuem, dass die Badener alles, was wächst, mittels Brennvorgang oder „Vergeistigung“ veredeln. Birnen, Äpfel, Zwetschgen, Kirschen, Mirabellen, Himbeeren, Brombeeren, aber auch Walnüsse und ein mir unbekanntes Gewächs namens Topinambur liegen hier akkurat am Hof abgefüllt in flüssiger, hochprozentiger Form vor.

Unter fachmännischer Anleitung von Rainer, einem ausgewiesenen badischen Schnapsexperten, probieren wir uns durch allerlei Nesselrieder Gebranntes. Wir benetzen wie empfohlen unseren Gaumen, spülen artig den gesamten Mund bis zur letzten Geschmacksknospe und genießen bewusst und in vollen Zügen den Abgang. Rainer beobachtet aufmerksam unsere Verkostung aus überaus wachen Augen, während wir den Schnaps im Mund wirken lassen, um dann zufrieden lächelnd unser Urteil abzuwarten. Alex favorisiert den Walnussschnaps, Mehmet und ich trinken uns an der Mirabelle fest.

Meiner Herkunft geschuldet ist, glaube ich, der Vorschlag des Schnapssommeliers, sich auch an den Topinambur heranzuwagen. Da Alex und Mehmet dies mit dem Verweis auf die stattliche Anzahl bereits konsumierter Schnäpse wild gestikulierend ablehnen, will ich es ihnen gleichtun und ebenfalls darauf verzichten. Doch Rainers Hand findet zielstrebig den Bauch der Topinambur-Flasche. Und ehe wir protestieren können, fügt sich das für mich rätselhafte Destillat passgenau in die Gläser. Schelmisch grinsend drückt er uns die Gläser in die Hand. Jeglicher Widerstand erweist sich als zwecklos. „Jeder Neu-Badener muss sich dieser Prüfung stellen!“

Alex' Einwurf, sie wohne bereits viele, viele Jahre hier, verpufft ohne Wirkung. „Die Runde geht auf mich!“, wirft uns unser Fachmann noch hinterher. Wir nehmen jedoch dieses großzügige Angebot gar nicht mehr bewusst wahr. Zu sehr benebelt dieses badische Schnapsgewächs sämtliche Sinne. Mit glasigen Augen, betäubten Atemwegen und erdigem Geschmack im Mund schnappen wir nach Luft und verfluchen die gesamte Palette an Wurzelbränden. Mich persönlich erinnert er an längst vergangene Enzian- und Bärwurz-Mutproben mit Freunden an sturmfreien Wochenenden, an denen vorzugsweise diese verstaubten und im hintersten Bereich des Schrankes verbliebenen Schnapssorten zum Einsatz kamen. Denn deren Fehlen danach fiel den verreisten Eltern nach ihrer Rückkehr gewiss nicht auf.

Mehmet meint, normalerweise trinke man Topinambur zur Verdauung. Und diese Aussage ruft uns einen absolut amateurhaften Fehler in Erinnerung: Wir haben zwar viel Essbares gesehen, aber in unserem Magen gärt nur Flüssiges. Und dies so sehr, dass sich die bunten Girlanden aus Glühbirnen auf dem Festplatz in der Dämmerung beträchtlich bewegen – obwohl keinerlei Wind zu spüren ist.

Wir steuern also flugs den Flammenkuchenstand an, um unseren Mägen die Möglichkeit zu geben, die überschüssig vorhandene Flüssigkeit zu binden. Leider fällt Alex' Blick auf einen Weinstand, der in strategisch günstiger Position dazu einlädt, den Imbiss nicht ganz trocken zu verzehren. Mit den rauchig duftenden Flammenkuchenstücken in der Hand begeben wir uns mit dem jungen Verkäufer, dem hervorragend informierten Kenner seiner Weine, auf eine kleine imaginäre Reise durch die Rebhänge rund um Nesselried. Wortgewaltig beschreibt er uns die geschmacklichen Varietäten der angebotenen Weißweine. Dabei spitzt er stets genussvoll seinen Mund und schließt seine Augen, wenn er die jeweiligen Geschmackseigenschaften seiner Weine zusammenfasst. Wir folgen konzentriert seinen fachmännischen Ausführungen. Da sich aber in unserem Zustand seine überaus anschaulichen Sortenbeschreibungen im Kopf wild umherdrehen, folgen wir schließlich ganz unprätentiös seiner Empfehlung, der Klingelberger Riesling vom Durbacher Plauelrain harmoniere perfekt mit unseren gratinierten Flammenkuchen. Wie recht er behalten wird! Der fruchtig-trockene Weißwein, hervorgegangen aus einer äußerst bevorzugten, recht steilen Reblage der Ortenau, lässt uns endgültig den Topinambur vergessen. Und mit jedem Bissen vom Flammenkuchen verlieren die dekorativ aufgehängten Glühbirnen zusehends ihre bedrohlichen Drehbewegungen und gebärden sich nunmehr wieder wie friedlich den Festplatz ausstrahlende Lichtkörper.

Inzwischen ist es Nacht geworden. Doch die Badener kommen immer mehr in Fahrt. Ganze Menschentrauben drängeln sich beim Rathaus an der längsten Schnapstheke Badens. Kein Wunder, diese hier in Nesselried anzutreffen, existieren doch weit mehr als hundert Brennrechte, von denen einige Bewohner, so scheint es, gebührend Gebrauch machen.

Vor den Bühnen am Festplatz und in den Obsthöfen wird indes getanzt, gelacht, geschunkelt und mitgesungen. Der ganze Festbereich ist voll friedlich feiernder Menschen. An diesen beiden Tagen sollten es an die zehntausend Besucher werden!

Und ehe wir selbstzufrieden und voll farbenfroher Eindrücke das Fest verlassen, drückt man uns noch einen Flyer mit dem weiteren Festprogramm in die Hand. Staunend über so viel Organisationskraft der Bewohner eines kleinen Dorfes und seine zahlreichen, vor Ort hergestellten Produkte lesen wir von Wanderungen durch die Nesselrieder Obstwiesen und Weinberge, von Schaubrennen in den Obsthöfen, von einer gläsernen Bäckerei, die Einblick in ihre Backkunst gewährt, von einem Sonntagsmarkt mit heimischen kulinarischen Produkten sowie Handwerkskunst aus Holz, Glas und Metall, von einer historischen Ausstellung im Rathaus, von Aktivitäten für die kleinen Festbesucher, Gesangseinlagen des hiesigen Chors und tänzerischen Vorführungen.

Ja, meine lieben bayerischen Mitbürger, es gibt ihn tatsächlich, einen Ort, an dem man außerhalb Bayerns ein absolut ebenbürtiges Paradies vorfindet: Die Genussregion Ortenau kann einen Neuankömmling mit all ihrem kulinarischen und landschaftlichen Zauber und der Lebensfreude ihrer Einwohner gefährlich schnell in ihren Bann ziehen. Nesselried hat dies heute Abend mühelos geschafft und dabei sämtliche Erinnerungen an die doch meist recht gleichartig ablaufenden Dorffeste in meiner bayerischen Heimat stark verblassen lassen.

„Im nächsten Jahr schlendern und futtern wir uns durch das Sonntagsprogramm", meint Alex. Etwas traurig stimmt mich dieser Ausblick, denn zu diesem Zeitpunkt werde ich wohl an meiner Universität in Bayern fürs Staatsexamen büffeln. Sollte man nicht am morgigen Sonntag noch dem zweiten Teil von „Nesselried brennt!" beiwohnen? Mit Blick auf die späte Uhrzeit jedoch befürworte ich voll Vernunft Alex' Vorschlag, denn dieses Fest verlangt in jeder Hinsicht körperlich ausgeruhte und rundum fitte Besucher! Ich bin mir sicher, dass ich im nächsten Sommer Nesselried von Neuem die Ehre erweisen werde, ganz gleich, von wo mich mein Weg hierher führt.

13. Die Heimat klopft ans Idyll

August ist Urlaubszeit. Und auch ich, der ich ja eigentlich schon seit Monaten in Ferienstimmung bin, sollte dies zu spüren bekommen. Dabei meine ich nicht das nun vielfältiger gewordene Stimmengewirr in der Straßburger Altstadt, wo sich amerikanische, italienische und osteuropäische Sprachklänge zu den vertrauten deutschen und französischen mischen. Nein, es kündigt sich Besuch aus der Heimat an, besser gesagt wurde dieser bereits vor vielen Wochen auf die Stunde genau avisiert und mehrmals per Handynachricht unaufgefordert bestätigt: „Wir sind dann am 22. August um 11.00 Uhr bei dir in Straßburg."

Ich antworte jedes Mal geduldsvoll und etwas unverbindlicher mit einem „Ja, wenn ihr da seid, seid ihr da!", tue aber stets meine aufrichtige Vorfreude kund, eben so, wie es sich gehört.

Diese gilt Tom, meinem besten Freund aus Grundschulzeiten, und seiner Freundin Simone. Beide planen um den Kurzaufenthalt bei mir eine regelrechte Deutschlandtour, die sie von Baden-Baden über Straßburg dann in Simones Heimat im Saarland und schließlich weiter an die Mosel und das Mittelrheintal führen soll. Und weil Tom es beruflich gewohnt ist, Abläufe bis ins kleinste Detail zu planen, hat er auch seine Reise durch Westdeutschland bis ins Äußerste strukturiert, ja, gar minutiös ausgearbeitet. Ein spontanes Verweilen an einem reizvollen Ort oder längere Stopps in unverhofft schönen Landstrichen zwischen zwei Etappenzielpunkten sind in seiner Organisation nicht vorgesehen. So ist der Besuch in Straßburg auf die unverrückbare Zeitspanne zwischen dem 22. August, 11.00 Uhr, und dem 24. August, 9.30 Uhr, festgelegt. Ich solle mir ein attraktives Programm überlegen, gern mit vielen eindrücklichen Besichtigungen.

Es sollen zwei atemlose Tage für mich werden.

Als der lange angekündigte Tag X anbricht, bin ich früh wach. Eine unterschwellige Nervosität hat mich bereits seit Tagen erfasst und sich unmittelbar auf meine Schlafqualität ausgewirkt. Überpünktlich sitze ich im Kehler Café „Wolkenkratzer“ bei „Süddeutscher Zeitung“ und „Dernières Nouvelles d'Alsace“. Die deutsche Grenzstadt erscheint mir als passender Treffpunkt, um beide zielsicher durch den Straßburger Verkehr zu ihrem Hotel zu lotsen.

Doch kurz vor 11.00 Uhr erhalte ich eine Nachricht, dass die beiden sich verspäten werden. Sie seien dabei, das Pfand von aufgebrauchten Plastikpfandflaschen einzulösen und hätten gerade vormittags nicht mit den Menschenmassen aus Frankreich im Kehler Aldi gerechnet. Etwas schmunzeln muss ich schon, dass Tom, kaum an der französischen Grenze angekommen, seinen gewiss exakt berechneten Zeitplan neu austarieren muss. In Frankreich – und im Kehler Aldi – läuft eben vieles anders. Umso aufgeregter sind Simones Schilderungen von dem invasionsartigen Aufkommen an Kaufwilligen, übervollen Einkaufswagen und dem überaus komplizierten Bezahlverhalten der französischen Kunden an der Kasse.

„Da gab es tatsächlich eine Französin, die mit Scheck zahlen wollte! Wie antiquiert ist das denn? Nach längerer Diskussion beglich sie dann einen Teil in bar und den Rest per Kreditkarte“, schüttelt sie den Kopf.

„Und gewiss kannst du dir das Anwachsen der Warteschlage hinter uns lebhaft ausmalen“, fügt Tom hinzu.

„In Kehl einzukaufen, ist immer langwierig und nervenaufreibend“, pflichte ich den beiden bei.

„Und all das wegen ein paar leerer Pfandflaschen!“, ärgern sie sich.

Ich frage mich ohnehin, warum das gerade heute Vormittag geschehen musste, bestimmt steckt auch hier ein ausgeklügelter Plan dahinter …

Dennoch kann das die Wiedersehensfreude nicht schmälern. Gut gelaunt genießen wir noch eine Tasse Kaffee, während sich Tom bei mir über die bevorstehende Besichtigungstour bis in jedes Detail erkundigt.

„Und wo essen wir am Abend?“, will er noch wissen.

„In Frankreich – etwas Landestypisches, oder?“, antworte ich vorsichtig, wohl wissend, dass Tom auf dem Gebiet der Kulinarik selbst kleinste Experimente nur sehr zaghaft zulässt.

Tom schnappt nach Luft, doch Simone kommt seiner Antwort zuvor: „Ne, ne, Tom, ich war jetzt zweimal im Löwenbräu in Baden-Baden Schweinshaxen und Münchner Tafelspitz essen. Ich brauche jetzt ein wenig Urlaubsfeeling“, bemerkt sie etwas schnippisch.

Stolz zeigt mir Tom ein Foto von einer goldbraun gebackenen, perfekt auf dem Teller drapierten Haxe, die nur darauf wartet, mit Hilfe des weiter rechts abgebildeten Weißbiers hinuntergespült zu werden.

„War hervorragend!“, bezeugt er mir.

„Lass dich überraschen, Tom. Ein Tisch in einem Straßburger Restaurant ist bereits reserviert. Es gibt kein Zurück“, sage ich und bemerke ein zufriedenes Lächeln in Simones Gesicht. „Dann lasst uns in das Abenteuer starten“, beschließt Tom mit einem Kontrollblick auf die Uhr.

Der mit Tom nun ausführlich abgestimmte Besichtigungsmarathon soll sich ein weiteres Mal verzögern, da ich am Hotelparkplatz feststellen muss, dass Simone ihren beeindruckenden begehbaren Kleiderschrank komplett im Kofferraum und im großzügigen Fond ihres Autos untergebracht hat. Und sie will keinen einzigen der Rollkoffer im Wagen belassen. Ob dies in der Angst vor Diebstählen begründet oder aber der strategisch ungünstigen Verteilung wichtiger Reiseutensilien auf möglichst viele Behältnisse zuzuschreiben ist, wage ich nicht zu fragen. Jedenfalls steht den beiden viel Schlepperei bevor auf ihrer Deutschlandtour.

Schweißgebadet stelle ich nach dem Check-in fest, dass die Programmpunkte nur noch mit eiserner Disziplin wie geplant abgehakt werden können. Doch Tom zeigt sich motiviert und wir eilen ins Stadtzentrum, um das Münster zu besichtigen und es trotz oberrheintypischer Hitze bis auf dessen Plattform zu besteigen. Nach dem erhabenen Blick auf die prächtige Altstadt stürzen wir uns in das Labyrinth ihrer Gassen und Plätze und nehmen gerade noch rechtzeitig unsere gebuchten Sitzplätze auf einem der Panoramaschiffe ein. Nach der Schifffahrt rund um das historische Zentrum geht es weiter in das malerische Gerberviertel La Petite-France, zu den gedeckten Brücken und zu einer stark gekürzten Verschnaufpause in der „Kitsch'n-Bar", einer alternativ angehauchten Studentenkneipe in einem herrlichen Fachwerkhaus, deren buntes Publikum unübertrefflich mit dem überaus vielfältig und wunderbar farbenfroh gestalteten Interieur harmoniert. Anschließend führe ich sie noch zur Place de la République, deren Gebäudeensemble die Preußen mit der ihnen eigenen Monumentalität geschaffen haben. Von hier aus ziehe ich mit meinem Besuch durchs *Quartier allemand*, wo ich den beiden das stattliche Haus zeige, in dem sich mein Studentenzimmer befindet.

Wir bleiben jedoch in sicherer Entfernung, um nicht Gefahr zu laufen, dass Claire uns von ihrem Balkon aus erblickt. Das würde einen alle zeitlichen Pläne vernichtenden Totalschaden verursachen.

Trotz dieses für mich ungewöhnlich straff getakteten Tagesablaufs haben wir wunderbaren Spaß. In die Wiedersehensfreude mischen sich viele amüsante Geschichten, die sich in den letzten Monaten zugetragen haben und es wert sind, zum Besten gegeben zu werden. Und als Tom abends auf der Speisekarte ein ihm bekanntes Gericht erblickt, ist auch für ihn der Tag gerettet: Genüsslich lässt er sich sein Cordon bleu schmecken.

Pünktlich stehen wir dann auf dem Münsterplatz, um das „Son-et-lumière"-Spektakel an der Westfassade des Münsters zu bestaunen.

„Jetzt sind sie schon zehn Minuten über der Zeit", schüttelt Tom den Kopf beim Blick auf seine funkbetriebene Armbanduhr. „Frankreich eben!"

Und tatsächlich kommen weder klassische Musik aus den Lautsprechern noch irgendwelche Lichteffekte aus den Projektoren, die direkt auf den Figurenschmuck des Münsters gerichtet sind.

„Die Veranstalter warten bestimmt noch, weil immer noch Leute dazustoßen", beruhige ich ihn.

„Franzosen! Unpünktliches Volk!", grummelt er.

„Aber sympathisch", gibt Simone zu, „hier ist man nicht so gehetzt in der Freizeit."

Leise grinse ich vor mich hin und beschließe, mich nicht einzumischen.

„Oder die Technik funktioniert mal wieder nicht", zischt Tom ungeduldig.

Wie auf Knopfdruck starten dann doch die allabendlichen Ton- und Lichtspiele, die Tom sogleich besänftigen. In enger

Umarmung genießen die beiden die absolut sehenswerte Show. Der Abend klingt dann entspannt aus bei hausgebrautem Bier in der Bar *„Au brasseur"*. Tom hätte im französischen Ausland keinesfalls ein so vorzügliches Bier erwartet, versichert er mir verblüfft.

Am nächsten Tag ist die Stimmung dann zunächst etwas getrübt. Tom beschwert sich über das karge Frühstück im Hotel – nur Baguette, Marmelade und ein Croissant wurden serviert: „Kein Nutella, keine Wurst, kein Käse, kein Joghurt. Leben wie Gott in Frankreich? Besser nicht zu Frühstückszeiten!"

Sie haben recht, sage ich mir, das Frühstück ist gewiss kein Ruhmesblatt für das Land der Gourmets.

„Und die Betten!", schaltet sich Simone ein. „Es hat etwas gedauert, bis wir das französische System aus diversen Bettlaken verstanden haben."

„Ich dachte zuerst, die haben die Federbettdecke vergessen!", schüttelt Tom den Kopf.

Ich muss schmunzeln, habe ich doch als Jugendlicher in den ersten Nächten bei meiner Austauschfamilie in der Provence im Jogginganzug ohne jegliche Zudecke geschlafen, da ich mit dem eng gespannten Oberlaken, das über eine kratzige Wolldecke geschlagen war, partout nicht zurechtkam. Ich lag also auf den ganzen Deckenschichten, was den Vorteil mit sich brachte, dass mein Bett morgens stets ordentlich aussah. Die Mutter meines Austauschpartners verwunderte dies sehr, musste sie doch ihren Sohn regelmäßig rügen, was das Erscheinungsbild seines Bettes betraf. Ich erntete stattdessen großes Lob, da meines stets vorbildlich und sorgfältig gemacht war – und das sogar noch vor dem Frühstück.

Als ich aber irgendwann dahinterkam, wie man sich in Frankreich ordentlich bettet, verschwanden die deutsch-französischen Unterschiede in der jugendlichen Gewissenhaftigkeit sogleich. Die Laken in meinem Bett wurden nun immer verknitterter, die festgelegte Reihenfolge der unterschiedlichen Zudecken immer willkürlicher und zunehmend unüblich. Eines Tages wurde ich dann von der gestrengen Mutter ausführlich darüber belehrt, wie man ein französisches Bett korrekt zu machen habe.

Es ist eine Wissenschaft für sich!

„Irgendwann sind wir dann jedenfalls tatsächlich eingeschlafen", stellt Simone derweil fest.

„Aber ich möchte das Bett heute nicht entpuzzeln, wir haben dies, großzügig wie wir sind, dem Zimmermädchen überlassen", grinst Tom.

Trotz einer eher kurzen Nacht ziehen Tom und Simone tapfer und voll touristischer Energie die Planung ihres zweiten Besuchstags durch. Wir marschieren schnellen Schrittes durch den Parc de l'Orangerie, fahren anschließend mit kurzem Fotostopp am Europaparlament vorbei, um dann ab dem schmucken Fachwerkstädtchen Obernai die Elsässische Weinstraße in Angriff zu nehmen.

Da der Magen immer mehr grummelt, machen wir Halt in dem bodenständigen wie Genuss bietenden Restaurant „Raisin d'or" in Mittelbergheim. Ein *menu du jour* mit würziger Pastete im Teigmantel samt Salatbouquet als Vorspeise und Rinderbäckchen an einer ehrlichen Rotweinsoße lässt uns wieder zu Kräften kommen, wobei ich Tom bewusst im Unklaren darüber lasse, von welchem Körperteil des Rindes das Fleisch stammt.

Während wir essen, fühlen wir uns von einem am Nachbartisch sitzenden älteren Ehepaar beobachtet. Auch Simone ertappt sich dabei, in regelmäßigen Abständen verstohlen zu überprüfen, ob die recht neugierigen Blicke immer noch in unsere Richtung gelenkt sind. Gewiss fragen sich die beiden, in welch seltsamem Dialekt wir uns unterhalten. Auffallend ist, dass sowohl er als auch sie wortlos am Tisch sitzen, nicht einmal ihre Blicke treffen sich von Zeit zu Zeit. Sie geben dabei kein besonders glückliches Bild ab, die Mundwinkel nach unten gezogen, der Gesichtsausdruck puppenhaft erstarrt, die Hände ohne jegliche Regung.

Doch von einem Augenblick auf den anderen beugt sich die Frau zu uns herüber und fragt uns bemerkenswert emotionslos, was wir denn essen würden. Da es sich dem akzentfreien Hochdeutsch nach um norddeutsche Touristen handeln dürfte, beginne ich artig, die Speisenfolge des *menu du jour* in mein bestes Sonntagsdeutsch zu übersetzen.

„Den Elsässern fällt aber auch nichts Neues mehr ein!“, unterbricht sie mich sogleich nach Erwähnung der *pâté en croûte*. „Entenstopfleber, Pastete, *Tourte*, Presskopf – es ist immer dasselbe.“

Ich will gerade dazu ansetzen, die vielfältige, in Deutschland wie in Frankreich geschätzte elsässische Küche zu verteidigen, möchte so tolle Gerichte wie Hasenpfeffer, „Coq au riesling“, „Matelote“ – einen Süßwasserfischeintopf in Weißweinsahne –, „Palette“ oder „Rognons de veau“ aufzählen, Desserts wie „Vacherin glacé“, fruchtige „Tartes“ oder den „Kougelhopf glacé“, doch ohne Erfolg. Vielmehr erfahren wir ungefragt die Beweggründe ihres Aufenthalts am Oberrhein. Um näher bei ihrer Tochter zu wohnen, die in Freiburg und Basel einer lukrativen Beschäftigung nachgehe, haben sie ihr Haus bei Hannover verkauft und sich nahe Kehl niedergelassen.

Die Chance, in ein völlig neues Umfeld einzutauchen, interessante Bekanntschaften zu machen, eine bezaubernde Gegend Schritt für Schritt zu entdecken, diese Chance, die mich täglich von Neuem voll Tatendrang in den Tag starten lässt, vermisse ich gänzlich an den beiden. Vielmehr blicken sie auf alle Gegebenheiten wie durch einen Grauschleier, sehen ihren neuen Alltag getrübt, auf das Widrige, das Unliebsame und Unangenehme reduziert.

„Das Wetter hier ist katastrophal!", stöhnt sie starren Blickes. „Wochenlange, schwüle Hitze ohne einen Tropfen Regen oder einen Windhauch."

Gewiss, es kann hier drückend heiß werden im Hochsommer. Den milden, kurzen Winter und den zeitig startenden Frühling erwähnt sie jedoch nicht.

„Und Kehls Innenstadt kann ja getrost als hässlich bezeichnet werden!", findet sie.

Sie hat nicht unrecht, vergisst aber die gelungene Gestaltung der Altrheinufer, die Jugendstilvillen auf der Insel – dem entlang der Rheinpromenade gelegenen und kurz nach 1900 erschlossenen Stadtteil –, verliert kein Wort über den *Jardin des deux rives* samt eindrucksvoller Fußgängerbrücke über den Rhein und die attraktive Lage direkt an der Stadtgrenze von Straßburg, einer der prächtigsten Städte Frankreichs. Hannover gewinnt gewiss auch keinen Preis dafür, nach dem Zweiten Weltkrieg die noch bestehende Bausubstanz in der Altstadt brutal abgerissen und das Zentrum mit seelenlosen Gebäuden auf dem Reißbrett wiederaufgebaut zu haben.

„Und dein Golfplatz ist der reinste Acker, nicht wahr, Raimund?"

Raimunds Blick bleibt mechanisch, leblos. Statuenhaft sitzt er auf seinem Stuhl, fordert das Rederecht von seiner Gattin keineswegs ein. Lediglich ein zögerndes Kopfnicken kann man bei genauem Hinsehen erkennen.

„Und Französisch! Da haben wir keinen Zugang zu. Monate haben wir in Volkshochschulkursen zugebracht – ohne Erfolg!" Sie blickt zu ihrem Mann und versucht abermals, eine unterstützende Aussage von ihm zu erheischen. Dieser zieht jedoch weiterhin eine apathische Bewegungslosigkeit jeglicher gestisch-mimischer Aktivität vor.

„Und die Leute hier! Überaus reserviert und kühl jeglichen Fremden gegenüber!", schüttelt sie den Kopf und nimmt sogleich einen kräftigen Schluck von ihrem Weißwein.

Nun, was bleibt mir anderes übrig, als dieser Kaskade an negativen Sichtweisen, dem überzeugten Ausdruck der grundsätzlichen Ablehnung ihrer neuen Umgebung wortlos gegenüber zu stehen, zumal ich ja das Gegenteil dessen erlebe und empfinde, was uns gerade in aller Eindringlichkeit offenbar wird. Die beiden würden meine Überzeugungen keinesfalls teilen und energisch ablehnen. Ich selbst bin jedoch der Auffassung, dass man, wenn man offen gegenüber Neuem bleibt und positiv gestimmt auf Menschen zugeht, stets beschenkt wird mit ebenso freundlichen Gesten des Willkommenseins.

Unsere gelöste Stimmung, das Urlaubsgefühl meiner Gäste aus der Heimat, droht jedenfalls, allmählich zu kippen. Es ist der herrliche Duft der *Tarte aux mirabelles*, serviert von einer überaus freundlichen Bedienung, die uns weitere Episoden des Leidenswegs von Raimund und seiner Frau erspart.

Nach einem ausgiebigen Mittagessen setzen wir dann unsere vergnügliche Fahrt auf der „Route du vin d'Alsace" fort. Malerische Dörfer mit lauschigen Plätzen, belebten historischen Gassen, gesäumt von jahrhundertealten Fachwerkhäusern und Innenhöfen wechseln sich ab mit sanft geschwungenen Straßen durch ein Meer von Weinreben, die immer wieder den Blick auf die Rheinebene und die burgenbewachten, in dunkles Grün getauchten Ausläufer der Vogesen freigeben. Tagelang könnte man sich entlang dieser reizvollen touristischen Straße aufhalten, sich durch die verschiedenen Weine der hiesigen Winzer probieren, Burgen und Kirchen besichtigen, Weinwanderwege beschreiten, Museen besuchen und Spezialitäten des *Terroir* verkosten.

Doch merke ich immer mehr die Nervosität von Tom und Simone.

„Wann sollen wir bei Jürgen sein?", kommt schließlich Toms Frage, einen gestrengen Blick auf die Uhr werfend.

Als Jürgen erfuhr, dass ich Besuch aus Bayern erwarte, ließ er es sich selbstverständlich nicht nehmen, für uns seine Kochkünste unter Beweis und seine fortgeschrittenen Kenntnisse der bayerischen Sprache zur Schau zu stellen. Und so sollen wir an diesem Abend um 19.00 Uhr bei ihm in Kehl sein.

„Ich lade euch noch auf einen *Apéro* ein, und dann fahren wir über die Schnellstraße nach Kehl", beruhige ich die beiden.

In Rouffach finden wir eine kleine *Winstub* und ich lasse es mir nicht nehmen, eine der hochwertigsten Weinspezialitäten des Elsass zu bestellen, einen zwölf Jahre alten Gewürztraminer, *vendanges tardives*, eine Spätlese also. Ich wähle einen *Clos Saint Landelin* vom hiesigen Weingut *Domaine Murè* aus.

Ich finde diesen Süßwein ideal als Aperitif, da er seine vielschichtigen fruchtigen Geschmacksnoten im Mund geradezu explodieren lässt und unmittelbar zu einer gelösten Stimmung zu Beginn eines Abends unter Freunden führt. Man muss eigentlich jeden Schluck dieses kostbaren Weins bewusst genießen, ihn voll auskosten, die ganze geistige und sensorische Konzentration auf die Verkostung bündeln. Der Blick von unserem Tisch auf das historische Zentrum Rouffachs könnte einen überaus stimmigen Rahmen bieten.

Doch leider habe ich die Gemütslage von Tom und Simone grundlegend falsch eingeschätzt. Viel zu sehr unterscheidet sich wieder einmal mein von jeglichen Terminen und sonstigem Druck losgelöstes Studentendasein von der latenten Getriebenheit meiner Besucher, die als Touristen einen ganz anderen zeitlichen Takt vorgeben.

So sind Tom und Simone zu meiner Enttäuschung gedanklich nicht beim Genuss dieses göttlichen Getränks, sondern fixieren den Zeitplan des morgigen Tags, berechnen die Dauer des Frühstücks im Hotel und des Packens der zahllosen Koffer. Und diskutieren, welche Route nach Saarbrücken man am klügsten wählen sollte – die längere Strecke durch Deutschland oder die Abkürzung auf einer gebührenpflichtigen Autobahn durch Frankreich, und das ohne jegliche Französischkenntnisse. *Mon dieu!*

Nicht einmal mein Vorschlag, morgen je nach Verkehrslage spontan zu entscheiden, bringt die beiden zurück zu einem Genuss des Hier und Jetzt.

So bezahle ich etwas resigniert die für einen Studenten nicht ganz unerhebliche Rechnung und lotse uns bedrückt auf dem schnellsten Weg nach Kehl. Erst Jürgens erfrischender Humor lässt meine Gäste wieder gelöster werden und wir lachen uns durch einen überaus vergnüglichen Abend voll vertrauter bayerischer Klänge und badisch-elsässischer Gerichte. Jürgens „Tourte au Munster", sein mehrere Tage in würzigem Rotweinsud eingelegter Badischer Sauerbraten und der selbstgemachte Apfel-Zimt-Flammenkuchen sind einzigartig. Autobahnnetze und Berge von Gepäckstücken liegen wieder in weiter Ferne.

Nach Mitternacht – und viel später als sämtliche zeitlichen Kalkulationen von Tom – verabschieden wir uns.

Es hat gutgetan, Freunde von zuhause zu sehen und ihnen, mittlerweile ja fast als Kenner, stolz diese Region zu zeigen. Obwohl ich all die Zeit hier recht unternehmenslustig war, bin ich doch ziemlich erschöpft. So vollgestopfte Tage ständig unter Leuten scheine ich doch nicht mehr gewohnt zu sein. Vielleicht wollten wir alle auch zu viel – zu viel Schönes, zu viel Genussvolles, zu viel Lachen miteinander. Auf jeden Fall wollte ich Tom und Simone zwei unvergessliche Tage voll Heiterkeit bereiten.

Gähnend blicke ich nun von einer Sitzbank am Straßenrand hinauf zu Claires Wohnung. Erst als das unregelmäßig flackernde Licht des Fernsehgeräts in ihrem Schlafzimmer erlischt – ein untrügliches Zeichen, dass meine Zimmerwirtin nun ruht –, wage ich es, das Treppenhaus zu betreten und die Wohnungstür aufzusperren. Nicht auszumalen, wenn ich Claire nun minutiös alles schildern hätte müssen, was ich mit meinen Freunden in den letzten Tagen unternommen habe!

Am nächsten Morgen dann finde ich auf dem Frühstückstisch eine verheißungsvolle Notiz: „*Cher* Bastian, ich bin Großmutter geworden und ein paar Tage zu meiner Tochter in die Vogesen gefahren, um das Kind in Augenschein zu nehmen. *A bientôt*, Claire."

Claire wird also ihre ganze verbale Ausdruckskraft ihrem wehrlosen Enkelkind schenken. Und für mich würden sich entspannende Festtage voll Ruhe und Ausgeglichenheit ankündigen, ohne mein übliches Versteckspiel, um ihrer zeitintensiven Inanspruchnahme zu entkommen.

Doch dieser sehnsuchtsvolle Wunsch sollte sich nicht erfüllen. Am selben Morgen erreicht mich eine weitere, überaus schicksalhafte Nachricht von einem ehemaligen Klassenkameraden in Telegrammstil: „Servus. Sind an der Côte d'Azur. Fahren heute zurück. Mit Zwischenhalt in Straßburg. Hotel? Bis heut Abend. Dietmar + Saskia."

Fast drohend wirken die Zeilen auf mich und mit einem Schlag ist meine Gelassenheit einer um sich greifenden Anspannung gewichen. Dietmar habe ich seit dem Abitur nicht mehr gesehen, aber irgendwie scheint es bis zu ihm durchgedrungen zu sein, dass ich ein Auslandsjahr in Straßburg verbringe. Es wundert mich etwas, dass mir aus dem Kreise meiner Klassenkameraden gerade Dietmar die Ehre eines Besuchs erweist, war unser Kontakt zueinander über all die Schuljahre doch eher oberflächlich.

Dietmars Vater besitzt eine Speditionsfirma, so war das Abitur für Dietmar zu allen Zeiten eher eine von seinem Vater auferlegte Pflicht. Dementsprechend zahlreich waren auch seine Fehltage im Unterricht. Nichtsdestotrotz erhielt er mit viel Glück und einer Prise Cleverness die Hochschulreife und damit einen bequemen Chefsessel samt Sekretärin in der Führungsetage des väterlichen Betriebs.

Wieder blinkt mein Handy energisch auf. „Zimmerpreis egal. Treffen 19 Uhr Hotel?"

Zumindest habe ich freie Auswahl bei der recht kurzfristigen Suche nach einem Hotelzimmer.

Wieder warte ich also auf das Ankommen von Gästen, diesmal kommt es mir jedoch eher vor wie ein unerwünschtes Eindringen in mein Idyll locker ausgefüllter Tage ohne große Verpflichtungen.

„Ja, servus, Schulkamerad!", schlägt mir jemand unsanft von hinten auf die Schulter, sodass ich sogleich in die Knie gehen muss – vor Dietmar, der sich mir unbemerkt genähert hat, zusammen mit seiner recht attraktiven Reisebegleitung Saskia. „*My friend*, ich wollte dich nicht erschrecken oder gar verletzen!“, versichert er mir, über beide Ohren grinsend. Ich befürchte sofort, dass Dietmar immer noch so vorlaut und impertinent sein kann wie schon zu gemeinsamen, längst verdrängten Schulzeiten.

„Das ist mein *Girl*, Saskia“, stellt er mir seine Freundin vor, um mir gleich ins Ohr zu flüstern, welch einen guten Fang er da optisch wie charakterlich an Land gezogen und mit in den Urlaub geschleift hat. Dietmar tuschelt dabei mit voller Absicht so laut, dass seiner Begleitung nichts anderes übrig bleibt, als alles mitzuhören. Saskia lächelt schüchtern dazu, bringt aber angesichts dieser peinlichen Vorstellung verständlicherweise kein Wörtchen zur Begrüßung heraus.

Es ist jedenfalls wahr, dass er eine überaus vorzeigbare Begleiterin gefunden hat, ein *Playgirl* sozusagen, um bei Dietmars Begrifflichkeiten zu bleiben, ein *Bunny* für laue Sommernächte an der Côte d'Azur, das er in ein knapp geschnittenes Sommerkleid in harmonischen Pastellfarben gesteckt hat. Auch hat er sie offenbar im Überfluss mit Schmuck beschenkt. Das Styling ihrer gesträhnten, brunetten Locken ist vollkommen, genauso wie ihr sinnlicher Griff in ihr Haar, der meist jedoch in ihrer Verlegenheit begründet zu sein scheint, da sie stets dazu übergeht, wenn Dietmar wieder recht zweideutig über seine Ausbeute spricht.

In solchen Momenten fühle auch ich mich etwas verloren. Ebenso komme ich mir etwas fehl am Platz vor, wenn ich meine Alltagsjeans, mein weißes No-Name-Shirt und meine nicht mehr ganz weißen Sneakers mit Dietmars elegant glänzenden Schuhen, seinem Marken-Polohemd und der sommerlich geschnittenen Chino-Hose vergleiche, deren Gürtel gewiss mehr

Geld gekostet hat als mein gesamtes Outfit. In die Augen schauen kann ich Dietmar sowieso nicht: Eine ausgesprochen protzige, nachtdunkle Sonnenbrille verweigert mir jeglichen Blickkontakt. Direkt ausgeliefert bin ich ihr, da ihr Träger schier endlos auf mich einredet.

Jeder Versuch, Saskia in unser recht einseitiges Gespräch einzubeziehen, schlägt fehl, da entweder von ihr nur einzelne Wörter als Antworten auf meine freundlich gemeinten Fragen beigesteuert werden oder Dietmar das kommunikative Geschehen sogleich wieder an sich reißt, ohne die Kommentare seines *Girls* abzuwarten.

Doch auch ich kapituliere zusehends, wenn er – mit zahlreichen Anglizismen geschmückt – von beider Urlaub an der Côte d'Azur erzählt: „Ich kann dir sagen, *fantastic* ist es da unten. *A great place!* Wir haben ja das Cabrio genommen, den Großen haben wir zuhause gelassen. Es war richtig *nice*, auf den Küstenstraßen dahinzu*cruisen*."

Ich stelle mir eine Blechlawine in sengender Hitze vor, die sich im Schritttempo von Fréjus über Saint-Raphaël bis nach Cannes und Antibes wälzt.

„Und das Wetterchen! *Terrific!* Wir jeden Tag mit *Sundowner* auf der Hotelterrasse."

Dietmars pseudocoole englische Ausdrücke, mit denen er den Jargon der oberflächlichen High Society der Neureichen nachzuahmen versucht, gehen mir immer wieder durch Mark und Bein.

„Und das Hotel erst. Fünf Sterne! *Superior – upper class.* Das musst du mal gesehen haben."

Von nun an muss ich also zu meinem Entsetzen gar mit einer Fotoshow auf seiner Digitalkamera rechnen.

„*High expensive* das alles."

Auch bezweifle ich immer mehr Dietmars sprachlich korrekte Anwendung seiner englischen Wortverbindungen.

„Und der *Infinity Pool! A legend!* Mit Blick auf Meer und Küste."

Ich stelle mir die beiden am vorderen Ende des Pools vor, eng umschlungen, Champagner in der Hand, ein Schälchen Oliven am Beckenrand – und Dietmar erklärt der schweigsamen Saskia die Welt, die ihnen zu Füßen liegt.

„Aber wie gesagt, alles *high expensive.* Die Franzis wissen schon, was sie verlangen können."

Klar, wenn es Leute gibt, die das bezahlen, denke ich mir. Jede Nachfrage schafft sich ihr Angebot – eine betriebswirtschaftliche Weisheit, die gerade Dietmar in seinem beruflichen Leben verinnerlicht haben sollte.

„Das Frühstück ließen wir uns jedenfalls aufs Zimmer bringen. Da hatten wir Platz genug. *Space – space!*"

Nun, ich werde ihm gewiss nicht meine bescheidene Studentenunterkunft zeigen, obwohl es amüsant wäre, zu sehen, wie sich Dietmar gegenüber Claire schlagen würde. Da sie aber nicht da ist, käme es ohnehin nicht zu diesem teuflischen Vergnügen.

Irgendwie habe ich es geschafft, den Abend geduldig zu überstehen. Die beiden wollen den morgigen Tag zu zweit – *in love!* – verbringen, und diesem romantischen Vorhaben möchte ich keinesfalls im Wege stehen. Allerdings nicht ohne ihnen noch *many insiders* zu verraten, um weiterhin Dietmars Ausdrucksweise gerecht zu werden.

„*My friend,* überleg dir doch ein gutes Restaurant, wo wir drei morgen Abend gut essen könnten. *French food* natürlich!"

Mein ganzer Körper zuckt zusammen, wenn ich das eher banale, auf mich abschätzig klingende Wort *food* in Verbindung mit der doch recht eleganten französischen Küche höre.

„Vielleicht wäre es ja an der „Route du vin d'Alsace" möglich?", bemerkt Saskia etwas unsicher.

Erschrocken geht mein Blick in ihre Richtung, ist es doch das erste Mal am gesamten Abend, dass mehr als ein, zwei Wörter über ihre Lippen gehen. Erstaunt bin ich zudem, dass sie anscheinend über Ortskenntnisse verfügt und noch dazu den französischen Ausdruck für die elsässische Weinstraße gebraucht.

Dietmar schaut fragend zu ihr hinüber. Um ihm eine Peinlichkeit zu ersparen, antworte ich unverzüglich erklärend: „Gerne! An der elsässischen Weinstraße gibt es jede Menge tolle Restaurants. Lasst das nur meine Sorge sein. Ich arrangiere einen unvergesslichen kulinarischen Abend."

Etwas zu weit aus dem Fenster gelehnt habe ich mich dann doch, da ich bis auf ein paar Weinstuben und einzelne bodenständige Restaurants keinerlei Einkehrmöglichkeiten kenne, die Dietmars prall gefüllten Geldbeutel etwas erleichtern könnten. Unruhig liege ich daher im Bett, wälze mich von einer Seite zur anderen und überlege, wie ich meine großspurigen Ankündigungen zur Zufriedenheit aller einlösen könnte. Da fällt mir Thierry ein, der Onkel einer Studienfreundin, den ich Wochen zuvor auf ihrer Geburtstagsfeier kennengelernt habe.

Thierry, ein überzeugter Junggeselle, ist werktags Fliesenleger und buckelt die ganze Arbeitswoche für seine feine Straßburger Kundschaft, um sich dann jeden Samstagabend ein mehrgängiges Menü in einem gehobenen Restaurant zu gönnen, schick herausgeputzt im feinen Zweireiher samt passender Weste. Ich nehme mir fest vor, ihn gleich frühmorgens zu kontaktieren, damit er mir eine kulinarische Adresse für meine Gäste und mich verrät.

„*Allô?*", meldet sich eine recht knarzende Stimme.

Ich gebe mich zu erkennen und frage ihn, ob er kurz Zeit für mich habe.

„Oh, ich kümmere mich gerade um die Terrasse eines Kunden. Eher schlecht gerade, aber worum geht es denn?", möchte Thierry dennoch wissen.

Ich schildere ihm mein Problem, worauf es zu einem raschen Wechsel seines Tonfalls kommt: „Ah ja. Das ist wirklich von bedeutender Wichtigkeit. *Une décision essentielle.* Da möchte ich dir gerne behilflich sein!", verspricht er mir. „Die Fliesen müssen in dem Fall halt etwas warten."

Dass sich das Telefonat dann als langwieriger herausstellt, als beabsichtigt, hätte ich mir eigentlich denken können, habe ich es doch mit einem Franzosen zu tun, der bereit ist, eine Stunde und mehr durchs Elsass zu streifen, um ein standesgemäßes *dîner* mit mehreren Gängen zu genießen. Bevor ich ihm den Namen eines Restaurants entlocken kann, gilt es, mehrere grundsätzliche Fragen zu klären: Ob wir Fisch als *plat principal* bevorzugen würden oder lieber ein Fleischgericht oder aber beides haben möchten. Ob umstrittene Speisen wie Entenstopfleber oder Froschschenkel mit im kulinarischen Menüangebot stehen sollten oder besser nicht. Ob es sich um ein *menu du terroir*, also mit ausschließlich regionalen Spezialitäten, handeln solle oder ob Einflüsse aus dem *Intérieur*, ja, etwa gar mediterrane, erwünscht seien. Ob wir den passenden Wein zu den einzelnen Gängen mutig selbst auswählen möchten oder uns lieber auf Empfehlungen des *Patron* und seines *Sommeliers* verlassen möchten. Zu guter Letzt will er noch die Wegstrecke wissen, die wir bereit sind, für einen solch wundervollen

Abend zurückzulegen, und die Höhe unserer finanziellen Belastbarkeit.

Ich beantworte geduldigst alle Auswahlkriterien und wünsche mir ein Restaurant in maximal einer Stunde Entfernung, das nicht nur elsässische Gerichte anbietet, sowohl für seine Fisch- als auch seine Fleischgerichte bekannt ist und in dem man eine fachmännisch ausgesuchte Weinbegleitung von regionalen Weingütern zum gewählten Menü bekommen kann.

„Ideal wäre an der Route du vin d'Alsace", füge ich noch ganz bescheiden hinzu.

Stille macht sich breit. Keinen Ton vernehme ich mehr von Thierry, so, als hätte ich ihn mit meinen Wünschen arg überfordert und in große Bedrängnis gebracht. Auf meine besorgte Nachfrage, ob alles in Ordnung sei, erhalte ich nur ein knappes *„Une minute!"* zur Antwort. Nun bemerke ich ein leises Rascheln am anderen Ende der Leitung. Thierry scheint aufgeregt in einem kleinen Notizbuch zu blättern.

Und dann schießt es plötzlich wie aus einem Guss aus ihm heraus: „Auberge Ramstein in Scherwiller. Ihr werdet begeistert sein!"

Am frühen Abend starten wir also in Richtung Scherwiller, einem elsässischen Dorf ganz in der Nähe von Sélestat, an den Ausläufern der Weinberge gelegen. Zu meinem Glück hat Dietmars Cabrio nur zwei Sitze, sodass ich auf meinem Motorrad ganz mit mir allein vorausfahre und mit Wonne das Motorengeräusch entspannt auf mich wirken lassen kann statt englischer Modewörter aus Dietmars Munde.

Die im August bereits tiefer stehende Sonne taucht die Getreidefelder der elsässischen Rheinebene in zartes Gold. Die emsig darauf zirkulierenden Mähdrescher wirbeln erdigstrohige Gerüche von frisch geerntetem Getreide in den Sommerabend. Die Sonnenblumen strahlen derweil mit ihrer größeren Schwester um die Wette. Die Blumen und Kräuter, die sich zwischen Straßen und Feldern behaupten können, fügen dem bunten Gemälde weitere Farbtupfer hinzu. Bald erheben sich die ersten Rebhänge am Horizont, deren sattes Grün in schöner Regelmäßigkeit von Winzerdörfern unterbrochen wird, die sich jeweils rund um eine prächtige Kirche lieblich an den Hang schmiegen. Die Spätsommerwärme wechselt sich ab mit ersten bodennahen Kältefeldern, die von der nahenden Dämmerung künden und erste zaghafte Hinweise auf den kommenden Frühherbst geben. In den farbenfroh herausgeputzten Dörfern der Rheinebene plaudern gießkannenbewehrte Nachbarn in den wieder einmal trockenen Abend hinein. Grilldüfte zeugen von saftigen Steaks und würzigen Merguez-Würsten und lassen meine Vorfreude auf ein göttliches Menü zusehends steigen. Nicht einmal der Gedanke, dass ich es mit *crazy* Dietmar und seiner etwas einsilbigen Saskia einnehmen muss, kann diese trüben.

Und die Vorfreude ist berechtigt. Thierry, mein lieb gewonnener Experte für anspruchsvolle Gaumenfreuden, hat nicht zu viel versprochen und Dietmars und Saskias Besuch zu einem glanzvollen Finale verholfen. Es wird auch deshalb ein nicht erwartbarer, versöhnlicher Abschluss, da Dietmar über eine in Frankreich entscheidende kommunikative Grundvoraussetzung nicht verfügt: bei Tisch vor allem über Essen zu sprechen – und das gern über Stunden während eines Mehrgängemenüs. Saskia dagegen schon! Zu meinem Erstaunen blüht sie immer mehr auf und beweist ein vorzügliches Gespür für das französische *Savoir vivre.* Gelassen parlieren wir beide nun über verschiedenste Gaumenfreuden und setzen Dietmar Schachmatt. Nur ganz selten kann er unsere kulinarischen Gespräche behelligen, indem er jeden vorzüglichen Gang unseres die französische Kochkunst eindrucksvoll illustrierenden *menu estival* mit einer brutal wirkenden englischen Vokabel belegt. Dann fühlen wir uns an ein britisches *Pub* erinnert, das *Fish and Chips*, *Roast Beef*, *Crumbles* und *Brown Ale* serviert.

So attestiert er dem *Amuse-Bouche*, einer *Royale de moules*, mit der man uns ein Glas Champagner reicht, ein wiederholt artikuliertes, expressives *delicious*.

Die *Foie gras* samt perfekt harmonierendem *Pinot Gris Vendanges tardives* vom Weingut Frey-Sohler erscheint ihm in Anbetracht der getoasteten Gugelhupfscheiben etwas *strange*, aber *very tasty*.

Das gut gewürzte Barschfilet, liebevoll drapiert auf selbst gemachten Gemüseravioli, ist wiederum so *marvellous*, dass auch unsere charmante Bedienung zu einem unfreiwilligen Englisch-Crash-Kurs kommt. Und es stimmt, der Riesling *Grand Cru* vom Weingut Steinert in Kombination dazu ist wirklich *merveilleux*.

Der Höhepunkt allerdings kommt in Gestalt eines perfekt *à point* gebratenen Filets vom Charolais-Rind, das uns mit fein abgeschmecktem Gemüse an einer kräftigen Spätburgunderso-ße und mit einem Burgunderwein von Saint-Romain serviert wird. Man müsste die wunderbare Farbpalette des angeschnittenen Filetstücks fotografieren, so brillant sind die Übergänge von scharf Angebratenem zu rötlichem Medium. Dietmar lässt es lieber von der Küche in einem zweiten Durchgang durchbraten, bevor er sich ein lautstarkes *great* entlocken lässt.

Nachdem wir uns alle den *Vacherin glacé meringué*, gebettet auf frischen Heidelbeeren aus den Vogesen, haben schmecken lassen, richten sich Saskias und meine Augen gespannt auf Dietmar, doch eine weitere englische Vokabel aus seinem offenbar reichen Wortschatz bleibt uns verwehrt. Am blitzblank leergeputzten Teller erkennen wir jedoch, dass es auch diesmal ein überschwänglich lobender Ausdruck gewesen wäre.

Nach einem abschließenden Espresso, der mit einer selbst gemachten Nougatpraline an den Tisch kommt, werden wir doch ein letztes Mal Zeuge von Dietmars kosmopolitischem Erfahrungsschatz: *„An extraordinary meal!“*, lässt er das gesamte Restaurant wissen.

Wieder erschrecke ich über das doch recht profane Wort „meal“, das mich eher an Hausmannskost denken lässt. Da gibt mir Thierry einen wohlüberlegten Tipp für ein erstklassiges, französisches Restaurant, ausgezeichnet unter anderem von Gault Millau, zu dem wir eine knappe Stunde quer durch das Elsass anreisen und wo wir mit herausragenden Gerichten beglückt werden, ideal von ausgewählten Weinen begleitet, und Dietmar spricht von einem simplen *meal*. Welch glorreiche, wohlklingende Wörter würde da die französische Sprache für Dietmar bereithalten: *menu gastronomique*, *dîner délicieux*, *symphonie culinaire* …

Nun, Saskia lässt mich wenigstens im Vertrauen wissen, dass sie noch nie mit Dietmar so exzellent gespeist habe.

Wenig später verabschieden wir uns in aller Kürze, aber herzlich, und ich verschwinde in die Nacht in Richtung Straßburg, atme tief den zurückgewonnenen Geruch der Freiheit ein, die unvergleichlichen Düfte in den Sommernächten, die sich in den Dörfern von den mit allerlei Blumen bestückten Vorgärten ausbreiten. Erst jetzt, zu dieser nächtlichen Stunde, entfalten diese sich. Mal riecht es fein-säuerlich, mal pikantwürzig, dann süß, alsbald pfeffrig – stets intensiv. Es sind reizvolle Wohlgerüche, die sich nun kurz vor Mitternacht zu einem vielschichtigen Cocktail mischen und im schnellen Wechsel bei geöffnetem Visier die Sinne anregen. Immer wieder nehme ich einen tiefen Atemzug, inhaliere die Düfte regelrecht, genieße jeden einzelnen Wegabschnitt und freue mich darauf, ab morgen wieder selbst entdeckender Tourist sein zu dürfen, mich von Neuem durch Raum und Zeit treiben zu lassen, anstatt selbst den Fremdenführer spielen zu müssen.

14. Auf Geruchsexkursion in den Vogesen

Bereits jetzt Anfang Oktober ist von meinen Ersparnissen für das Auslandsjahr in Straßburg nur noch ein kläglicher Rest übrig geblieben, von dem sich nicht mehr lange zehren lässt. Die monatliche Überweisung meiner Eltern liefert zwar weiterhin einen soliden Grundstock, kann aber nicht ausreichen für meinen weiterhin ungestillten Durst nach Entdeckungen und Erlebnissen. Als auf Sparflamme Studierender habe ich viel zu viel Zeit, um Geld auszugeben. Und da ich mich seit jeher nicht lange häuslich beschäftigen oder gar zurückgezogen leben kann, wurde aus meinem anfänglich sporadischen Suchen nach einem Studentenjob sehr bald ein fast existentielles Fahnden nach einer zuverlässig sprudelnden Geldquelle. Meine Rettung wäre eine Schule auf deutscher Seite, die einen Nachhilfelehrer für den nachmittäglichen Förderunterricht benötigt.

Flo hat mir hierfür seine Hilfe zugesagt und so sitze ich wenige Tage später in seinem vorbildlich aufgeräumten Bürozimmer mit allen erdenklichen Utensilien und hochwertigen Gerätschaften, die für einen Bewerbungsmarathon unabdinglich sind. Während Flo im Internet die Adressen weiterführender Schulen zwischen Offenburg, Kehl und Achern ausfindig macht, drucke ich die jeweils in den Empfängerangaben angepassten Schreiben samt Lebenslauf auf seinem Hochleistungsdrucker aus.

Doch alsbald überlagert das Klingeln meines Handys das gleichförmige, leise Schnurren des Laserdruckers.

„Hey, Bayer, morgen schon was vor?", tönt es mir in tiefem Bass entgegen.

Auch ohne dass der Anrufer seinen Namen nennt, erkenne ich ihn sogleich: „Servus, Jürgen, nein, mein Terminkalender ist so leer wie mein Geldbeutel."

„Das trifft sich gut! Mein Bruder kommt morgen früh. Wir wollen einen Ausflug in die Vogesen machen und wir würden dich einladen."

„Auf gar keinen Fall. Du weißt genau, dass ich mich nicht gerne einladen lasse, Jürgen!", reagiere ich etwas schroff.

„Bist du doof? So etwas darfst du doch nicht ausschlagen!", zischt mich Flo in seinem breiten Schwäbisch von der Seite an – mit glänzenden Augen, Golddukaten gleich. Für jeden Schwaben wäre die Aussicht auf einen kostenfreien Tag gewiss genetisch bedingt ein Moment großen Glücks – bei all den sich ankündigenden Buchungseingängen auf der Haben-Seite der Bilanz.

„Den unbekannten Landsmann im Hintergrund, der Sprache nach aus dem Schwabenland, darfst du gerne auch mitbringen. Ich habe zurzeit Kehrwoche hier im Haus, das machen die da drüben doch so gern!", wiehert Jürgen am anderen Ende der Leitung.

„Oh je, ist da etwa badische Unordnung zu beseitigen?", greift Flo energisch nach meinem Handy. „Dann komm ich mit dem Kärcher zu Hilfe und leiste echte württembergische Wertarbeit mit einem schwäbischen Qualitätsprodukt!"

Jürgen muss losprusten bei Flos Schlagfertigkeit und ich ahne bereits, dass just in diesem Moment eine wunderbare Freundschaft im Entstehen begriffen ist, auch wenn beide Seiten fortwährend ihre herkunftsbedingten Unterschiede betonen sollten. Es dauert jedenfalls längere Zeit, bis ich mein Handy zurückhabe.

„Also, wir würden um neun Uhr starten. Mein Bruder will noch Wein kaufen in Epfig und auch etwas degustieren, dann geht's hoch in die Vogesen, eine kleine Besichtigungstour mit Einkehr und schließlich zum König des Käses: zum *Munster!*", erklärt Jürgen salbungsvoll. „Münsterkäse nicht vom Supermarkt, sondern vom Bauernhof!"

Für mich hört sich das Ausflugsprogramm jedenfalls sehr verlockend an. Da Flo aber nach seiner Nachtschicht frühestens um elf Uhr wach und startbereit wäre und ich derzeit keinesfalls Geld habe für den Einkauf größerer Mengen elsässischen Weins, entscheiden wir uns, mit unseren Motorrädern direkt in die Vogesen zu fahren.

„Dann seid um 13.00 Uhr in Le Markstein, das ist ein kleiner Wintersportort an der Route des crêtes", schlägt man uns vor.

Dem zuzustimmen, fällt mir keinesfalls schwer, lässt die Vogesenkammstraße doch das Herz eines jeden Motorradfahrers höher schlagen. Ich selbst kenne bislang nur einen kleinen Teil dieser ehemaligen Militärstraße, die einst während des Ersten Weltkriegs von den Franzosen erbaut wurde, um ihre Armee bei der Rückeroberung des damals deutschen Elsass versorgen zu können. Aussichtsreich windet sich diese Gipfelstraße in berauschenden Kurven auf rauem, griffigem Asphalt durch eine beeindruckende Gebirgslandschaft. Sie habe Suchtpotential, warnte mich damals ein Motorradfahrer, und tatsächlich fiel es mir schwer, wegen einer Verabredung zurück ins Tal fahren zu müssen.

Flo meidet – für mich unverständlich – Frankreich so gut er kann, sodass es zu der seltenen Konstellation kommt, dass ich einem schon lange Zeit hier Wohnenden den Weg zeigen darf. Also fahre ich tags darauf nicht ohne Stolz voraus und geleite Flo feierlich über die Pflimlin-Brücke nach Frankreich und dann auf beschaulichen Landstraßen durch friedvolle Dörfer der Rheinebene, bis wir nahe Sélestat auf die Elsässische Weinstraße treffen. Nun, Anfang Oktober, haben sich die Blätter einiger Rebsorten bereits in ein leuchtendes Gelb verfärbt. Ganze Weinberge erstrahlen regelrecht, von der Herbstsonne bezaubernd in Szene gesetzt.

Bald machen ausgedehnte Wälder rund um Sainte-Marie-aux-Mines diesem Farbenspiel ein jähes Ende. Auch die Sonne verschwindet immer beständiger hinter dem über den Vogesengipfeln hängenden Wolkenteppich.

Zunächst entschädigen mehrere ideal gezogene Kurven, die wir in einem Zug wunderbar fahren können. Doch je weiter wir uns in Richtung Col du Bonhomme auf nun immer enger werdenden Kehren hinaufschrauben, desto tiefer stürzen die Temperaturen. Und anstatt auf der Passhöhe den Blick schweifen lassen zu können, sind wir kurz zuvor in dichtes Gewölk eingetaucht und fühlen uns nun eng umklammert von dichtem Nebel.

Innerhalb einer kurzen Wegstrecke hat sich das Wetter vollständig gewandelt. Wir haben uns von einem angenehmen, fast spätsommerlich anmutenden Herbsttag verabschiedet und sind ganz unvorbereitet in eine frühwinterlich-trübe Stimmung geraten – zum Glück ohne Schnee, aber mit Temperaturen nur knapp über dem Gefrierpunkt.

Die *Route des crêtes* verzückt uns heute keineswegs mit ihrem Kurveneldorado. Vielmehr tasten wir uns langsam und mühsam auf dem feucht-glitschigen Asphalt voran. Statt einer weitläufigen Aussicht auf bewaldete Berghänge, grasige Gipfel und verwunschene Täler müssen wir uns mit einzelnen kargen Bäumen am Wegesrand begnügen, die immer wieder gespenstisch aus dem grauen Wolkenmeer herausragen. Deren Geäst reckt sich uniform in eine Richtung, hat kapituliert vor den jahrzehntelang peitschenden Westwinden hier oben auf dem Kamm der Vogesen. Wir trotzen ihnen, wenngleich sie ausgiebig wehend ihren Weg durch sämtliche Textilschichten, die wir uns übergestreift haben, finden.

Durchgefroren sehnen wir das Erreichen des Treffpunkts in Le Markstein herbei. Fast steif von den immer frostigeren Temperaturen kommen wir in dem heute von Gott und jeder Menschenseele verlassenen Erholungsort an. Wenige in die Jahre gekommene Gebäude stehen vom Nebel grau verschleiert entlang der Hauptstraße. Unförmige Wolkenschwaden ziehen unheimlich durch den Ort. Die ganze Szenerie lässt eher an einen alten, französischen *Film noir* denken. Und tatsächlich tauchen bei dem Gedanken an einen geheimnisvollen Thriller zwei Scheinwerfer aus dem Dunst auf. Sie gehören zu einem nobel schwarz lackierten Sportwagen, der sich langsam seinen Weg durch den kleinen Ort bahnt. Doch steigen keine finsteren Drogendealer oder mysteriösen Auftragskiller aus dem Auto aus. Ich erkenne sogleich Jürgen, der sich aus dem tief liegenden Auto herausbuckelt, mit seiner glimmenden Zigarette in der Hand wild herumfuchtelt und so dem Ort voll Grauschattierungen einige rot leuchtende Farbtupfer hinzufügt. Sein Bruder erblickt uns im Nu und kommt uns in zackigen Schritten entgegen.

„Ihr zwei begleitet uns also durch den Nachmittag hier in den Vogesen", begrüßt er uns. „Ich bin der Peter."

Wir stellen uns gegenseitig vor und vereinbaren ohne langes Reden, dass wir den beiden zur nächsten *Ferme-Auberge* folgen. Erleichtert vernehmen wir, dass es nicht mehr weit sei bis zu der den beiden gut bekannten „Auberge du Huss" der Familie Schickel. Der Gedanke an einen angenehm lodernden Kaminofen, der uns mit seinen wild tanzenden Flammen wieder aufwärmt, erhellt meine Miene unverzüglich.

„In zehn Minuten sind wir da!", verspricht uns Peter und Jürgen nimmt einen bestätigenden Zug von seiner Zigarette.

„Auf geht's", schnippt er noch seinen Stummel weg und die Konturen der beiden verschwimmen wieder im Grau des Nebels.

Wir bleiben dicht hinter dem schnittigen Sportwagen, damit sie uns ja nicht verlieren – so kurz vor der erlösenden Wärme des Bergbauerngasthofs.

Von diesen gibt es zahlreiche auf den Höhen der Vogesen, viele davon zusammengeschlossen in der *Association des Fermes-Auberges*. In diesen äußerst authentischen Gaststätten bieten die Betreiberlandwirte ihre eigenen Erzeugnisse und jene aus der unmittelbaren Umgebung an.

„Das ist es wert, bis ans Ende der zivilisierten, elsässischen Welt zu fahren", versicherte mir Jürgen im Vorfeld des Ausflugs. Doch haben Flo und ich keinesfalls mit für Motorradfahrer so widrigen Wetterverhältnissen wie heute gerechnet.

Und es soll noch schlimmer kommen. Nach ein paar Kilometern biegt der edle Wagen scharf links in einen abschüssigen Feldweg ab, vorbei an einem recht verwitterten Wegweiser zur *Ferme-Auberge*. Wir haben Mühe, den verstreut liegenden, größeren Steinen auszuweichen, die uns sonst bei dieser geringen Geschwindigkeit schnell aus der Balance gebracht hätten. Da obendrein zahlreiche Pfützen den holprigen Weg säumen und Hinterlassenschaften der Almkühe uns weitere Schlenker abverlangen, kommen uns die letzten Meter eher wie ein Minenfeld vor. Nach einer schwer zu befahrenden, scharfen Kurve geben die Nebelschwaden allmählich den Blick auf eine düster wirkende Scheune frei. Dahinter schließt sich ein hellgelb verschindeltes, zweistöckiges Gebäude mit sattgrün gestrichenen Fensterläden an. Die Ecken des Hauses sind mit freiliegenden massiven Steinquadern versehen. Neben der Eingangstür zur „Auberge du Huss" harrt ein verschlafen dreinblickender Hirtenhund neben mehreren Wanderstöcken einer Besserung des Wetters. Aus den Nebelschwaden dringt das Geläut von zahlreichen Kuhglocken – wie von Geisterhand, die Kühe selbst unsichtbar.

Wir lassen Jürgen mit seiner Zigarette und seinem höflich auf ihn wartenden Bruder im Wolkendunst und verziehen uns eilig in den Gastraum, wo tatsächlich ein frisch gefütterter Holzofen wohlige Wärme verbreitet. Die verfrorenen Hände reibend, fühlen wir uns gleich willkommen bei dem herzlichen Lächeln der Bedienung, die uns zum letzten freien Tisch führt.

Zwischen hübsch bemalten Milchkannen und von der Decke baumelnden Kuhglocken kommt sogleich Almstimmung auf. Die halbhoch mit dunklem Holz verkleideten Wände und die ebenso dunkle, mit mehreren Balken versehene Holzdecke sorgen unmittelbar für ein gemütliche Stimmung.

Mit einem gewaltigen Ruck öffnet sich die Tür und Jürgen macht sich mit einem Schlag bei allen Besuchern bekannt: *„Bonjour messieurs dames!"*

Ein vielstimmiges *Bonjour* hallt gleich darauf aus den verschiedensten Ecken des Gastraums echoartig zurück.

Peter, schlank, fast drahtig, taucht erst allmählich hinter seinem jüngeren Bruder auf und folgt ihm ebenfalls grüßend zu uns an den Tisch.

„Das Melkermenü ist Pflicht!“, raunt Jürgen und blickt prüfend über den Rand seiner angelaufenen Brille in die Runde.

Artig bestellen wir alle das Gleiche, auch wenn es sich stets anders anhört. Jürgen, unser Experte für deutschsprachige Dialekte, parliert in sorgfältig betontem Elsässisch mit der jungen, schmunzelnden Bedienung. Diese erwidert Peters badischen Akzent ebenso gekonnt wie Flos schwäbisches Kauderwelsch. Ich bestelle auf Französisch, und da die stets lächelnde Frau nicht in eine wie auch immer ausgesprochene deutsche Mundart wechselt, verzeichne ich dies als kleinen Ritterschlag. Hat sich mein stotteriges, eher unbeholfenes Französisch aus dem Frühjahr etwa mittlerweile in ein flüssig artikuliertes, akzentfreies eines *Français de souche* verwandelt?

Diesen Träumereien bereitet die junge Frau dann aber doch noch ein jähes Ende: „Ihren Akzent habe ich hier noch nie gehört. Und ich kenne viele! Das können Sie mir glauben! Aus welcher deutschsprachigen Region kommen Sie?“, sieht sie mich etwas erstaunt an.

Jürgen, der meine Enttäuschung sogleich erkennt, empfiehlt mir unverblümt: „Bub, babbel besser bairisch. Sonst verknotest du dir noch deine Zunge, bevor der Münsterkäse am Tisch duftet!“

Allgemeines Gelächter bis zum Nachbartisch lässt mich etwas erröten, zumal auch die überaus charismatische Bedienung loskichern muss.

Erst dem erfrischend-fruchtigen Edelzwicker, der uns wenig später von der immer noch amüsierten Frau eingeschenkt wird, gelingt es, das Gesprächsthema wieder abzulenken von meinem sonderbaren Französisch und meiner augenscheinlich bedauernswerten Herkunft.

Das bald servierte *menu marcaire* ist jedenfalls nichts für schwache Esser oder solche, die zuvorderst auf ihre schlanke Linie achten. Zu erschwinglichen Preisen kann man sich in den *Fermes-Auberges* mit ehrlichen, deftigen Gerichten, die ohne großen Schnickschnack zubereitet werden satt essen. Diese Melkermenüs ähneln sich von Hof zu Hof, machen sie doch das Unverwechselbare dieser besonderen Gaststätten aus. So folgt nach einem ordentlichen Pott mit Gemüsesuppe die elsässische Spezialität schlechthin, eine *Tourte à la viande hachée*, eine Art Fleischkuchen, bei dem würziges Hackfleisch mit knusprigem Blätterteig ummantelt wird. Wir bekommen eine äußerst bauchige Schüssel mit knackig-grünem Salat dazu gereicht.

Wir sind bereits gut gesättigt, doch nun nähert sich der Hauptgang: „Endlich geht es richtig los, nicht wahr?“, bemerkt die junge Bedienung spitz. Wir stöhnen angesichts der vielen aufgeschnittenen Scheiben an *Viande fumée* – dem deutschen Kassler in etwa vergleichbar.

„Und dazu gibt es unsere berühmten Roïgabrageldi!“ Eine riesige Servierschale, angefüllt mit einem für mich seltsamen Gemenge an leicht angebratenen Kartoffeln, Schmelzzwiebeln und Speckstreifen, findet ihren Platz betörend duftend in der Mitte des Tisches.

„So, Bub, das sagst du jetzt nach: Roïgabrageldi!“

Dank Jürgen werde ich wieder allgemeinem Gelächter ausgesetzt.

Unfähig, die Vokale und Konsonanten trotz mehrerer Versuche annähernd in die richtige Reihenfolge zu bringen, geschweige denn, die einzelnen Silben korrekt zu betonen, trete ich die Flucht etwas einfallslos nach vorne an: „Wir sollten essen, sonst wird es kalt."

Nachdem alle Fleischscheiben und fast die gesamte unaussprechliche, aber köstliche Kartoffelmasse den Weg an ihren Bestimmungsort gefunden haben, sind alle derart mit ihren Verdauungsorganen beschäftigt, dass zu meinem Glück keiner mehr an weitere Übungseinheiten mit elsässischen Zungenbrechern denkt.

Jürgen, der sich zum wiederholten Mal den Schweiß von der Stirn wischt, bekennt: „Das war fast zu viel. Ich muss an die frische Luft, sonst kann ich für nichts mehr garantieren."

Wir ahnen, dass die frische Luft dem erlösenden Zigarettenqualm weichen wird, sobald er den Gastraum verlassen hat, doch wir folgen ihm bereitwillig.

Mittlerweile hat der Wind die Wolkenfelder so weit vertrieben, dass wir einen herrlichen Blick auf die umgebenden Vogesenhänge haben. Selbst die grasenden Kuhherden hat der Nebel nunmehr freigegeben.

„Meine Herren, der Käse steht bereit!", ertönt es aus einem geöffneten Fenster des Gasthofs. Die Bedienung winkt uns breit grinsend zu. Für mich kommt das bei aller Liebe zum Käse eher einem Appell zum Schafott gleich, so sehr ist mein Magen an seine Grenzen gestoßen.

„Männer, das Ziel unserer Reise ist nah! Der König aller Käsesorten, der Münsterkäse, steht bereit, ein *Munster fermier* aus Rohmilch. Nicht zu vergleichen mit dem sterilen Plastikzeugs der großen Industriekäsereien, das man in den Supermärkten bekommt", bläst Jürgen mit erhobenem Zeigefinger zum Angriff, die Augen weit aufgerissen. Wäre er asketischerer Natur, man könnte sogleich an Wilhelm Buschs Lehrer Lämpel denken.

Doch zu Jürgens Verdruss findet sich auf dem üppig bestückten *Plateau de fromages* zwar jede Menge Käse, aber es hat kein *Munster* den Weg von der Käseküche zu uns gefunden.

„Und euren selbstgemachten Münsterkäse? Wo habt ihr den versteckt?", will er von unserer Bedienung wissen, während er zwischen den Käsescheiben herumstochert und prüfend das Tablett anhebt, um sicherzugehen, dass sich auch darunter nichts Münsterartiges verbirgt.

„*Je suis désolée, monsieur.* Es gibt zurzeit keinen. Es war so trocken die letzten Wochen, dass wir weniger als gewöhnlich herstellen konnten. Alles ist verkauft", setzt sie ihr charmantestes Lächeln auf, um Jürgen milde zu stimmen. „Kommen Sie im späten Frühjahr wieder, wenn unsere *Ferme-Auberge* wieder geöffnet hat. Da schmeckt der *Munster* sowieso am besten, mit all dem saftigen Gras, den Blumen und Kräutern, die unsere Kühe zu dieser Jahreszeit fressen."

Es ist ein schwacher Trost für ihn. Wir aber geben uns zuversichtlich, dass wir in einem der zahlreichen Bauernhöfe in den Hochvogesen noch ausreichend Münsterkäse ergattern würden.

„Dafür dürfen wir die Kuhglocken sehen, nicht wahr?", sieht Jürgen die junge Frau verschmitzt an.

„Eigentlich werden diese erst morgen den Gästen gezeigt, bei der *Fête de la Transhumance*", nestelt sie etwas verlegen in ihren Locken herum, „aber kommen Sie mit in den Nebenraum, da stehen sie bereit."

Und als ob sie etwas streng Verbotenes tue, öffnet sie in Zeitlupe die quietschende Tür und dreht sich dabei mehrmals zu uns um. Neugierig recken wir unsere Köpfe nach vorne, um die blitzblank geputzten Kuhglocken zu sehen und allerlei Gestecke mit Blumen und Geäst zu bestaunen.

„Morgen beim Almabtrieb werden sie die Köpfe der Kühe auf ihrem Weg ins Tal schmücken, wo sie feierlich empfangen werden von Bewohnern und Gästen", erklärt sie uns stolz.

„Nicht auszumalen, wenn man danach mit dem Motorrad die Talstraße abwärts fahren müsste", zische ich in Flos Richtung, „die reinste Rutschpartie!"

Flo zerstört seinerseits den ehrwürdigen Augenblick: „Der Geruch wäre obendrein bestialisch!"

Auch Peter begibt sich auf unser Niveau: „Und abbeißen kann man auch nicht von den Schellen …"

„Banausen!", weist uns Jürgen zurecht, doch auch ihn zieht es rasch zum Auto, um den Vogesenbesuch würdig zu vollenden.

„Am besten fahren wir zu dem Bauernhof, wo ich früher immer Münsterkäse gekauft habe", schlägt Peter vor.

„Bist du sicher, dass der noch existiert?", mustert Jürgen seinen älteren Bruder vom Scheitel bis zur Sohle.

„Du bist auch nur wenige Jahre jünger! Auf geht's, ich zeige ihn euch!"

Bei immer noch nassen Straßen und eher frostigen Temperaturen folgen wir den beiden Brüdern wieder durch die Vogesen. Doch wenigstens werden wir nun auf der Kammstraße immer wieder mit einer wunderbaren Aussicht belohnt.

Etwas unterhalb des Col des Bagenelles biegen wir links in einen holprig asphaltierten Wirtschaftsweg ein, der dem Hang eben folgt und talseitig von zahlreichen herbstlich verfärbten Laubbäumen gesäumt ist. Nach einer Weile halten wir an einem auffällig aufgeräumten Bauernhof. Das Wohngebäude ist mit allerlei Blumen herausstaffiert, die offenbar den ersten Frostnächten hier auf knapp tausend Metern Höhe erfolgreich getrotzt haben.

Wir nähern uns den Stallungen, wo der Landwirt gerade die Ausfahrt mit einem kräftigen Wasserstrahl abspritzt und von jeglichem Unrat befreit. Als er uns erblickt, lässt er sogleich den Schlauch liegen und kommt uns agilen Schrittes entgegen.

„*Bonjour messieurs.* Wie kann ich behilflich sein?“ Seine zwei hellwachen Augen zeugen von einem lebhaften Mann, der voll Elan und mit großer Freude seinen Betrieb in Gang zu halten scheint.

„Wir sind auf der Suche nach einem herzhaft duftenden *Munster fermier …*“, antwortet Jürgen erwartungsfroh.

„Ja, da sind Sie bei mir absolut richtig!“, lacht unser Landwirt, sein schmaler Schnauzer folgt dabei artig den Bewegungen seiner Oberlippe. Mit seinen tiefschwarzen Haaren und dem von der Höhensonne gegerbten Gesicht würde man ihn eher im sonnigen Süden Frankreichs verorten.

„Folgen Sie mir, meine Herren.“ Kraftvoll schreitet er voran, führt uns wendig zwischen landwirtschaftlichen Gerätschaften hindurch, was uns, die solche Verrenkungen nicht gewöhnt sind, im Tempo beträchtlich zurückfallen lässt. Jürgens Hemd macht dabei unliebsame Bekanntschaft mit den Zinken einer quer stehenden Egge. Gern opfere er es einem echten Münsterkäse vom Bauernhof, lässt er uns wissen, obgleich unmittelbar danach einige Flüche durch die Scheune hallen.

„Hier ist die Schatzkammer mit dem *Minschtrkas*“, zwinkert uns der überaus vitale Herr zu und wechselt dabei rege zwischen Französisch und Elsässisch. Voll Dynamik öffnet er schließlich die Tür zum Reifekeller.

„Da wird einem direkt schwindlig bei dieser Betriebsamkeit“, stöhnt Jürgen, der sorgenvoll die Schäden an seinem Ausflugshemd inspiziert.

Uns jedoch übermannt vielmehr der überaus rassige Duft

der zahlreichen Käselaibe, der überfallartig in unsere Nasen eindringt, ja, sie geradewegs durchdringt, sie Schachmatt setzt, unfähig macht, andere Geruchsnuancen aufzunehmen. Auf Holzbrettern liegen die Übeltäter, reifen geruhsam vor sich hin und bilden einen entspannenden Gegenpol zu ihrem energiegeladenen Käsemeister.

„Wir haben hier nur knapp über zehn Grad, die ideale Reifetemperatur für den *Munster*. Einen Monat braucht er mindestens, besser sechs Wochen, bis er seinen unverwechselbaren Geschmack erhält."

„Der unvergleichliche Geruch entfaltet sich offensichtlich viel früher", raune ich in Flos Richtung.

„Dabei werden die Laibe mehrmals pro Woche mit einer wasserhaltigen Lauge aus Rotschmierkulturen und Salz gewaschen."

Immer wieder sucht der Landwirt bei seinen Erklärungen direkten Blickkontakt mit jedem Einzelnen von uns. Wir reagieren darauf wohl mit recht fragenden Blicken, denn er greift schon zu seiner Schmierbürste und beginnt, mit ihren Borsten die Oberflächen der Käselaibe in kreisenden Bewegungen gut abzubürsten.

„*Vous voyez?* So geht das." Seine eindrückliche Demonstration veranlasst uns unmittelbar zu einem synchronen Kopfnicken. „Wer will es mal versuchen?"

Verstohlen schauen wir uns gegenseitig an. Flos Blick bleibt hingegen starr. Stark erblasst beugt er sich zu mir: „Ich muss an die frische Luft. Nimm für mich einen Laib mit, meine Eltern freut das bestimmt mehr als mich."

Eilig verlässt er den Käsekeller.

„Neben der Waschküche ist eine Toilette", ruft ihm der Käsemeister hinterher, nicht ahnend, dass nicht ein dringliches, menschliches Bedürfnis der Grund für Flos Verschwinden ist.

„Wenn die Laibe dann eine orangene Farbe annehmen, die fast ins Rote übergeht, sind sie ideal gereift." Er winkt uns in die hintere Ecke seines Reifekellers, wo die fertigen *Munsters fermier* ihren Platz haben. Der nun noch strenger werdende, kräftige Geruch wird in der Tat zu einer echten Herausforderung für unsere untrainierten Nasen!

„*Voilà*. Alles aus Rohmilch! *Bien sûr*. Die Milch wird dafür nicht erhitzt wie bei der Herstellung von Käse aus pasteurisierter Milch. Alle Bakterien, die so vielschichtige Aromen beitragen, werden also nicht abgetötet. Und so erhält jede Tranche ihren einzigartigen Geschmack."

„Der beste soll ja der im Frühling sein", bemerke ich.

„Das hast du aber gut gelernt von unserer Bedienung, Herr Lehrer", deckt Jürgen die Herkunft meines spärlichen Wissens unvermittelt auf.

Dass mein Kopf die Farbe eines gut gereiften *Munster* annimmt, erkennen meine Begleiter jedoch nicht, viel zu beschäftigt sind Jürgen und Peter mittlerweile mit der Auswahl des geschmacklich optimalen Käselaibs. Da wird munter herumgedrückt und die Konsistenz eingehend geprüft. Beide schnüffeln sich hochkonzentriert durch die Reifegrade der in Reih und Glied stehenden Laibe. Auch dass unser Käsemeister weiter unentwegt von der Einzigartigkeit des Münsterkäses schwärmt, seine vielfältige Einsetzbarkeit in der elsässischen, ja, der gesamten französischen Küche preist und stolz auf die geschützte Herkunftsbezeichnung verweist, bekommen die beiden gar nicht mehr mit. So betörend dürfte für sie der Geruch des Käses sein, dass er alle anderen Sinnesorgane kapitulieren lässt. Gleichzeitig reicht uns der weiterhin sehr mitteilsame Bauer kleine Stücke unterschiedlich reifen *Munsters* zum Probieren.

Bepackt mit Tüten voll Käselaiben stehen wir eine Weile später wieder bei Flo, der sich am anderen Ende des Hofs von den talaufwärts ziehenden Winden die letzten Reste Münstergeruchs aus der Nase lüften lässt.

„Warten Sie, *messieurs!*", rennt uns der Landwirt mit wild fuchtelnden Händen nach. „Ich habe hier noch etwas für Sie. Einen *Tomme*, ein Weichkäse, ebenfalls hier vom Bauernhof. Vielleicht schmeckt er Ihnen auch."

Jahre später sollte mich der Weg erneut zu unserem gastfreundlichen Käsemeister führen, und er wird mich schon von Weitem wiedererkennen und sich lebhaft an unseren Besuch erinnern. Seine erste Frage sollte sein, ob der *Tomme* für uns genauso schmackhaft war wie sein *Munster. „Mais oui, absolument! Impeccable."*

Noch auf dem Hof verabschieden Flo und ich uns von den beiden Brüdern, um auf den nun trockenen Straßen die Kurven zurück ins Rheintal ausgiebig zu genießen. Spätestens kurz vor Kaysersberg flutet warme Luft unsere arg gebeutelten Gliedmaßen. Die herrliche Altstadt dieser früheren Reichsstadt, durch die wir unsere Motorräder sachte rollen lassen, verführt uns mit ihren *Brasseries* und *Cafés* prompt zu einer kleinen Pause.

Beim Anblick solcher historischer Ortszentren mit ihren über Jahrhunderte gewachsenen Häuserensembles, Dorfplätzen und Straßenzügen bin ich immer wieder erstaunt, mit welchem Geschick die Menschen früher ihre Städte angelegt haben. Welch ein Wohlbefinden löst doch der unregelmäßige mittelalterliche Grundriss eines Platzes aus, der nicht mit dem Lineal entworfen wurde und auf dem Reißbrett entstand.

Asymmetrisch sind diese alten Plätze, nie quadratisch, jeder einzigartig in seiner Struktur, genauso wie die Häuser, die ihn umranden.

Die Straßen und Gassen, die an den uralten Häuserreihen und Dorfplätzen vorbei von einem Stadttor zum nächsten führen, sind ebenfalls nie gerade angelegt. Sie sind stets leicht gekrümmt, sodass das menschliche Auge nie das Ende der Straße sehen kann. Der Blick reicht durch die leicht gebogene Straßenführung nicht viel weiter als bis auf ein gutes Dutzend der stattlichen Gebäude im Ortskern. Der Mensch fühlt sich an solchen Orten unmittelbar wohl, vermitteln sie doch durch die optische Begrenztheit des Raums Geborgenheit. Viel lieber hält man sich hier auf, während die Sitzbänke und Terrassen der Cafés auf modernen, oft überdimensionierten Plätzen, die streng geometrisch, zumeist rechtwinklig, entworfen wurden, eher leer bleiben.

Auch die strichgerade angelegten Straßen, die an solchen Plätzen in beide Richtungen den Blick auf scheinbar endlose Häuserzeilen freigeben, wirken wenig einladend. Hinzu kommt, dass die zeitgenössischen Gebäude entlang dieser Straßen austauschbar sind, gar oft kühl und abweisend wirken. Welch eine Pracht entfaltet im Gegensatz dazu ein mehrere Jahrhunderte altes Fachwerkhaus, errichtet mit miteinander harmonierenden Baumaterialien und einem intuitiv vorhandenen Gefühl für stimmige Proportionen. Die Liebe zu Details und zu einer gewissen Formenverspieltheit lässt das Auge auf diesen zeitlos schönen Gebäuden unbestritten länger verweilen als auf jenen herzlos hingeworfenen, deren Lebenszeit nie an ein liebevoll gepflegtes Haus aus Fachwerk heranreichen wird.

Es ist mir stets schleierhaft, warum die Menschheit es verlernt hat, die seit Jahrhunderten geltenden Prinzipien der menschenfreundlichen, städtebaulichen Gestaltung zu berücksichtigen, die unsere Vorfahren offenbar unbewusst meisterlich beherrscht haben. In allen europäischen Ländern übrigens. Überall findet man unabhängig voneinander die immer gleichen architektonischen Grundüberzeugungen vor. Dieses nie schriftlich fixierte, vom Gefühl geleitete Wissen wäre vielerorts überliefert, auch in dem so kleinen Ort Kaysersberg.

Zurück in Straßburg offenbare ich Claire sofort, was sich in meinem prall gefüllten Tankrucksack verbirgt. Die Duftwogen des nur spärlich verpackten Münsterkäses hätten sich sowieso im Nu verbreitet, wären unaufhaltsam ausgeströmt und hätten alle Zimmer bis in die letzte Ecke geflutet. Jede Geheimnistuerei wäre buchstäblich in Windeseile zum Scheitern verurteilt gewesen.

Alles hätte ich von ihr erwartet: Den Käse auf dem Balkon lagern, ihn in das Labyrinth der Kellerräume verfrachten oder sogleich auf einen Schlag verzehren zu müssen.

Doch Claire kann mich immer wieder von Neuem überraschen: „*Ah, ce n'est pas un problème, monsieur.* Im Elsass wissen wir, mit Münsterkäse umzugehen. *Voyez!* Das ist eine Käseglocke mit Membransystem, einzigartig für unsere kräftig riechenden Käsesorten – luftdicht und atmungsaktiv! *Voyez, voyez …*"

Sie hält mir eine ziemlich überdimensionierte Servierplatte mit exakt schließender Plastikhaube unter die Nase und demonstriert mir ausführlich und mehrmals, wie das sagenhafte Verschlusssystem dieses scheinbar französischen Qualitätsprodukts funktioniert. Nachdem sie mich detailliert in die Handhabung dieses bemerkenswerten Utensils für einen neutralen Geruch in der Küche eingeführt hat, verstaut sie schwungvoll meine Käselaibe unter der Glocke. Fast stürmisch räumt sie den nötigen Platz im Kühlschrank frei, schiebt Joghurtbecher und Suppengrün zur Seite und schließt mit einem Rumms die Tür.

„*Et voilà*. Problem gelöst!"

Flo scheint trotz seiner superstylischen Kühl-Gefrier-Kombination samt Eiswürfelspender nicht über ein derart ausgeklügeltes Käseaufbewahrungskonzept wie Claire zu verfügen. Wenige Tage später steht er erschöpft vor der Wohnungstür, streckt mir seinen mehrmals verpackten und in zwei klapprigen Plastikbehältern samt Gummizug verstauten Münsterkäse entgegen und gibt mir seine bedingungslose Kapitulation bekannt: „Die ganze Wohnung stinkt gotterbärmlich. Stoßlüften bringt auch nur kurzzeitig Linderung. Meine Eltern haben ebenfalls dankend abgelehnt, ihn aufzubewahren oder gar zu essen. Ich fürchte, ich kenne auch keinen in meinem Freundeskreis, den ich diesem üblen Geruch guten Gewissens aussetzen könnte. Hier, nimm du ihn bitte!", fleht er mich an.

Gerne hätte ich ihm den Betrag erstattet, kenne ich doch Flos exakt geführte Buchhaltung grundtiefer schwäbischer Prägung. Aber die tagelangen Ausdünstungen des *Munster* haben seine Sinne wohl dermaßen benebelt, dass er eine nicht ausgeglichene Bilanz wohlwollend in Kauf nimmt. Hauptsache, das toxische Produkt ist aus dem wertvollen Hochglanzkühlschrank verbannt und an den Mann gebracht.

Toxisch muss ich dann Claire bald wegen einer anderen Sache erleben. Nicht etwa, weil ich vergessen habe, die magische Käseglocke sorgfältig zu verschließen. Nein, ihr Briefkasten war dabei, so überzuquellen, dass sich der Postbote genötigt sah, sie sturmklingelnd ins Erdgeschoss zu beordern. Nun steht sie, etwas außer Puste, fürchterlich schimpfend im Türrahmen meines Studentenzimmers.

„Qu'est-ce que c'est tout ça?", drückt sie einen Stapel von an mich adressierten Briefkuverts so ungelenk an meine Brust, dass ich Mühe habe, möglichst wenige fallen zu lassen.

„Ah, das sind die Antworten auf meine Bewerbungen!", erkläre ich ihr.

„Mon dieu!", schnaubt sie giftig und vorwurfsvoll und verlässt postwendend mein Zimmer, ein paar Schimpfwörter vor sich her brummelnd.

Hauptgrund ihrer Verärgerung dürfte jedoch weniger der Frühsport zum Postboten gewesen sein, dem sie sicherlich ein für sie kurzweiliges Gespräch aufgedrückt hat. Vielmehr vermute ich, dass sie deshalb so aufgebracht ist, da ich sie, die stets an Neuigkeiten interessiert ist, nicht über meine Jobbemühungen aufgeklärt habe.

Jedenfalls findet sich unter vielen Absagen tatsächlich eine Schule, die nachmittags einen Förderlehrer für Französisch sucht. Mein nicht ganz studentischer Lebensstil dürfte also von jetzt an finanziell wieder abgesichert sein.

15. Herbstliche Ortenauer Farbenpracht

Meine Bemühungen, eine Handvoll Schüler, die zu zusätzlichen nachmittäglichen Förderstunden verdonnert wurden, für die französische Sprache zu begeistern, sind ehrlich gesagt bislang eher mäßig. Viele wollen von mir zwar alles Mögliche wissen: Ob ich Fan des FC Bayern sei und bereits im neuen Stadion ein Match angesehen hätte, ob ich in der Freizeit immer Lederhosen tragen und Bier und dergleichen stets aus Ein-Liter-Krügen trinken würde. Gleichzeitig bleibt das Interesse an den grammatikalischen Strukturen des Französischen aber rudimentär.

Ein Schüler sticht dennoch aus der Gruppe heraus. Nicht, weil Luca darauf brennt, seinen Wortschatz in Französisch zu erweitern. Er ist vielmehr am Fach Geschichte interessiert, und so ergibt sich immer wieder ein recht amüsanter Schlagabtausch, wenn ich ihm – gewiss nicht ohne Ironie – von den Leistungen der Bajuwaren in ihrer glanzvollen Geschichte berichte und er sein exzellentes Wissen über das bayerische Königsgeschlecht der Wittelsbacher dazu benutzt, mir ihre schmerzhaftesten Niederlagen in Erinnerung zu rufen.

So weise ich Luca stolz darauf hin, dass Bayern durch seine geschickte Territorialpolitik bereits mehr als 200 Jahre sein Gebiet wahren konnte. Luca kann dies allerdings ausgezeichnet parieren, indem er süffisant auf meine Wissenslücken in der bayerischen Geschichte anspielt: „Und die Kurpfalz? Sie war spätestens mit dem Ende des Zweiten Weltkriegs endgültig verloren, Herr Lehrer“, stellt er mich bloß. „Nur mit schmerzhaften Zugeständnissen an die Bewohner hat es das Königsreich Bayern geschafft, sie so lange an sich zu binden. So geschickt würde ich dieses Vorgehen nicht bezeichnen.“ Der Punkt geht an Luca, denn tatsächlich ergriffen die Kurpfälzer die Flucht, sobald sich ihnen durch die Neuordnung der deutschen Bundesländer nach Hitlers Krieg die Gelegenheit bot.

Anderntags bringe ich die Cleverness der Bayern ins Spiel, die dazu führte, dass seinerzeit das mit Frankreich kämpfende Bayern vor der desaströsen Niederlage Napoleons die Seiten wechselte und damit in den Kreis der Kriegssieger gelangte. Geschickt lenkt Luca daraufhin das Gespräch auf das folgenschwere Scheitern meiner Vorfahren ein halbes Jahrhundert später, als die Bayern 1866 an der Seite der Österreicher erfolglos gegen die Preußen kämpften. Das Königreich Bayern habe in der Folge der schmachvollen Niederlage viele wichtige Autonomierechte an die Hohenzollern abgegeben – auch weil König Ludwig II. enorme Zuschüsse von Bismarck winkten, für seinen Wahn, quasi funktionslose Schlösser in die bayerische Landschaft zu stellen. Wenige Jahre später habe eben dieser Ludwig sein Volk in den für ihn verhassten Krieg gegen die Franzosen schicken müssen, deren Geschichte er eigentlich insgeheim bewunderte.

„Ein schwacher König, würde ich sagen. Als großer Fan des französischen Sonnenkönigs Ludwig XIV. muss es eine große Schmach für ihn gewesen sein, mit den Preußen gegen Frankreich in den Krieg zu ziehen", egalisiert Luca im Nu meinen zwischenzeitlichen, nur kurz andauernden, knappen Vorsprung.

Nach mehreren Runden wochenlangen, spannenden Gefechts, in dem er seine Schlagfertigkeit gebührend unter Beweis stellen konnte, lasse ich ihn in unserem heiteren Scharmützel klar siegen. Gleichzeitig sage ich ihm aber ein schmerzhaftes Debakel in der immer näher heranrückenden Französischklausur voraus. Seine Kenntnisse auf diesem Schlachtfeld, das mit zahlreichen Kriegsminen versehen sei, dürften nicht weiterhin beträchtlich hinter jenen im Fach Geschichte zurückbleiben.

Scheinbar habe ich dadurch seinen Ehrgeiz derart herausgefordert, dass er seine Strategie nun im entscheidenden Augenblick grundlegend ändert, mutig zum Angriff bläst und offensiv gegen sein drohendes, persönliches Waterloo ankämpft. Mit geschwellter Brust hält er mir tags darauf eine rundum befriedigende Leistung in der Französischarbeit unter die Nase: „Ein klarer Sieg ohne peinlichen Seitenwechsel auf bayerisch!"

Tatsächlich katapultiert ihn diese Note aus der verzweifelten Lage eines vor der bedingungslosen Kapitulation Stehenden heraus und seine Mutter hinauf in Sphären großen Glücks. Wochenlang hat sie mir ihr Leid geklagt, dass ihr Sohn keinerlei Ambitionen mehr für den Verbleib an der Schule entwickle. Luca hätte dies mir gegenüber gewiss als wohl überlegte Fahnenflucht bezeichnet. Heute nun sprudelt es aus ihr geradezu heraus: Ich hätte Großartiges geleistet, ihn wieder zum Lernen animiert, ihm die längst verloren gegangene Freude an der französischen Sprache vermittelt. Lucas verschmitztes Lächeln bestätigt meine Ansicht derweil, dass die Einschätzungen seiner Mutter bei Weitem nicht alle zutreffen. Doch je mehr ich meinen Anteil an den Lernerfolgen ihres Sohnes zu relativieren versuche, desto überschwänglicher lobt mich Lucas Mutter. „Wissen Sie, ich feiere meinen Geburtstag diesen Samstag bei einer Freundin zuhause. Kommen Sie doch vorbei. 19.00 Uhr in Katis Oase in Ringsheim."

Etwas überfordert stehe ich nun da, mit einer Einladung hätte ich nach dem doch recht oberflächlichen Kontakt bislang nicht gerechnet. Wieder einmal bin ich äußerst erstaunt über die Gastfreundschaft und die Offenheit der Menschen hier.

Luca, der mein Zögern sogleich bemerkt, stupst mich frech von der Seite an: „Da können Sie schon kommen, ich habe nichts dagegen. Bei der Note in Französisch, die Sie mir da beschert haben." Er grinst dabei überaus schelmisch und zwinkert mir zu.

Wenn die anderen Gäste nur halb so schalkhaft sind wie das fleischgewordene Französischwunder vor mir, wird es zweifellos eine unvergessliche Feier, denke ich bei mir, und sage schließlich gerne zu.

Dieser letzte Tag im Oktober schickt sich an, ein Bilderbuchtag zu werden. Schon früh am Morgen strahlt die Sonne über Straßburg und es ist ausreichend warm, den Morgencafé auf dem Küchenbalkon einzunehmen. Claire leistet mir unverzüglich Gesellschaft, doch auch auf sie scheinen die spätherbstlichen Sonnenstrahlen eine geradezu in Trance versetzende Wirkung zu entfalten, so ruhig sitzt sie, mit geschlossenen Augen die Sonne genießend, neben mir.

„Und jetzt in die Reben! Das wär's!", murmelt sie vor sich hin.

Ich blicke kurz zu ihr und frage etwas irritiert, warum es sie gerade jetzt dort hinzöge.

„*Allez-y.* Und Sie werden sehen", raunt sie geheimnisvoll zu mir herüber. „Ab Mitte Oktober bis in den November hinein ist es wundervoll dort."

„*Ah bon?*", reagiere ich etwas ungläubig, wohl wissend, dass Claire gerne übertreibt oder ihr die Erinnerungen an frühere Erlebnisse ein überaus freudvolles, nostalgisch verzerrtes Bild vorgaukeln.

„Davon verstehen Sie nichts! Sie stammen ja nicht aus einem Weinanbaugebiet." Sie wirft mir einen verächtlichen Blick zu.

Sie hat nicht ganz recht. Es wird tatsächlich rund um Regensburg entlang der Donau Wein angebaut, wenn auch nur ganz wenige Hektar. Sogar eine Weinroute wurde touristisch ausgewiesen, wobei man auf deren Länge von gerade einmal zwanzig Kilometern schon äußerst konzentriert sein muss, um die wenigen verstreuten, eher winzigen Rebflächen zu erspähen. Ein landschaftliches Erlebnis wie etwa entlang der Elsässischen und Badischen Weinstraße mag sich dort keineswegs einstellen. Und in den ebenfalls eher rar gesäten Weinstuben ziehen viele Gäste österreichische Qualitätsweine aus der Wachau dem nebenan wachsenden Baierwein vor, dem eher schädelsprengende Eigenschaften nachgesagt werden.

Fast hätte ich Claire widersprochen, ihr von der Altbayerischen Weinstraße vorgeschwärmt, doch stimmt mich die Herbstsonne gnädig. Und um der Ruhe willen schweige ich lieber an diesem Morgen vor mich hin.

Dennoch hat Claire mit ihren nebulösen Bemerkungen meine Neugier geweckt und ich nehme mir vor, bereits am frühen Nachmittag zu starten und entlang der rebbepflanzten Vorwaldzone zur Feier nach Ringsheim zu fahren.

Hinter Appenweier verlasse ich dann auch die von Kehl ostwärts führende Bundesstraße und schwinge mich auf eine kleine Landstraße, die sich durch die wellige Landschaft nach Nesselried und Ebersweier schlängelt. Zeigte sich bisher die Natur in ihrem üblichen Herbstkleid, meiner Heimat ähnlich, bietet sich mir von jetzt an ein regelrechtes Farbenspektakel, das ich in dieser Intensität bislang noch nicht bewusst erlebt habe. Während die Apfelbäume noch in fast grüner Pracht auf den Streuobstwiesen stehen, präsentieren sich die zahlreichen Zwetschgenbäume bereits in den verschiedensten Brauntönen. Dazwischen ziehen sich in grelles Feuerrot getauchte Kirschbaumreihen die sanften Hügel hinauf. Im Rückspiegel wirbelt der Fahrtwind Blätter unterschiedlichster Couleur auf, von der Herbstsonne glanzvoll angestrahlt. Angenehm milde Luft weht mir entgegen, lässt die warme Jahreszeit nochmals für ein paar wohltuende Stunden aufleben und mit ihr schöne Erinnerungen an diesen besonderen, intensiv gelebten Sommer.

Hinter dem Dorf Ebersweier tauchen dann die ersten Weinberge auf, fügen dem ohnehin farbenprächtigen Schauspiel der Natur weitere leuchtende Tupfer hinzu, ja bilden gleichsam den buntscheckigen Rahmen für die im Sonnenlicht schimmernden Laubbäume im Tal. Der weithin bekannte Weinort Durbach liegt ehrfürchtig den in alle Richtungen ansteigenden Rebhängen zu Füßen – inmitten eines golden leuchtenden Talkessels.

Vom Schloss Staufenberg aus zeigt sich die ganze prachtvolle Farbvielfalt der ebenmäßig angeordneten Weinrebreihen, die teils horizontal dem Relief des Hangs in harmonischen Kurven folgen, mal vertikal zum Tal führen und dann wieder senkrecht schraffierte Dreiecksfiguren bilden. Das sonst dominierende Grün der Natur hat der Herbst hier nahezu ganz ausgelöscht. Gelbe, fast orangefarbene, ockerbraune und kupferähnliche Farbtöne dominieren die Szenerie, immer wieder unterbrochen durch einzelne, sattrot gefärbte Rebhänge. Die Zeit eines Achteles vom hiesigen Grauburgunder genieße ich diesen Moment, den Anblick dieses kunterbunt gemalten Gemäldes. Ich kann mich kaum sattsehen an der zauberhaften Kulisse der Natur, sodass ich meine Ortenaukarte genau studiere, um noch eine kleine Rundfahrt rund um Oberkirch zusammenzuzimmern, bevor ich dann südwärts weiter nach Ringsheim zu Katis Oase fahre. Die Karte mit einem fabelhaft detaillierten Maßstab von eins zu hunderttausend habe ich vor kurzem bei Jürgen entdeckt.

„Damit kannst du sogar Feldwege auskundschaften und entlegene Bauernhöfe ausbaldowern“, spielte Jürgen genüsslich auf meine diversen Entdeckungsfahrten an. „Bevor sie bei mir vollends verstaubt, nimm sie mit!“ Und schon ließ ich sie in meinem Rucksack verschwinden, überaus zufrieden mit der unverhofft gemachten Beute, sind derartig großzügige Maßstäbe bei Straßenkarten doch zu einer absoluten Rarität geworden.

Mein neuer Erkundungsatlas soll nun also zu seinem ersten Einsatz kommen. Vom Durbacher Schloss aus geht es, an steil ansteigenden Weinbergen vorbei, über enge Kurven nach

Bottenau, wo alsbald wieder Obstbäume das hier in die Rheinebene übergehende Renchtal beherrschen. Ein Schlenker durch die Schnapsbrennerdörfer Nußbach, Zusenhofen und Stadelhofen führt mich ins Brauereidorf Ulm und wieder zurück an die Rebhänge von Haslach, Tiergarten und Ringelbach. Von dort schlängelt sich die Landstraße über einen kleinen Sattel, an verstreut liegenden Winzerhöfen vorbei, hinunter ins Rotweindorf Waldulm.

Auf meiner Landkarte entdecke ich eine Abzweigung, die in der Ortsmitte scharf rechts auf einen kleinen Pass in Richtung Schwarzwald führen soll. Nach mehreren ins Nichts führenden Sackgassen finde ich die schmale, verwunschene Straße hinauf, die in engen Kurven an einer Straußenwirtschaft vorbei nach Blaubronn, Lauenbach und Ottenhöfen führt. Immer wieder geben die Mischwälder den Blick frei, zunächst zurück auf die bunt leuchtenden Weinberge von Kappelrodeck, dann in den Talkessel von Ottenhöfen, der sogleich einen ganz anderen Landschaftstyp aufweist: Immergrüne Nadelwälder herrschen jetzt vor, die sich die Hügel und Berge des Schwarzwalds hinaufziehen.

Eine weitere enge, in ihrer Kurvenführung recht anspruchsvolle Straße durch wechselnde Geländeformen entdecke ich ein Dorf weiter in Seebach. Sie schraubt sich hoch nach Grimmerswald durch einen dicht bewachsenen Forst und gibt unvermittelt wieder einen erhabenen Blick frei ins geschäftige Rheintal und auf die von der Herbstsonne angestrahlten, still daliegenden Sasbachwaldener Weinberge. Ein ganz und gar eindrucksvolles Panorama breitet sich vor mir aus.

Doch es ist später Nachmittag geworden und ich muss mich verabschieden von den engen, versteckten Sträßchen und Wegen. So schwinge ich mich hinab ins malerische Fachwerkdorf

Sasbachwalden, nehme die Landstraße über Büchelbach nach Kappelrodeck, lasse letzte, farbintensive Eindrücke rund um das Kirschendorf Mösbach auf mich wirken, um dann Zeit gewinnend auf der Bundesstraße bis Lahr und Kippenheim voranzukommen.

Doch mittlerweile steht die Sonne derart tief und die Weinberge leuchten derart eindringlich, dass ich nicht umhin komme, die letzten Kilometer auf die Badische Weinstraße zu wechseln. Irgendwo zwischen Schmieheim, Wallburg und Broggingen finde ich abseits der aussichtsreichen Straße eine Sitzbank inmitten der noch wohlig aufgewärmten Rebhänge. Derweil schickt sich die nun glutrote Herbstsonne an, hinter den Hügelketten der Vogesen unterzugehen. Man kann direkt zusehen, wie sie das Tal immer weniger ausleuchtet. So schnell nimmt sie ihre letzte sichtbare Wegstrecke für heute, bevor sie der nahenden Nacht die Regentschaft übergibt und den prompt einsetzenden, talabwärts streichenden Wind gewähren lässt, der nun sanft kühlend durch die Weinreben an mir vorbeizieht.

Mit der einsetzenden Dämmerung macht sich ein flaues Gefühl in meinem Magen breit. Eine gewisse innere Anspannung ergreift mich, wo ich doch für gewöhnlich mit einem gesunden Selbstbewusstsein durch das Leben gehe. Diese Nervosität stellt sich bei mir in aller Regelmäßigkeit dann ein, wenn ich – ganz auf mich allein gestellt – zu einem Treffen gehe, wo man mich erwartet, ich aber so gut wie niemanden bislang kenne.

Auch auf der Geburtstagsfeier in Katis Oase hat mich Lucas Mutter sicherlich angekündigt, doch weiß ich keineswegs, was mich an dem Abend für Menschen und Situationen erwarten. Ich stelle mir wieder einmal die Frage, ob ich mit anderen zügig ins Gespräch kommen werde und fürchte mich gleichzeitig vor dem Gedanken, abseits zu stehen oder nur geduldetes Beiwerk zu sein in einer lustigen Runde, zu der ich kaum etwas beitragen kann.

Auch gehen meine Gedanken in Richtung Lucas Mutter, die ohnehin nicht die Zeit haben wird, sich auf ihrer eigenen Feier mit mir zu beschäftigen, viel zu sehr wird sie von ihren Gästen beansprucht sein. Auch Luca kann ich kaum mehr Paroli bieten in unserem Duell rund um die Wittelsbacher, habe ich doch sämtliche mir bekannten Erfolge und Wohltaten des bayerischen Königsgeschlechts in den letzten Wochen des geschichtlichen Schlagabtauschs bereits aufgebraucht. Ich müsste bereits kurz nach meiner Ankunft auf dem Fest Luca gegenüber die weiße Fahne hissen und mich für auf ganzer Linie militärisch besiegt erklären.

Doch wie so oft überwiegen die Neugier und die Hoffnung auf interessante und amüsante Begegnungen. Ich nehme Fahrt auf hinunter nach Ringsheim und halte Ausschau nach einem Kneipenschild mit der Aufschrift „Katis Oase". Doch sind meine Mühen vergeblich. Zwischen dem Bahnhof und dem Rebland gibt es keine einzige Örtlichkeit mit dieser verheißungsvollen Bezeichnung. Bestimmt kann mir auch keiner den Weg weisen zu dieser ominösen Kati und ihrer fruchtbaren Insel inmitten kargem Wüstenland.

Auf dem spärlich geschmückten Dorfplatz vor der spätbarocken Pfarrkirche entdecke ich drei ältere Frauen, die ihre Köpfe zusammenstecken, munter miteinander tuscheln, fast so als ob sie etwas Verbotenes aushecken würden. Dennoch entschließe ich mich kurzerhand, sie bei ihrem geheimnisvollen Gemunkel zu stören: „Entschuldigen Sie, sagt Ihnen eine Kati etwas, die hier im Ort eine Kneipe betreiben soll?"

„Eine Kneipe?“, sieht mich eine aus dem konspirativen Trio fragend an.

„Von einer Kati?“, will eine andere wissen und schiebt ihren lückenhaft bezahnten Unterkiefer nach vorne.

„Ah, Sie wollen zu meiner Katja!“, ruft die dritte im Bunde. „Das ist meine Tochter. Da werden Sie einen lustigen Abend haben bei unserer Katja. Da wird wieder einmal gefeiert heut Abend!“

Eilends erklären mir die betagten Damen wild deutend und in raschem Wortwechsel den günstigsten Weg. Ich sage mir, dass es bestimmt ein gutes Omen sei, von der Mutter höchstselbst den Weg zum Fest gezeigt zu bekommen. Und tatsächlich stehe ich wenig später vor einem stattlichen Fachwerkhaus, an das sich eine mit bunten Lampions geschmückte Scheune anschließt. Über dem Tor prangt in verschiedenen Farben der Schriftzug „Katis Oase“, flankiert von einem Foto der Gastgeberin und einer stilisierten Weintraube. Fröhliches Stimmengewirr und wiederholtes Lachen dringen nach draußen.

Etwas angespannt krame ich die selbst gemachten „Ausgezogenen“, ein süßes Schmalzgebäck nach einem Rezept aus meiner Heimat, aus dem Tankrucksack, bestreue sie noch rasch mit Puderzucker, greife nach dem in einer traditionellen Tonflasche abgefüllten Blutwurz aus dem Bayerischen Wald und öffne mit einem Ruck das robuste Scheunentor, Helm und Motorradjacke etwas ungelenk unter den Armen verstaut. Es muss sonderbar ausschauen, da sämtliche Gespräche der zahlreichen Gäste sogleich verstummen.

„Das ist der Wittelsbacher!“, deutet Luca unverkennbar in meine Richtung.

„Ah, der Bayer ist da“, kommt mir Kati gleich entgegen,

nimmt sich breit grinsend ein Gebäck und klopft mir kraftvoll auf den Rücken, sodass ich Mühe habe, meine Mitbringsel und die Motorradaccessoires auszubalancieren. „Ich nehm' dir mal gleich alles Ess- und Trinkbare ab." Sie schiebt sich einen Ausgezogenen in den Mund, schnappt sich die restlichen und sieht die Blutwurzflasche an: „So was gibt's aber nicht nur in Bayern", schmunzelt sie. „Aber dennoch: Herzlich Willkommen in der Oase!"

Schon eilt Lucas Mutter mit einem Glas Sekt für mich herbei: „Also, ab jetzt bin ich die Sonja. Prost!"

Doch zu einem Geburtstagsglückwunsch komme ich gar nicht, denn ehe ich michs versehe, tun es alle übrigen Gäste Sonja gleich und stoßen mit mir an. Wenig später schwirrt ein gutes Dutzend Vornamen in meinem Kopf herum.

Wieder erlebe ich es, dass man in Windeseile meine Nervosität verfliegen lässt, mich im Nu in heitere Gespräche verwickelt und mir mit aller Leichtigkeit das beflügelnde Gefühl gibt, unmittelbar Teil eines Freundeskreises zu sein. Wie prüfend, abwartend und reserviert wären da viele bayerische Landsleute, wenn ein Fremder mit sonderbarem Akzent zu einer festen Gemeinschaft stößt!

Es wird ein großartiger Abend. Sonja, mit der mich seither eine unerschütterliche Freundschaft verbindet, kümmert sich fast aufopferungsvoll, dass jeder ein schönes Fest erlebt. Mit ihrem rötlich gefärbten Lockenhaar schwirrt sie von Gast zu Gast durch die liebevoll dekorierte Oase.

Kati steht, egal in welcher Ecke ihrer Partyscheune sie sich auch gerade befindet, stets im Mittelpunkt. Mit trockenem und scharfsinnigem Humor gesegnet, folgt bei ihr fast nach jedem Satz eine geistreiche Pointe. Hellwach und wendig muss man als ihr Gegenüber sein, wenn man nicht untergehen möchte in der wasserfallartigen Stromschnelle ihrer verbalen Steilvorlagen.

Geistreiche Gespräche kann ich auch mit Sven führen, dem Freund Sonjas. Bei einem Gläschen Blutwurz lassen wir rasch das ungeschriebene Gesetz fallen, dass Politik auf Festen nichts zu suchen hat, erst recht nicht am Abend des Kennenlernens. Doch verfügt auch der gebürtige St. Paulianer über köstlichen Humor und enorme Schlagfertigkeit, sodass jeder Anflug von bierernster politischer Diskussion durch schallendes Gelächter abgewehrt wird. Trotz größerer Unterschiede in den Überzeugungen und Wahlpräferenzen entlang des parteipolitischen Spektrums finden wir immer wieder zueinander und werden von nun an bei jedem geselligen Aufeinandertreffen das aktuelle Geschehen mit satirisch-ironischem Unterton zerpflügen.

Marc wiederum, ein Freund Sonjas aus der Nachbarschaft, bringt mich zum Schmunzeln, weil er, mit einer fast unerschöpflichen Vitalität ausgestattet, immer in Bewegung ist und bei seinem Gegenüber schon allein durch seine bloße Anwesenheit unentwegt gute Laune versprüht.

Carmen und Andi, ein überaus liebenswertes Paar vom Kaiserstuhl, laden mich sogleich ein zu einer Weinwanderung durch verborgene Hohlwege und über die sonnenverwöhnten Terrassen der Rebhänge dieses berühmten erloschenen Vulkans mit seinen exzellent für den Weinbau geeigneten Lössböden. Andi wird mich in den nächsten Monaten auch großzügig an seinem beeindruckenden Wissen über badische Weine teilhaben lassen. Und Carmen wird mir dabei stets das Gefühl geben, von Herzen willkommen zu sein.

Nicht selten bleibe ich auch bei Lena hängen, deren ansteckendes Lachen einen sofort Glückshormone in großzügiger Menge ausschütten lässt. Ich werde eine beträchtliche Anzahl an Lachfalten angesammelt haben nach Ablauf meines Jahres hier.

Zwischendurch belegt mich Luca mit den verschiedensten Vornamen bayerischer Könige, sodass mich die gesamte in der Oase befindliche Festgesellschaft nicht ohne eine Prise Schadenfreude abwechselnd Ludwig, Maximilian, Otto oder Ferdinand nennt. Erst als Luca sich zu späterer Stunde auf Sissi einschießt, ist für mich die Zeit gekommen, ihn anderweitig zu beschäftigen und mich vom Fokus seiner Aufmerksamkeit zu befreien. Meine Aufgabe an ihn lautet fortan, den Vornamen des Prinzregenten zu erraten, der dem letzten echten König Bayerns nachfolgte und das Land bis kurz vor dem Ersten Weltkrieg regierte.

„Wenn du es herausbekommst, soll dies mein neuer Rufname hier sein. Aber digitale Hilfsmittel sind verboten!“ Sicherheitshalber nehme ich ihm sofort sein Handy ab. Als angehender Lehrer kann man dies nicht früh genug üben.

Fortuna sollte für den Rest des Abends auf meiner Seite sein, denn weder Luca noch andere Gäste werden auf den korrekten Namen stoßen. Und mir bleibt erspart, von jetzt an in Ringsheim und Umgebung auf Luitpold hören zu müssen.

Auch Susi, Lucas siebenjährige Cousine, bringt mich mehrmals ins Schwitzen, wenn sie, unterstützt und angefeuert von den anderen Gästen, meine immensen Wortschatzlücken im badischen Dialekt aufdeckt. Es ist für sie schier unglaublich, wie wenig ich in den letzten Monaten hier gelernt habe. Gleichzeitig ist sie stolz, als Erstklässlerin einem zukünftigen Lehrer eine ganze Palette von Ausdrücken und deren Bedeutung beibringen zu dürfen.

Dank Susi weiß ich nun, dass man seine Angebetete hier damit verführt, dass man sie höchst romantisch auf „e Bolla Iss“

einlädt. Auf meine Frage, welche Eissorte ihr selbst am besten schmecke, meint sie nur, dass sie nicht „schneiger“ sei, was mich gleich wieder mundtot macht. Auch erklärt sie mir belustigt, dass man Fliegen mit einem „Muggedatscher“ ins Jenseits befördert, wobei ihre Mutter dafür lieber die griffbereite Ausgabe der badischen „Zittig“ benutzt. Ganz „vergelschtert“ bin ich, weil sie wissen möchte, welche Leckerei sich hinter einem „Kreäsä Köächä“ versteckt. Carmen hat ihr das Wort eingeflüstert, eine Kaiserstühler Wortschöpfung sozusagen. Erst als Susi sich am Nachspeisenbuffet demonstrativ ein Stück Kirschkuchen schmecken lässt, fällt bei mir der Groschen.

„Und in einen guten Kirschkuchen gehört ein ‚Güdz‘!“, meint Lena.

„Nein, ein ‚Göädili‘“, widerspricht Carmen.

„Bei uns ist das ein ‚Schläckli‘“, kommt es von hinten. Zwei weitere Gäste sind eingetrudelt. Krissi und Sonjas Schwester Silvi sind ganz unmittelbar mittendrin in unserem munteren Ratespiel. „Im Schuttertal, wo ich herkomme, sagt man ‚Schläckli‘ zu Marmelade“, erklärt Krissi.

„Nicht verraten, der Bayer muss es selbst herausfinden!“, bremst meine persönliche Nachhilfelehrerin sie jedoch sofort.

„Was? Drei Wörter für einen Brotaufstrich? Ihr ändert euren Dialekt ja von Dorf zu Dorf. Wie soll man da die Bedeutung erraten?“, kontere ich, um meine spärlichen Kenntnisse wenigstens ein bisschen zu rechtfertigen.

Auch auf die richtige Bedeutung von einer „Backevesper“ komme ich erst, als Susi mir vor allen anderen tatsächlich völlig unvorbereitet eine Ohrfeige verpasst, die diesen Namen auf jeden Fall auch verdient hat.

Fast verzweifelt wäre ich an dem Wort „Räbhisli“, das zügig ausgesprochen für mich dermaßen befremdlich klingt, dass mir die gesamte Festgesellschaft Tipps geben muss, damit ich endlich auf ein kleines Häuschen inmitten von Weinreben schließen kann. Susis Hinweis, dass sich vor einem „Räbhisli“ oft ein „Verschnuufeckli“ befindet, brachte mich jedenfalls keineswegs ans Ziel der Erleuchtung.

„Und was ist ein ‚Hiehnerpfiddili‘?“ Susi lässt nicht locker und muss bei dem witzigen Ausdruck sofort loskichern. Ich bleibe dennoch vollkommen ratlos.

„Das ist Hühnermist. Das sollte man schon wissen“, mahnt sie mich kopfschüttelnd. „Letzte Chance: Was verbirgt sich hinter einem ‚Roßpfüddle‘?“

Nun, wenn die badische Sprache einen Funken Logik in sich trägt, müsste es sich hier um Pferdemist handeln, ist doch das Wortende dem „Hiehnerpfiddili“ sehr ähnlich, denke ich mir und verkünde stolz meinen Geistesblitz. Doch an Susis schallendem Gelächter erkenne ich sofort, dass ich wieder falsch liege. Es bezeichnet vielmehr eine angenehm duftende Pflanze, die im Frühling ganze Wiesen in wunderbares Gelb taucht, den Löwenzahn.

Verzweifelt sage ich mir, dass ich nur eine Chance hätte, nicht vollkommen unterzugehen: Ich muss das Spiel elegant beenden. Wie gerufen, kommt mir Sonja just in diesem Augenblick mit einem unbemerkten Einflüstern zu Hilfe.

So ist es an mir, Susis Lieblingsnachspeise feierlich anzukündigen: „Schau, der ‚Pfludde‘ ist fertig.“ Erstaunt, ja verblüfft sieht sie mich mit großen Augen an, obwohl ich das Wort gewiss nicht akzentfrei ausgesprochen habe. „Mein Ehrentreffer!“, jubiliere ich.

Nach kurzem Applaus für mich stürmt die Kleine ans Buffet, um sich den Grießpudding schmecken zu lassen – und das Dialektquiz gerät in Vergessenheit.

Ich sollte in den nächsten Monaten noch viele badische Begriffe für landestypische Gerichte kennenlernen, die ich mir vornehme, beim nächsten Mal Susi gegenüber voll Stolz zu erwähnen. Sie wird staunen über meine Lernfähigkeit, wenn ich ihr von „Sunnewirbili" erzähle, von frisch zubereitetem „Bibiliskäs", deftigen „Krazete" mit Spargel, herzhaften „Schiefele" mit „Brägele" und „Striebele" als süßem Abschluss eines badischen Dialektmenüs.

Indes amüsiere ich mich ausgiebig mit Silvi und Krissi, zwei überaus lebensfrohen Frauen, die ebenfalls kurvigen Abenteuern auf zwei motorisierten Rädern zusprechen. Bald soll uns unser gemeinsames Hobby zu einer herrlichen Motorradfahrt über den Tuniberg zur „Griestal-Strauße" führen, eine der vielen von Winzern saisonal betriebenen Gaststuben, in denen einfache Gerichte und selbsterzeugter Wein angeboten werden.

Zwischendurch schwirrt Sonja wieder vorbei und zieht mich mit zu Claudia, einer langjährigen Freundin aus dem Nachbarort. Mit Claudia verbindet mich sogleich ein profundes Wissen über bayerische Serienklassiker wie „Kir Royal", „Zur Freiheit" oder „Irgendwie und sowieso". Vor allem zeigen wir uns textsicher, wenn wir zahllose legendäre Sätze aus berühmten Szenen von Helmut Dietls Meisterwerk „Monaco Franze" wieder aufleben lassen. Redlich bemüht sie sich dabei, den Münchner Akzent nachzuahmen, wenn sie Antwort gibt auf meine Stichwortsätze. Doch verkneife ich es mir, ihre Aussprache zu verbessern, vor allem solange ich selbst ein blutiger Anfänger in der badischen Mundart bin. Claudia wird jedenfalls für immer mein platonisches Spatzl bleiben.

Etwas nachdenklich gestimmt bin ich dann um Mitternacht. Fast auf den Tag genau liegt die Hälfte meines Auslandsjahrs bereits hinter mir. Doch noch will ich den legendären Satz des Monaco Franze noch nicht zitieren: „Aus is und gar is und schad is, dass's wahr is!“

Wenn ich auf meine zahlreichen Begegnungen und Entdeckungen in den vergangenen sechs Monaten zurückblicke, stelle ich ohne Weiteres fest, dass ich jede Menge Lebenserfahrung gesammelt, viele intensive Augenblicke erlebt und zahlreiche Eindrücke gewonnen habe. Man entwickelt sich in einem Maße weiter, wie es die altvertraute Umgebung mit all dem eingefahrenen Alltag zuhause nicht zugelassen hätte.

Wenn ich nur an die vielfältigen Bekanntschaften denke, die ich seither geschlossen habe, muss ich dankbar sein, wie das Wagnis Auslandsjahr bislang verlaufen ist: Für studentisches, ja, internationales Flair sorgen die aus ganz Europa stammenden Kommilitonen in meinem Sprachkurs. Immer wieder amüsieren wir uns über die unterschiedlichsten Akzente und die Eigenarten eines jeden Einzelnen, wenn wir abends in Straßburg französisch sprechend durch die Kneipen ziehen. Für kulinarische Abende in badisch-bayerischer Harmonie sorgt Jürgen, der mir zudem den ein oder anderen Kniff beim Kochen beibringt. Familienanschluss habe ich immer mehr bei Alex und Mehmet und ihren Kindern, bei deren Verwandtschaftsfeierlichkeiten ich mittlerweile oftmals dabei bin. Mit Flo erkunde ich das Motorradeldorado im Schwarzwald und in den Vogesen. In die elsässische Lebensart darf ich immer wieder eintauchen dank Patricia und Olivier. Spannende Abende mit Gästen aus halb Europa erlebe ich in Louises und Didiers Pension. Claire wiederum sorgt unentwegt für mehr oder weniger willkommene Unterhaltung rund um mein Studentenzimmer. Und seit heute habe ich mit einem Schlag einen ganzen Freundeskreis gewonnen – mit lauter liebenswerten, ja einzigartigen Menschen, jeder für sich eine Quelle wunderbarer Heiterkeit und ein Gegenüber für vielseitige Gespräche.

Meine Familie zuhause und auch die vielen wertvollen Freundschaften in meiner Heimat sind dennoch nicht vergessen, wenngleich mehr und mehr in den Hintergrund gerückt. Die Anrufe und Nachrichten, zu Beginn noch in schöner Regelmäßigkeit, werden weniger – auf beiden Seiten. Doch bevor ich Gefahr laufe, dass sich die ersten zaghaften Gefühle einer Sehnsucht nach Bayern in mir breit machen, stupst mir Luca auf die Schulter: „Was ist, Wittelsbacher? Schon schlapp? Wieder einmal kurz vor dem Rückzug?"

Er greift mich am Arm und schleift mich zurück in Katis Oase des ausgelassenen Zusammenseins. Nur noch einen kurzen Gedanken an meine Heimat verschwende ich auf dem Weg in die Scheune, nämlich dass ich mir fest vornehme, zumindest über die Weihnachtsfeiertage bei meinen Eltern zu sein und ein paar alte Freundschaften wieder aufleben zu lassen. Doch was ist meine Heimat, mein Zuhause eigentlich? So eindeutig wie vor einem halben Jahr kann ich diese Frage heute nicht mehr beantworten ...

Wenn ich auch für fast alles, was man in der Freizeit für gewöhnlich unternimmt, mittlerweile einen geschätzten Begleiter gefunden habe, so konnte ich bislang noch niemanden von meiner Leidenschaft für das Wandern überzeugen. Die letzten Monate war ich zumeist allein unterwegs und fand zunehmend Gefallen an diesen einsamen Streifzügen durch den Schwarzwald und die Vogesen. Die unterschiedlichsten Eindrücke entlang eines der vielen Rundwanderwege kann ich so viel intensiver aufnehmen – sei es die wechselvolle Wegführung eines verschlungenen Pfads, die vielfältigen Gerüche von

Pflanzen, ihrer Blüten und der Bäume ringsherum oder aber auch die Gesamtszenerie aus verwunschenen Bächen, dunklen Wäldern und erhabenen Ausblicken.

Claire fügte dem ohnehin bunten, badisch-elsässischen Landschaftsmosaik kürzlich unfreiwillig ein weiteres, farbenfrohes Stück hinzu, als sie sehnsuchtsvoll von den herbstlich verfärbten Weinbergen schwärmte. Noch am selben Tag habe ich ja deren Talkessel und Anhöhen bei einem Motorradabstecher zum Rebland rund um Durbach und Oberkirch ausgiebig erkundet.

Wenig später, als sich ein trockener Tag ankündigt, will ich diese eindrucksvolle Verkleidung der Natur, deren harmonisches Kolorit, nun wandernd erleben und erneut in dieses Meer an leuchtenden Farben eintauchen. Doch der ganze Zauber ist vorbei. Einige stürmische Tage haben fast die gesamte Pracht weggefegt. Wenige Frostnächte haben dafür gesorgt, dass sämtliche Farbtupfer verschwunden und einer kargen, seelenlosen Kulisse gewichen sind. Nur die spärlichen Gerippe der knorrigen Rebstöcke verharren auf den trostlosen, arenenartig geformten Hängen. Gespensterhaft ziehen unförmige Nebelschwaden über das wellige Land hinweg und verhüllen es schleierartig. Kein Sonnenstrahl kann mehr durchdringen, um die graue Tristesse aufzulösen.

Viele Wochen lang zeigt sich die Sonne kaum noch. Der Himmel verbleibt konturlos düster, keinerlei Schattierungen sind mehr zu erkennen. Die Tage sind selbst zur Mittagszeit finster wie der Gesichtsausdruck der Menschen, die eilends über die Straßen und Plätze huschen, um der trüben, feuchten Nebelwitterung so schnell wie möglich wieder zu entfliehen. Die Straßen entlang der bis aufs Geäst entblößten Obstbäume sind deutlich leerer als sonst. In den Weinstuben und Gasthöfen klammern sich ein paar versprengte Rentner, Winzer und Landwirte an ihre Viertelegläser. Wenigstens hier schimmern und leuchten sie noch, die zu Wein gewordenen Sonnenstrahlen des vergangenen Winzerjahres.

Mehr zufällig geht mir eines Tages im Advent buchstäblich ein Licht auf, als ich für Jürgen in Forbach einen gebrauchten Kaffeevollautomaten holen soll. Um auf direktem Weg in den verträumt an der Murg gelegenen Ort zu gelangen, muss man hinauf zur Schwarzwaldhochstraße – zum Beispiel über Sasbachwalden. Ein paar Kilometer hinter dem historischen, spätherbstlich ergrauten Fachwerkdorf führt mich die steil ansteigende Bergstraße direkt in die fast bedrohlich anmutende Hochnebeldecke hinein und wenig später unvermittelt hinaus in eine heitere, von der Höhensonne ausgeleuchtete Bergwelt unter einem stahlblauen, wolkenlosen Himmel. Zu meinen Füßen verschlingt ein hell strahlendes, blütenweißes Meer aus wattegleichem und sanfte Wellen formendem Nebel das gesamte breite Rheintal, verschluckt die Geräusche aus dem Tal, frisst sich in die engen Quertäler des Schwarzwalds und nagt an Baumgruppen und Weidehängen, die im Begriff sind, im Dunst zu versinken.

Die quälend gleichförmig trüben Wochen sind wie weggespült, meine gedrückte Stimmung wie verflogen. Die sanfte Wintersonne wärmt wohlig meine Haut, ihre Strahlen kitzeln meine blinzelnden Augen und zaubern ein leises Lächeln in mein Gesicht. Die Temperaturen werden immer milder, je weiter ich zur Schwarzwaldhochstraße vorankomme, sodass ich nicht umhin komme, mir auf der Terrasse eines Berggasthofs, befreit von Jacke und Schal, eine Tasse Kaffee schmecken zu lassen – für einen genussvollen Augenblick wie lange nicht mehr.

Ich will gar nicht mehr zurück mit der Kaffeemaschine in die Düsternis, warte bis zum Sonnenuntergang auf einer der Panoramabänke unterhalb der „Zuflucht“, wo sommers die Gleitschirmflieger todesmutig in Richtung Oppenaus und des Renchtals starten. Die Sonne taucht das ehedem weiße Nebelmeer in ein helles Rot, macht dessen wellige Gestalt noch eindrücklicher sichtbar durch die Schatten, die sie nun tief stehend wirft – eine Szenerie beinahe Träumen entsprungen.

„Ja, das kannst du hundertfach bestaunen im Winter“, sagt Jürgen etwas barsch, als ich ihm den Grund meiner Verspätung erkläre. „Ich war schon besorgt und habe mir Vorwürfe gemacht, dass ich dich bei der Nebelsuppe auf diesen unübersichtlichen Straßen durch den Schwarzwald schicke.“

Doch waren die Straßen für mich keinesfalls unübersichtlich – aussichtsreich waren sie. Ich schätze, Jürgen ahnt kaum, wie wertvoll der heutige Tag für mich war, an dem ich nach langer Zeit die Sonne wieder einmal erblicken und Teil einer fast magischen Stimmung hoch über dem Dauergrau werden durfte.

Noch einmal soll es mich kurze Zeit später zurück in die Rebhänge führen. Zart mit Schnee überzuckerte Dächer in Straßburg lassen in mir die Sehnsucht nach einer winterlichweißen Landschaft aufkeimen. Doch bis ich unterwegs bin in Richtung der badischen Winzerdörfer, ist der ganze Zauber vorbei und schmutziges Grün hat das gesamte Rheintal zurückerobert. Aber darüber erstrahlen umso mehr in der Ferne die satt mit Schnee bedeckten Gipfel des Schwarzwalds. Und auf den Weinbergen darunter hat sich ebenfalls eine dünne Schicht der weißen Pracht erhalten. Die ganze Kulisse erscheint wie gemalt: Der Schnee hat über Nacht sanftweiße Linien entlang der Rebstockreihen gezeichnet, ganze Hänge harmonisch schraffiert und die Dächer der Rebhäuser sachte bepudert.

Es sollte ein einmaliger Anblick bleiben. Echter Winter ist wieder einmal ausgeblieben am Oberrhein zwischen Basel und Karlsruhe.

16. Herbolzheimer Silvester-Sektprobe

Weihnachten verbringe ich tatsächlich bei meinen Eltern. Es ist ein sonderbares Gefühl, nach so langer Zeit wieder für ein paar wenige Tage zuhause zu sein. Viel bewusster fahre ich auf eigentlich altbekannten Straßen vorbei an Gebäuden, die ich Zeit meines Lebens kenne. Mit viel mehr Bedacht schlendere ich auch durch die einzigartige Regensburger Altstadt, nehme sie wohl zum ersten Mal mit den neugierigen Augen eines Touristen wahr. Fast bringe ich Tom, der eigentlich mit mir nur ein kurzes Wiedersehensbier trinken möchte, zum Toben, weil ich immer wieder innehalte, um von denkmalgeschützten Gebäuden und verträumten Plätzen Fotos zu machen. Auch verbringe ich die Festtage viel intensiver, habe ich doch meine Familie, die allermeisten Verwandten und Freunde seit April nicht mehr gesehen. Es gibt viel zu besprechen, jede Menge Neuigkeiten zu erzählen und witzige Vorkommnisse auszutauschen.

Doch wäre es für mich nicht stimmig, auch den Jahreswechsel in Regensburg zu begehen, befinde ich mich doch mitten in meinem Auslandsjahr. Tricksen ist nicht erlaubt, sage ich mir. Nicht leicht fällt es mir, die Einladung von Freunden zu einer ausgelassenen Silvesterparty auszuschlagen, vor allem, da ich bislang noch keine Ahnung habe, wie und mit wem ich das Neue Jahr in Straßburg willkommen heißen könnte.

Alle, wirklich alle Kommilitonen meines Sprachkurses feiern in ihrer Heimat. Jürgen ist bei seiner Cousine zu einer gemütlichen Silvesterrunde im Kreise von Verwandten eingeladen. Haiko verbringt den Jahreswechsel wie immer zusammen mit Inès bei ihrer Familie in Frankreich. Flo amüsiert sich im grenzsteinbewehrten Niemandsland mit Freunden von früher. Alex ist mit Mann und Kindern zu ihren Eltern ins Ruhrgebiet gereist. Einen Augenblick überlege ich, Patricia zu fragen, ob in ihrem Wiwersheimer Restaurant bei netten Gästen von ihr noch ein Platz frei wäre für einen einsamen Studenten auf der Suche nach Gesellschaft zum Jahreswechsel.

Ich sehe mich schon ganz allein in meinem Studentenzimmer, Claire und ihren Freundinnen ausgeliefert, als schließlich von Sonja Erlösung kommt. Einen Tag vor Silvester erhalte ich eine rettende Nachricht aus der Feder ihres geschichtsbeflissenen Sohns: „Hey, Abkömmling eines untergegangenen Königreichs. Falls du hier im Exil bist, komm morgen Abend zu Sonjas Schloss nach Herbolzheim. Reparationszahlungen werden von einem verarmten Königshaus nicht erwartet. Haha."

Der pubertierende Bengel schafft es doch tatsächlich im Nu, mir ein leises Lächeln ins Gesicht zu zaubern.

„Als Stammhalter eines wohlhabenden Freistaats werde ich selbstverständlich in Form von großzügigen Almosen zum Gelingen des Fests beitragen", gebe ich ihm daraufhin zur Antwort.

Lucas Reaktion kommt prompt: „Das großherzogliche Festmahl ist bereits vollständig organisiert. Vielleicht braucht Andi ja deine bayerische Hilfe bei der Getränkeeroberung."

Tatsächlich nimmt wenigstens Andi mein Angebot an – und sogar ernsthaft: Er ist dabei, eine kleine Sektprobe inklusive Siegerkürung vorzubereiten. Als gebürtige Kaiserstühler hätten

Carmen und er bereits Winzerseccos aus ihrer näheren Umgebung und dem Elsass besorgt. „Und falls du möchtest, könntest du ja in der Ortenau etwas Schmackhaftes kaufen. Zwei Flaschen genügen vollkommen. Es soll ja kein Besäufnis werden, sondern der Genuss im Vordergrund stehen", erklären die beiden mir.

Ausgerechnet Sekt, denke ich mir. Noch nie war ich ein großer Fan dieses aufschäumenden, perlenden Getränks, wofür andere sogleich ins Schwärmen kommen. Auch kenne ich mich keineswegs aus, wo man in der Ortenau ausgezeichneten Secco bekommt. Wie ich den Genießer Andi kenne, meint er mit Schmackhaftem gewiss nicht ordinären Sekt, wie wir ihn bei studentischen Feiern zum Geburtstagsprost trinken. Wenn also ein Ortenauer Winzersekt den Sieg bei der Degustation davontragen soll, brauche ich einen Experten bei der Auswahl – und das so schnell wie möglich.

Ich erinnere mich an einen Sommerabend im Innenhof von Patricias Restaurant, an dem ich ihre Nichte kennenlernte. Jennifer kam an jenem Abend abgekämpft zu uns an den Tisch, weil sie jede Menge Weinkartons der Durbacher Winzergenossenschaft im Keller der *Auberge* verstaut hatte. Ich war etwas erstaunt, dass man auf der Getränkekarte nicht nur ausgezeichneten elsässischen Wein vorfindet, sondern auch badischen aus dem kleinen Ort Durbach. Des Rätsels Lösung fand sich rasch, denn alsbald tauchte hinter Patricias Nichte ein großgewachsener, junger Mann auf, der uns in den folgenden Stunden über die exzellenten Produkte der Durbacher Genossenschaft aufklärte. Er wisse das alles von einer Weinprobe in deren Winzerkeller, auf der ein gewisser Christoph voll Stolz und voll des Lobes gewesen sei für die Erzeugnisse seines Arbeitgebers – und das zu Recht!

Heute könnte dieser Christoph mein Retter in der Not sein. Sofort greife ich zum Telefon und lasse mir von Jennifer diesen raffinierten Verkäufer der Durbacher Weine grob beschreiben. Und wenig später betrete ich erwartungsfroh die Verkaufsräume des Durbacher Winzerkellers und erkenne ihn sogleich, als er voll Energie die Treppe heruntersaust, sich zwischen weinbestückten Regalen hindurchschlängelt und einer im Halbkreis stehenden Menschengruppe einen weiteren Schluck Wein nachschenkt. Seine profunden Kenntnisse über die jeweilige Rebsorte quittieren die wissbegierigen Kunden mit wiederholt nickenden Köpfen. Ganz in seinem Element umschreibt er mit poetischen Worten die offenbar komplexen Geschmacksnoten des verkosteten Weins. So dauert es auch eine geraume Zeit, bis ich zu Christoph vordringen kann, um ihm mein drängendes Problem zu schildern.

Als Ortenauer durch und durch leckt er unverzüglich Blut: „Den Breisgauern eins auswischen? Den Kaiserstühlern zeigen, was wir hier können? Diese Herausforderung nehme ich gerne an“, zieht er mich zur Seite. „Weißt du, wir hier in der Ortenau kämpfen seit jeher damit, dass unsere Weinanbaugebiete außerhalb Badens weniger bekannt sind als zum Beispiel jene rund um Freiburg.“

Ich kann ihm nur recht geben, kannte auch ich bis vor Kurzem die Bezeichnung Ortenau keineswegs.

„Doch finden sich exzellente Winzer und qualitätsvolle Weinkeller zwischen Gengenbach und Sasbachwalden. Am Kaiserstuhl glaubt man ja fast, dass außerhalb ihres Vulkanhügels kein trinkbarer Wein in Deutschland gedeihen kann.“ Christoph muss bei dieser Vorstellung laut auflachen.

„Mit wie vielen Flaschen willst du denn bei der Sektprobe vertreten sein?“, möchte er wissen.

„Eigentlich nur mit zwei bis drei Flaschen. Der Genuss soll im Vordergrund stehen."

„Nur mit drei Flaschen? Dann hoffe ich mal, dass bei eurem überaus seriösen Silvesterabend die Ortenau getränketechnisch nicht unterrepräsentiert ist."

Wenn auch etwas enttäuscht, so scheint Christoph sogleich etwas Raffiniertes auszuhecken. Andächtig, ganz in seinen Gedanken versunken, stützt er seinen Kopf mit seiner rechten Hand und lässt seinen Blick durch den Verkaufsraum schweifen.

Plötzlich verkündet er mir kämpferisch mit leuchtenden Augen: „Also, mein Schlachtplan wäre der folgende: Du solltest mit drei äußerst unterschiedlichen Seccos in den Ring steigen. Das erhöht die Siegeschancen der Ortenau!"

Unwillkürlich muss ich an Luca denken, der sich ebenso gern solcher martialischer Ausdrücke bedient, um ganz und gar unkriegerischen Spielereien des Alltags das nötige Pathos zu verleihen.

„Im Weißweinsegment würde ich dir unseren Edelmann-Sekt empfehlen. Mit ihm könntest du in der Breite punkten, da er viele unterschiedliche Geschmäcker anspricht. Es ist ein trockener Sekt, aber weit weniger trocken als ein elsässischer Crémant oder ein französischer Champagner. Man kann einen Hauch von Zitrone oder Aromen von grünen Äpfeln herausschmecken. Seid ihr mehr Frauen als Männer oder verhält es sich andersherum?", runzelt er die Stirn.

„Oh, ich denke, es ist ziemlich ausgeglichen. Leider kenne ich die Gästeliste nur zum Teil", muss ich zugeben.

„Ein schwerer Fehler!", rügt mich Christoph, heftig mit dem Kopf schüttelnd. „Wir müssen also ins Blaue hinein eine Wahl treffen. Das mindert die Chancen der Ortenau, denn die anderen wissen gewiss ganz genau, wer alles kommt und wer welche Vorlieben hat."

Fasziniert lausche ich seinen taktischen Überlegungen. Und ganz verdutzt bin ich, wie ernst er die Sektprobe nimmt. Doch scheint für ihn nichts Geringeres als die Ehre seines Berufs, der Ortenau und ihrer Erzeugnisse auf dem Spiel zu stehen.

„Im Rosébereich würde ich dann zu ‚extra trocken' tendieren. Nein, ich würde sogar voll in den Brut-Bereich gehen. Damit fängst du die wahren Sektkenner! Auch hier hat unser Winzerkeller Grandioses zu bieten. Geradezu brillant ist unser Pinot-Rosé-Sekt vom Durbacher Kochberg. Eigentlich unübertrefflich, wenn nicht allzu viele Laien mitmischen bei eurer Degustation."

Ich muss direkt schmunzeln, wie perfekt Christoph in regelmäßigen Abständen überschwängliche Ausdrücke mit einflicht, selbst mir gegenüber, der nicht vorhat, für einen größeren Betrag Wein oder Sekt zu erwerben.

„Im Gegensatz zu unseren Edelmann-Sekten, die in Tanks vergoren werden, geschieht dies bei unserem Rosé Brut in traditioneller Flaschengärung. Die Flaschen lagern zunächst mit einem Hefestamm geimpft. Die Hefe macht Zucker zu Alkohol und sie erzeugt Gas. Ein explosives Gemisch, daher auch der dicke Flaschenboden. Aber keine Angst, alles steht unter ständiger Beobachtung unseres Kellermeisters! Er ist es auch, der mit all seiner Expertise und Erfahrung entscheidet, wann genau dieser Gärprozess unterbrochen werden muss."

„Ein Kellermeister trägt demnach eine große Verantwortung ...", werfe ich etwas banal ein, vor allem um nicht ganz wortlos lauschend dazustehen.

„Absolut! Und um die Gärung zu unterbrechen, muss die Hefe nun entfernt werden. Jetzt kommen die Flaschen auf ein

Rüttelpult. Dort werden sie nach einem ganz genau festgelegten Ablauf über mehrere Wochen gedreht. Von Hand!"

Vermutlich blickt Christoph in so unwissend dreinschauende Augen, dass er prompt zu einigen Flaschen nebenan im Regal greift und mir demonstriert, was unter dem Rütteln der Sektflaschen zu verstehen ist.

„Bei den vielen Flaschen in unserem Keller eine anstrengende Angelegenheit", wischt er sich bildlich den Schweiß von der Stirn. „Gleichzeitig stellen wir sie jeden Tag im Rüttelbrett ein wenig steiler, bis sie nach drei Wochen fast auf dem Kopf stehen. Dies ist nötig, damit die enthaltene Hefe immer mehr absinkt zum Flaschenhals, um dann die Gärrückstände entfernen zu können. Um degorgieren zu können, wie man sagt."

„Wozu dient diese ganze Prozedur?" Bestimmt zeigt diese Frage meinem Sektexperten nun endgültig, dass ich ein absoluter Laie auf diesem Gebiet bin.

„Na ja, dadurch entsteht eine sehr feine Kohlensäure, eine ganz dezente Perlage. Ein sanft prickelndes Geschmacksbild, kribbelnd, gehoben wie beim Champagner. Der Sekt bildet keine groben Blasen mehr, die einem durch die Nase wieder rauskommen."

Christoph zieht die Nase rümpfend nach oben, um mir das unangenehme Gefühl eindrücklich zu veranschaulichen.

„Und ja, man kann unseren Rosé Brut qualitativ mit einem Champagner vergleichen. Etwas fruchtiger zwar, aber ähnlich trocken, er hat nur noch einen Restzuckergehalt von knapp acht Gramm pro Liter. Also lediglich ein Drittel im Vergleich zu unserem Edelmann-Sekt. Kein Sekt für jedermann und kein Sekt für jeden Tag. Etwas für besondere Anlässe!"

Genau richtig für unsere Genießerrunde morgen Abend, denke ich mir.

„Vor Kurzem haben wir übrigens die Auszeichnung „Bester Sekt Deutschlands“ erhalten! Gut ein Zehntel unseres Umsatzes machen wir mittlerweile mit Sekt. Der Anteil ist dreimal so hoch wie gewöhnlich entlang der Badischen Weinstraße.“

„Dann bin ich hier ja goldrichtig! Fehlt mir nur noch ein Rotweinsekt“, bemerke ich erleichtert.

Doch nun trübt sich Christophs Blick. Er greift nach meinem Arm und zieht mich in eine dank Regalen uneinsehbare Ecke des Verkaufsraums: „Leider stellen wir keine Seccos aus Rotwein her“, flüstert er mir ins Ohr.

Fast peinlich berührt steht er vor mir und erwartet mein vernichtendes Urteil. Doch kann ich mich gar nicht in die offenbare Tragik und in Christophs Scham einfühlen, erfasse den für ihn unerfreulichen Zustand, den entscheidenden Schwachpunkt seiner Winzergenossenschaft keineswegs. Ganz und gar pragmatisch und mit dem Blick auf den morgigen Silvesterabend frage ich stattdessen: „Und wo kann ich solchen Sekt kaufen?“

Erleichtert angesichts meiner unprätentiösen Reaktion faltet er die Hände zusammen und nähert sich mir geheimnisvoll, um mir wieder diskret zuzuflüstern: „Da fährst du jetzt nach Kappelrodeck zum Winzerkeller ‚Hex vom Dasenstein‘. Der Kellermeister dort hat einen Pinot-Noir-Sekt im Sortiment. Pikanter Geschmack, ganz leichte süßliche Note. Einfach köstlich, unwiderstehlich!“

Unvermittelt unterbricht er sich. Offenbar hat er sich dabei ertappt, die Kreationen der Konkurrenz im gleichen Maße anzupreisen wie die eigenen Schöpfungen. Er dreht sich abrupt um, bedeutet mir, ihm zu folgen und merkt mit lauter Stimme an: „Doch wird der gewiss keine Chance haben gegen Kaiserstühler Sekt, geschweige denn gegen unseren Pinot Rosé.“

Auf dem Weg zum Auto wünscht Christoph mir noch prickelnde, genussvolle Momente bei der Sektprobe. Bereits im Auto sitzend, muss ich tausend Eide schwören, dass ich ihm noch in der Silvesternacht per Textnachricht den Sieger kundtun werde.

Ausgestattet oder – wie Luca oder auch Christoph es bezeichnen würden – bewaffnet mit drei wertvollen Winzer-Seccos, stehe ich am darauffolgenden Abend vor Sonjas Haustür in Herbolzheim und somit sogar auf Feindesland, da ich kurz nach Ringsheim Christophs überaus geschätzte Ortenau verlassen habe. Die Speerspitze ihrer dionysischen Erzeugnisse halte ich sicher und fest in meinen Händen, fit und bereit für einen bacchantischen Abend.

Sonja wohnt in einem richtig kleinen Häuschen am Ende einer Sackgasse. Ihre Begrüßung ist wie immer sehr herzlich und innig: Wir drücken und umarmen uns, als ob man bereits in einer langjährigen Freundschaft miteinander verbunden wäre. Ihr Freund Sven ahmt derweil bairisch anmutende Laute nach und kombiniert sie zu absurden Wortketten und noch sinnloseren Sätzen ohne jeglichen Inhalt und bar jeder Bedeutung. Auf jeden Fall bringt er mich umgehend dazu, schallend zu lachen und ihm Lob zu zollen für seine authentische Imitation bajuwarischer Lautfärbung.

„Servus, Wittelsbacher, und ein herzliches Willkommen zurück im Großherzogtum Baden“, klatscht mich Luca ab, badische Fähnchen schwingend und breit grinsend.

„Herein in die gute Stube“, führt mich Sven sogleich ins direkt anschließende Wohnzimmer, das, ebenfalls winzig, mich augenblicklich in eine wohlige Stimmung versetzt.

Die Wände sind in den verschiedensten Grüntönen gestrichen, mal flächig, mal in verspielten Formen und mit abstrakten Figuren. In der Ecke steht ein quietschpinkfarbenes Sofa neben einer ebenso grellrosaroten Stehlampe, an deren Schirm Perlenimitate munter hin- und herbaumeln. Ein olivgrünes Sideboard schließt sich linker Hand an, auf dem neben einer uralten, mechanischen Schreibmaschine ein vergoldeter Buddha fröhlich meditiert, neugierig beobachtet von einer Madonnenfigur samt Jesuskind gegenüber. Das christliche Duo steht erhaben auf einem kleinen, grün bemalten Holzpodest, mit bunten Perlen bestückt. Auf dem Fensterbrett grüßt indes auf einem Bein stehend ein pink und weiß gefleckter Flamingo. Die Fenster sind mit Lamettastreifen behängt, die im warmen Licht der Deckenlampe festlich glänzen und auf originelle Weise biedere Vorhänge überflüssig werden lassen. Vom Türrahmen blinkt und funkelt eine mit bunt aufleuchtenden, kleinen Lämpchen bestückte Lichterkette herüber. Mittig steht ein antik anmutender Tisch, dessen Tischplatte in unregelmäßigem Dunkelgrün lackiert und an den Rändern mit roten Kügelchen verziert ist, die an einer locker befestigten Schnur hängen. Kein Stuhl gleicht dem anderen, weder in Form noch Größe. Sonja hat sie verspielt und ungeordnet rund um den Wohnzimmertisch und das Sofa platziert. Der Raum versprüht so viel Charme und Ungezwungenheit, dass man unmittelbar in einen lockeren, ausgelassenen Abend starten muss.

Bis heute verbinde ich Sonjas Wohnzimmer mit zahllosen fröhlichen Stunden. Nirgendwo werde ich besser vom Alltag abschalten können als in ihrer große Lebensfreude ausstrahlenden Wohlfühloase.

Die übrigen Gäste lassen derweil nicht lange auf sich warten, das Zimmer füllt sich beachtlich und das Stimmengewirr nimmt schier unübersichtliche Ausmaße an: Andi und Carmen haben neben mir Platz genommen, nachdem alle edlen Sektflaschen ordnungsgemäß im Kühlschrank verstaut wurden. Kati erscheint mit Claudia und deren Mann. Marc gibt sich ebenfalls ein kurzes Stelldichein, bevor er mit Freunden weiter nach Freiburg zieht. Dafür gesellt sich Katis Schwester Petra im Laufe des Abends zu unserer lustigen Runde. Wir sind also mehr Frauen als Männer – doch nur Christoph könnte abschätzen, ob dies den Ortenauer Seccos nun zum Vorteil gereichen wird.

Nachdem wir uns am kalt-warmen Buffet ausgiebig gestärkt haben, gibt Andi feierlich den Startschuss zur Sektprobe, was seinen Widerhall in der Küche findet, wo Petra den ersten Korken knallen lässt. Sie wird uns, nun mit Servierschürze bekleidet und dekorativem Kränzchen um den Kopf, die sprudelnden Sektgläser überreichen, selbstverständlich ohne uns die jeweilige Marke zu verraten. Auf kleinen Kärtchen notieren wir Farbe, Perligkeit und Blume, welche Geschmacksrichtungen wir feststellen, wie sich der Sekt im Mund anfühlt und seinen Nachgang, um schließlich zu einer wohlüberlegten Gesamtnote zu kommen.

Ungeduldig sieht uns Petra zu, wie wir die Gläser gegen das Licht halten, fachsimpelnd die sich verflüchtigende Schaumkrone und die aufsteigenden Perlen beobachten, wie wir an den Gläsern riechen und nippen, dann die erlesenen Kostproben schlürfen und bis in die entlegensten Mundwinkel spülen, sie dann sanft schlucken und schließlich den Abgang analysieren.

Sven und Kati, die sich an Sekt nur wenig erfreuen können, eilen stets voraus und schreiten rasch zur Notengebung, vermutlich auch um das Ganze etwas schneller hinter sich zu bringen und wieder den eigenen Vorlieben frönen zu können. Sonja und Claudia sind grundsätzlich begeistert von den servierten Getränken, sodass bei ihnen die sehr guten Bewertungen fast inflationäre Ausmaße einnehmen. Carmen wiederum reizt die Notenskala demonstrativ von „sehr gut“ bis „ungenügend“ aus.

Andi und ich setzen derweil die Geduld unserer Mitstreiter gehörig auf die Probe, nehmen die Verkostung bluternst. Immer wieder haben wir Schwierigkeiten, unsere vielfältigen Eindrücke auf eine alles bilanzierende Gesamtnote zu bündeln. Dabei sind unsere Bewertungen letztendlich durchgehend fast identisch, was Sven und Kati immer wieder zu spitzen Bemerkungen verleitet, wie beispielsweise die Noten doch von nun an gemeinsam abzugeben, was die gesamte Prozedur erheblich erleichtern und auch beschleunigen könnte.

Dennoch haben alle großen Spaß bei der feinperligen Genusstour vom Kaiserstuhl bis zur Ortenau. Als Petra, die während unserer ausgedehnten Verkostung immer die nicht zu vernachlässigenden Reste in den Flaschen leert, uns beschwingt und beflügelt mitteilt, alles Sprudelnde habe sich nun verflüchtigt, schickt sich Andi an, die Durchschnittsnoten zu berechnen und die finale Rangliste zu erstellen. Bis seine Kalkulationen stichhaltig und einwandfrei durchgeführt sind, verstreicht geraume Zeit – und das, obwohl er als Architekt sein Auskommen sichert.

Doch dann ist es soweit und Andi verkündet uns feierlich das Endergebnis.

Christoph dürfte nicht begeistert sein, dass sein favorisierter Pinot Rosé Brut nur auf einem mittleren Platz landet. Auch wenn er bei Andi und mir ganz weit vorne rangiert, hat die weibliche Übermacht in der Jury sämtlichen Klischees entsprechend diesen äußerst trockenen Sekt ins Mittelmaß abstürzen lassen.

Jedenfalls darf ich Christoph gegenüber nicht erwähnen, dass sein Rosé in unmittelbarer Nachbarschaft zum weniger qualitätsvollen Aldi-Sekt steht. Petra hat sich diese Finte überlegt und ihn mit in das Sortiment geschmuggelt, um unser selbst ernanntes Expertentum scherzhaft bloßzustellen, darauf hoffend, dass der Supermarktsekt einen der vorderen Plätze erhält. Doch wenn wir schon einem recht hochpreisigen, von Expertenlob überhäuften Winzersecco aus Durbach nicht den ersten Preis verleihen, dann haben wir uns wenigstens die Blamage erspart, den Schaumwein vom Discounter an die Spitze der Hitparade zu wählen. Petra zumindest ist voll des Lobes für uns.

Im Mittelfeld befindet sich außerdem ein goldmedaillenprämierter Crémant Brut aus dem Elsass. Der dritte Platz geht an den Edelmann-Sekt aus Durbach.

Nun wird es spannend, verbleiben doch nur mehr zwei Schaumweine: Mein nobler Pinot-Noir-Sekt aus Kappelrodeck, Prädikat trocken, ist noch im Rennen, genauso wie Andis bevorzugter, ebenso edler Winzersecco vom Kaiserstuhl, ein extra trockener Oberrotweiler Grauer Burgunder vom Käsleberg – mit nur rund der Hälfte an Restzucker im Vergleich zum Ortenauer Rotweinsekt. Vielleicht ist genau dieser Umstand dem Kaiserstühler Gewächs zum Verhängnis geworden. Obwohl wieder von Andi und mir präferiert, landet er äußerst knapp hinter dem Kappelrodecker Pinot-Noir-Secco. Der Gewinner ist von vielen als gefälliger, im Geschmack vielschichtiger wahrgenommen worden, manche loben seine würzigen Fruchtnoten.

Nun, echte Experten würden uns vorwerfen, dass wir Äpfel und Birnen vergleichen, handelt es sich doch schon angesichts der beiden Finalisten keineswegs um einen sortenreinen Wettbewerb. Dennoch freut es mich, dass ich den hauchdünnen Kappelrodecker Vorsprung bei unserer Sektprobe für die Ortenau verbuchen kann – und für Christoph, der mir den entscheidenden Tipp gab. Lehrreich für einen Bayern war es ohnehin, hatte ich doch keinerlei Ahnung von qualitätsvollem, feinperligem Sekt von badischen Winzern. Den uninspirierten Produkten der großen Ketten deutscher Sekthersteller werde ich jedenfalls künftig keine Beachtung mehr schenken.

Hektik macht sich nun breit in Sonjas Wohnzimmer. Jeder greift nach einer der wirr herumliegenden Jacken, streift sich eine Wollmütze über den Kopf und stattet sich mit wärmenden Handschuhen aus. Die plötzlich einsetzende Aufbruchsstimmung liegt natürlich darin begründet, dass es inzwischen kurz vor Mitternacht ist.

Sonja dirigiert uns für den Jahreswechsel in ihren Garten, der sich inmitten der Herbolzheimer Rebhänge befindet. Über jahrhundertealte Hohlwege und Pfade durch enge Bachtobel gelangen wir auf eine Weinterrasse mit grandiosem Panoramablick auf das breite Rheintal mit all seinen nächtlichen Lichtern, die planvoll gezogene Linien im Dunkel skizzieren oder aber in wirren Mustern aufleuchten. Rund um ein kleines Lagerfeuer begrüßen wir pünktlich das Neue Jahr und bestaunen die zahlreichen Raketen, Schwärmer und Kracher, die in rascher Abfolge im Tal in die Luft gejagt werden.

Auf der französischen Rheinseite bleibt es dagegen eher finster – privat gezündete Feuerwerkskörper sind dort in der Silvesternacht verboten. Nur ganz vereinzelt jault und heult es dort in den Himmel, wo sich der ein oder andere Elsässer schmuggelnd über das Einfuhrverbot hinweggesetzt hat. Ein gefährliches, mutiges Unterfangen, sage ich mir, wenn man während der letzten Tage des Jahres in den Staus an den

Rheinübergängen gestanden und die prüfenden Blicke der Grenzbeamten gesehen hat.

Mein Mut, meiner Heimat nach den Weihnachtsfeiertagen schnell wieder den Rücken zu kehren, wurde jedenfalls belohnt, durfte ich doch dieses Jahr ein ganz anderes Silvester erleben – mit vielen neuen Freunden, originellen Gesprächen und einem neu entdeckten Getränk, dem erlesenen Winzersekt aus den Händen von renommierten Kellermeistern.

Unverzüglich kommt mir Christoph wieder in den Sinn, der gewiss in der Ferne aufgeregt mitgefiebert hat und immer noch nicht weiß, wer das Rennen heute Abend gemacht hat. So verkünde ich ihm feierlich das Ergebnis unserer Sektprobe. „Es war ein wunderbares Silvester mit herrlichen Seccos aus Durbach und einem knappen Gewinner aus Kappelrodeck!", schreibe ich ihm betont diplomatisch und mit dem Feingefühl, das sicherlich bei einem glühenden Verehrer seines Winzerkellers angebracht ist. Dass sein Pinot Rosé Brut nur im Mittelfeld landete, verschweige ich, denn er hätte diese Platzierung gewiss nicht verstanden. Vielleicht waren wir einfach nicht sachkundig und fachmännisch genug. Oder aber wir befolgten eben vollumfänglich den alten Grundsatz, dass man über Geschmack bekanntlich streiten kann. „Gut ist, was schmeckt!", pflegt Sonja stets zu sagen. *Tant mieux!*

17. Auf närrischer Entdeckungstour

Fast ein ganzes Jahr ist vergangen, seitdem ich Ende April hier in Straßburg meine bescheidenen Zelte bei Claire aufgeschlagen habe. Eines ist mir seitdem bewusst geworden wie sonst kaum etwas, nämlich dass die Gepflogenheiten hier im Jahreslauf kaum Langeweile aufkommen lassen, dass die Menschen hier kaum Gefahr laufen, Trübsal zu blasen. Geradezu außer Atem könnte man kommen, wenn man an die vielen Bräuche, Festlichkeiten und kulturellen Veranstaltungen denkt, die einen hier über die Monate hinweg bei Laune halten, die mich gar in den Bann gezogen haben, weil sie oft erfrischend anders sind, als ich es aus meiner Heimat kenne.

Kaum habe ich mich also durch die Weihnachtsfeiertage gehechelt und japsend den Jahreswechsel begangen, wird meine nicht immer unerschütterliche Ausdauer erneut auf die Probe gestellt, als spätestens nach dem Dreikönigstag die närrischen Hästräger in der Ortenau unterwegs sind. Zusätzlich zu all den über das Jahr verteilten Festen zählt sich so mancher Ort auf der badischen Rheinseite zu allem Überfluss auch noch zu den Hochburgen der überaus traditionsreichen schwäbisch-alemannischen Fastnacht, die seit einigen Jahren in das Bundesweite Verzeichnis des Immateriellen Kulturerbes aufgenommen ist. Gerne distanzieren sich daher die Badener mit ihrer von der UNESCO gewürdigten Straßenfastnacht und ihren musikbegleiteten Streifzügen durch die örtlichen Gaststätten vom niederrheinischen Karneval. Vom bayerischen Fasching sowieso.

Auf jeden Fall geschehen ganz wundersame Dinge in den ersten Wochen des noch jungen Jahres: Ehedem zutiefst seriöse Menschen, verantwortungsvolle Väter, fürsorgliche Mütter, fleißig und pflichtbewusst ihrer Arbeit nachgehende Bürger verwandeln sich über Nacht in närrische, Schabernack treibende Figuren, streifen jegliche Vernunft und eine gute Portion ihres Verstandes von sich ab und ziehen in farbenfrohen Horden durch Dörfer und Städte, lauthals „Narri, narro“ krakeelend. Über die mit Konfetti überhäuften Straßen und Plätze der fastnachtstreibenden Orte sind fortan zahllose buntscheckige Wimpel und Bänder gespannt. In den Gaststätten werden die altehrwürdigen Holzbalken, sämtliche Fenster und Lampenschirme großzügig mit Papiergirlanden und Fransenborten in allen erdenklichen Farben dekoriert. Immer wieder ertönen Trompeten und Posaunen, begleitet von Triangeln, Pauken und Trommeln jeglicher Art, die von maskierten Gugge-Musikanten mit Absicht falsch bespielt werden und dennoch mit viel Sinn für harmonische Rhythmen. Einem karnevalistischen Motto folgende, verkleidete Menschengruppen bevölkern Busse und Bahnen auf ihrem Weg zum nächsten Fastnachtstreiben. Aufwändig gestaltete Fastnachtswagen bremsen den unmaskierten Autofahrer aus, ganze Ortsdurchfahrten werden gesperrt, wichtige Straßenverbindungen gekappt und durch großräumige Umfahrungen ersetzt. Die Bäckereien verkaufen Fastnachtsküchle mit allen denkbaren Glasuren und Füllungen. Und die Zeitungen sind voll mit Bildern von originellen Kostümen und ihren stolzen Trägern.

Kurzum, die ganze Ortenau steht Kopf.

Deren größte Stadt Offenburg sieht sich dabei nicht ohne Stolz als die Geburtsstätte der legendären Fastnachtshexe, die dort in den 1930er-Jahren entstanden ist. Mit einer holzgeschnitzten Maske vor dem Gesicht erinnert sie an Hexen, wie sie in vielen Märchen geschildert werden. Die Erfindung war jedenfalls so bahnbrechend, dass die Hexenfigur heute die Fastnacht im Südwesten dermaßen dominiert, dass ich bei von Zünften organisierten Straßenumzügen in Willstätt, Gengenbach, Biberach oder eben Offenburg ab und an die Kreativität der badischen Narren anzweifle.

Entrüstet gab mir vor Kurzem eine ältere Frau, selbstverständlich als Hexe verkleidet, schroff zur Antwort: „Sie haben ja keine Ahnung! Das ist überlieferte Tradition. Da könnt ihr mit eurem bayerischen Fasching gar nicht mitreden!" Zutiefst verächtlich spuckte sie das Unwort „Fasching" aus, das in Baden für planlose Maskerade ohne jeglichen Bezug zu historischen Überlieferungen steht.

„Mein Hexenkostüm trage ich bereits ein ganzes Leben lang. Sehen Sie sich meine Holzlarve an, wie aufwendig sie hergestellt ist und wie reichlich sie dekoriert ist!"

Tatsächlich musste ich ihre Hexenmaske bestaunen, die sorgfältig eingeschnitzten Gesichtszüge, die liebevoll gestalteten Warzen auf der Nase, die furchteinflößend ausgearbeiteten Augen und die kreuz und quer stehenden Zähne.

„Und jede Hexenlarve ist anders! Die Geschichten dahinter sowieso. In meiner stecken Erlebnisse von mehreren Jahrzehnten. Ein Einmal-Fastnachtskostüm, so wie man es bei euch handhabt, käme für mich nicht in Frage!" Die etwas verärgerte Frau schaffte es jedenfalls mit ihrem ganzen Stolz auf die hiesigen Hexentraditionen, dass ich den badischen Fastnachtsbräuchen fortan mehr Ehrfurcht entgegenbringe.

„Und wenn Sie genau hinsehen, werden Sie auch viele andere Hästräger herumhüpfen sehen."

Gewiss, sie hatte recht. Ab und an fügen die farbenfroh ausstaffierten Narrenfiguren mit ihrem eingeschnitzten schelmischen Lachen dem bunten Treiben weitere Farbtupfer hinzu, wenn sie mit ihren Glocken heiter läutend an den Besuchern vorbeiziehen.

Ebenso sind manche als Tiere oder Sagenfiguren verkleidet. Und immer wieder springt auch eine schaurige Teufelsgestalt zwischen den Hexen umher, listig dreinblickend aus ihrem fegefeuerverkohlten, glutroten Gesicht, bestückt mit fiesen Hörnern und verfinstert durch einen gruselig wuchernden Bart.

Besonders in Erinnerung geblieben sind mir die auf der Wolfacher Fastnacht herumgeisternden Nussschalenhansele. Von Kopf bis Fuß mit zahllosen Nussschalen bestückt, ziehen sie samt ihren gütig lächelnden Holzmasken ihre Bahnen durch die malerische Altstadt des Schwarzwaldorts. Oder die Bändelenarros aus Zell am Harmersbach, die über dem ganzen Körper Papierbänder in wechselnden Farben tragen und über dem Kopf ein holzgeschnitztes, grinsendes Männergesicht.

Dennoch vermisse ich nach den vielen Straßenumzügen der Fastnachtszünfte die kreativ gestalteten Kostüme, wie sie in Bayern oft von kleineren Gruppen in aufwendiger Heimarbeit liebevoll genäht, geflickt und dekoriert werden.

„Ich gehe schon seit Jahren auf keinen Umzug mehr. Hexen, Hexen, Hexen …", pflichtet wenigstens Jürgen mir bei, wenngleich er sofort anmerkt, dass er dennoch früher ein großer Freund der alemannischen Fastnacht war und begeistert beim Spielmannszug mitgewirkt hat.

„Aber ich weiß, mit wem du auf eine Straßenfastnacht gehen könntest, die ganz ohne Narrenzünfte und die üblichen Traditionen auskommt."

So stehe ich am Fastnachtssonntag um Punkt zwölf vor dem Kehler Rathaus und warte auf Jürgens Cousine. Susi hat ihm zugesagt, dass sie mich mitnehmen würde – nach Bodersweier, zu einer eher unprätentiösen Fastnacht im besten Sinne des Wortes. Mit kratziger Piratenperücke, einem federbestückten Dreispitzhut und bewaffnet mit einem Säbel warte ich nun geduldig auf meine Begleitung.

Diese erscheint schließlich auch, gleich doppelt, denn von einem Augenblick auf den anderen stehen vor mir zwei frohgemute Frauen mittleren Alters, beide mit buntem Faschingshut, unter dem bei beiden schulterlanges, blondes Lockenhaar hervorquillt. Beide tragen bunt zusammengeflickte Umhänge, pechschwarze, überdimensionierte Sonnenbrillen und lilafarbene Glitzerhosen. Und beide grinsen mich mit ihren schmalen Lippen vergnügt an.

„Nein, wir sind keine Zwillingsschwestern", kommt Susi einer erstaunten Bemerkung von mir zuvor, „das ist Sabine, eine Freundin seit Kindesalter."

„Dann geben wir uns also dieses Jahr mit einem Bayern ab, der mal richtig Fastnacht feiern möchte", bemerkt Sabine spitz und prüft mich dabei vom Scheitel bis zur Sohle. Sie hebt dabei ihre Augenbrauen so hoch an, dass sie in einem weiten Bogen hinter ihrer Sonnenbrille hervorlugen. Ganz willkommen scheine ich wohl nicht zu sein, fühlen sich die beiden offensichtlich gar bemüßigt, mich unwissenden Fremden zu einer beschwingten, badischen Straßenfastnacht mitschleppen zu müssen.

„Das ist mal was anderes!", schickt Sabine jedoch sogleich hinterher, als sie meine Unsicherheit bemerkt. „Bei uns ist jeder gern gesehen, sogar ein Bayer."

In meinem Gesicht macht sich ein erleichtertes Lächeln breit.

„Dann lasst uns starten", schießt aus Susi die Vorfreude heraus. Und nachdem beide ihre Sonnenbrillen zurechtgerückt und ihr lockiges Haar im mitgeführten Handspiegel geprüft haben, brechen wir auf in Richtung Bodersweier, einem Kehler Ortsteil.

Dort positionieren wir uns in einer Nebenstraße, die der Narrenumzug als Erstes passieren wird. Doch kommen mir erste Zweifel, ob ich heute tatsächlich eine beschwingte Fastnacht erleben würde. Die Gehwege vor den Häuserzeilen sind keineswegs mit Zuschauern und Hästrägern bevölkert, teils gar menschenleer. Und die Straßen des Dorfes schmücken keinerlei Girlanden aus bunten Wimpeln, die einen üblicherweise flugs in Fastnachtsstimmung bringen. Etwas verloren stehen wir also da unter einem grauen Himmel, woran auch die wenigen, zögerlich hinzukommenden Zuschauer nicht viel ändern.

In diese eher bedrückende Stille platzt unversehens das Quietschen eines sich öffnenden Garagentors gegenüber. Augenblicklich tauchen drei mit bunt besprühten Overalls bekleidete Närrinnen auf, die Bierzelttische auf dem Gehweg platzieren. Wenig später türmen sich Amerikanergebäcke, verschiedene Kuchen, Nusszöpfe und mit Käse und Speck gefüllte Hefeschnecken auf den Tischen. Ein mittelgroßes Schnapssortiment, Eierliköre und Säfte zieren wenig später die reichhaltige Auslage und zahlreiche Plastikbecherchen liegen wild verstreut zwischen den süßen Naschereien bereit.

Im Haus hinter uns öffnet sich ebenfalls die Haustür und mehrere Flaschen unterschiedlichster Couleur wandern auf die massiven Pfosten des Gartenzauns, wieder umringt von aufeinandergestapelten kleinen Bechern. Schräg gegenüber versammelt sich unversehens Schmalzgebäck in großen silbernen Schüsseln, flankiert von Thermoskannen randvoll mit frisch gebrühtem Kaffee und wärmendem Glühwein.

Etwas ungläubig verfolge ich das unverhofft heraufziehende Schlaraffenland, wenngleich auch heute keinerlei Milch und Honig fließen sollten. Vorsichtig blicke ich zum Himmel auf, wo die tief hängenden Wolken gewiss gleich verführerisch kross gebratene Hähnchen auf direktem Weg zu uns herabschicken würden.

Susi bemerkt meine staunenden Blicke sofort. „Da kannst du dich bedienen“, rempelt sie mich von der Seite an.

Und tatsächlich wird man hier in Bodersweier bestens bei Laune gehalten, man kann sich regelrecht durchprobieren und sich die selbstgemachten Köstlichkeiten schmecken lassen. Auf meine höfliche Frage, was ich schuldig sei, ernte ich stets nur ein Abwinken oder aber auch einen freundlich-unverblümten Seitenhieb auf meine nicht zu verleugnende Herkunft: Man würde hier selbst Zuflucht suchende Bayern durchfüttern, wenn Fastnacht sei.

Das Schönste an der Großzügigkeit der Anwohner der Umzugsstrecke ist aber, dass man unmittelbar und ohne größere Hürden nehmen zu müssen, mit all den lebenslustigen Hästrägern in spaßige und wunderbar spritzige Gespräche verwickelt wird. Im Nu ist man vertraut mit all den Fastnachtstreibenden rundherum, überaus herzlich aufgenommen, nunmehr bekannt in der gesamten Nachbarschaft. Wobei mir meine Schlagfertigkeit oft zugutekommt, wenn mal wieder arg ausgeteilt wird über das sonderbare bajuwarische Bergvolk, ihre seltsame Sprache und die offensichtlichen, bedauernswürdigen Brauchtumsdefizite jenseits der Grenzen der alemannischen Fastnacht.

Bereits beschwingt von geistreichen Gesprächen und perfekt damit harmonierenden Getränken beklatschen und beprosten wir den närrischen Umzug, dessen Teilnehmer mittlerweile vor unseren Augen durch die Straßen und Gassen Bodersweiers defilieren. Manche ziehen auch eher chaotische Bahnen durch das Dorf. Die Geradlinigkeit scheint davon abzuhängen, wie ausschweifend und ungezügelt sich die einzelnen Mottogruppen seit den Morgenstunden auf ihren Auftritt vorbereitet haben. Ausgewiesene Fastnachtspuristen würden den Kopf schütteln, wenn sie anstatt professionellen Narrenzünften und ihren geschnitzten Hexen-, Teufels- und Tiermasken den ungezwungen paradierenden Laiengruppen applaudieren müssten.

Wir jedoch amüsieren uns vollends. Ausgebüchste wilde Tiere pirschen „Narri, narro“ rufend um detailverliebt gestaltete Safariwagen herum. Regenbogenmännchen mit Rokokostulpen werfen den jüngsten Narren am Straßenrand knallbunte Lutscher zu. Casinofrauen, deren Rocksäume mit Roulettezahlen und gewinnverheißenden Spielkartenmotiven bedruckt sind, verschenken indes reichlich goldene Schokotaler. Eine mit schweren Halsketten und dicken Armbändern behängte Zuhältergruppe lädt im Vorbeigehen zu einem feurigen Likörchen ein. Mausgraue Kanalratten tanzen wiederum durch die Zuschauergruppen und stiften dabei jede Menge Verwirrung mit ihren wattebauschigen, überdimensioniert langen Schwänzen. Derweil versuchen sich kräftig gebaute Männer mehr oder weniger graziös als Primaballerinen und lassen all die Tüllschichten ihres rosaroten Tutus wild auf- und abwedeln. Und immer wieder sorgen Spielmannszüge für eine gelöste Fastnachtsstimmung.

Als die letzten versprengten Narren auf der Suche nach ihren vorauseilenden Kameraden vorbeigezogen sind, setzen auch wir uns in Bewegung in Richtung Narrendorf, folgen dabei aber penibel der Wegstrecke, die auch der Straßenumzug genommen hat, hält sie doch weitere Verführungen bereit. So quatschen und blödeln und naschen wir uns vorbei an den fachwerkverzierten Bauernhöfen im Ortszentrum, loben artig beflügelndes Selbstgebranntes und schmackhaftes Frischgebackenes. Letzeres unabdinglich als Fastnachtsunterlage für all die bunten, hochprozentigen Verlockungen am Wegesrand.

Es dämmert jedenfalls bereits, als wir endlich am Sportgelände angelangt sind, wo sich das halbe närrische Dorf schunkelnd, lachend und grölend versammelt hat, um den unbestreitbaren Höhepunkt des Jahres zu feiern. Und obwohl absoluter Neuling auf der Bodersweierer Fastnacht scheine ich bereits dorfbekannt zu sein, so oft werde ich angestupst, mit einem heftigen Schulterschlag bedacht oder meinen bayerischen Dialekt imitierend begrüßt. Offenbar haben Susi, Sabine und ich mit unserer ausgiebigen Plaudertour durch den Ort bei vielen einen bleibenden Eindruck hinterlassen.

Jürgen sagte mir vorab, dass seine Cousine und Sabine überaus traditionsbewusst seien, seit langer Zeit bewährten Gepflogenheiten und bestimmten jahrelang begangenen Ritualen treu verbunden. So pflegen Susi und Sabine stets mit dem 19-Uhr-Bus zurück nach Kehl zu fahren und in einer griechischen Kneipe die Fastnacht ausklingen zu lassen. Die beiden könne man so präzise kalkulieren wie ein Schweizer Uhrwerk. Es sei auch guter Brauch, dass er selbst dort im Laufe des Abends quasi unangemeldet als „Überraschung" dazustoße.

Und tatsächlich werden meine beiden Begleiterinnen nun zunehmend wuselig, nesteln hibbelig in ihrem blonden Lockenhaar herum. Ich jedoch fachsimple seelenruhig mit einem über und über mit Ästen bestückten Waldmännchen darüber, warum gerade die Badener so kontaktfreudig sind. Immer häufiger und eindringlicher tippt mir Sabine an den Oberarm, bittet mich, meine hypothetischen Diskussionen zu beenden und in Richtung Bushaltestelle aufzubrechen. Dabei erörtern wir doch gerade ausführlich all die Gründe für die Umgänglichkeit der Leute hier. Wir dozieren über die Wirkung weinseliger Zusammenkünfte, die offensichtliche Neugier der Einheimischen Fremden gegenüber und über die positive Lebenseinstellung von Menschen, die in einem klimatisch begünstigten Landstrich leben. Susi und Sabine sind jedoch mittlerweile gar nicht mehr positiv gestimmt. Beherzt, ja geradezu forsch packen sie mich am Arm und schleppen mich aus dem Narrendorf in Richtung Hauptstraße.

„Auf zum Bus! Mein Cousin kommt bestimmt wieder in die Kneipe auf eine Moussaka und ein Gyros. Er hat es gern, wenn sich gewisse Gewohnheiten nicht ändern“, erklärt mir Susi mit einem Augenzwinkern.

Von lauter Traditionalisten umringt, bleibt mir also nichts anderes übrig, als zu kapitulieren. Da soll noch einer was über uns konservative, seltsame Brauchtümer pflegende Bayern sagen! Die meisten meiner Freunde von zuhause sind jedenfalls ein ganzes Stück weit spontaner.

Zurück in Kehl eilen wir geradezu in Richtung griechischer Kneipe. Und da ich störrisch werden kann, wenn ich aus einer anregenden Unterhaltung gezogen werde, habe ich nun große Lust, meine beiden Begleiterinnen etwas zu piesacken. Sichtlich Spaß habe ich daran, unser Fortkommen etwas zu bremsen und die unterschiedlichsten Menschen anzusprechen – ob närrische Hästräger, mürrisch Dreinblickende oder eilig an uns Vorbeiziehende.

Auf einmal tauchen zwei bildhübsche junge Frauen vor uns auf. Trotz Schweinchennase, pinkfarbener Perücke und abstehenden hellrosaroten Ferkelohren stehen die beiden ganz und gar verheißungsvoll vor mir. Verführerische, schokoladenglasierte Kuchenstücke, mit Glücksschweinchen aus Marzipan verziert, türmen sich als Auslage in ihrem Bauchladen. Ihrer charmanten Frage, ob ich denn kosten wolle, kann ich nicht widerstehen.

„Aber nur, wenn du's verträgst“, blinzelt mir die eine der beiden ganz hinreißend zu.

In meinem Überschwang bleibt mir der Sinn der Frage

gänzlich unklar. Ich greife rasch zu einem der harmlos aussehenden Stücke und verschlinge es ganz und gar ungezügelt im Nu.

„Absolut lecker. Selbstgemacht?“, will ich wissen.

„Darauf kannst du dich verlassen!“, kichern die beiden.

Wieder stupsen mich Susi und Sabine unentwegt an, wollen mich weiterziehen, retten vor dem berauschenden Anblick zauberhafter Weiblichkeit, vor den betörenden Sirenen, die mich in den Abgrund ziehen wollen.

„Willst noch ein Stück vor dem Schiffbruch, Pirat?“, sehen mich die zwei engelsgleich an.

„Klar“, fließe ich dahin, vernasche ungestüm auch das zweite Stück.

„Dann sieh zu, dass du gut nach Hause segelst“, lachen die beiden lauthals, drehen sich um und verschwinden tänzelnd mit ihren wild wedelnden Ringelschwänzchen in der Dunkelheit.

Artig folge ich nun erneut Susi und Sabine, die ganz und gar minutiös und zielgerichtet weiterhin ihren jahrelang erprobten Zeitplan verfolgen. Und der sieht eben vor, dass Sabine vor dem Partyfinish in der griechischen Kneipe nun kurz ihren Hund ausführt. Geduldig warten Susi und ich unterdessen in Sabines Wohnzimmer.

Susi ist auch sehr bemüht, mich bei Laune zu halten. Nur verliere ich inzwischen immer wieder den Gesprächsfaden, ertappe mich sogar, dass ich, statt Susi zu antworten, unentwegt die Szenerie um mich herum betrachte. Mein Blickt schweift zeitlupenartig vorbei an Schränken, Regalen, Sitzgruppen und Couchgarnituren. Alles kommt mir wie in einer endlosen Zeitschleife vor. Selbst die vergoldete Tischuhr auf dem Fenstersims scheint ein immer tiefer klingendes Ticken abzugeben, ihr Pendel sich immer behäbiger hin- und herzubewegen. Susi, die in den vergangenen Stunden stets unterhaltsam und amüsant war, langweilt mich nur mehr. Belanglos, geradezu nichtig kommt mir das Gespräch mit ihr nun vor. Meine Beschwingtheit ist einer tiefen Trägheit gewichen, meine Fröhlichkeit von Gleichgültigkeit verdrängt worden. Statt begeisternd aufgekratzt zu sein, fühle ich mich jetzt erdenschwer, kraftlos, schlapp, wie in Watte gepackt.

„Wo bleibt denn Sabine so lange?" Die Worte bringe ich nur mehr stammelnd heraus.

„Sie ist doch gerade eben erst weg. Eine Viertelstunde müssen wir uns schon gedulden", gibt Susi mir zur Antwort.

Es kommt mir wie eine halbe Ewigkeit vor.

In meiner Mundhöhle empfinde ich nun eine immer größere Trockenheit, die es mir zusehends schwer macht, leer zu schlucken. Mit staubtrockener Kehle wanke ich durch das Zimmer auf der Suche nach etwas Trinkbarem, doch kann auch ein riesiges Glas Mineralwasser das Gefühl des Ausgedörrtseins nur kurz verschwinden lassen.

Gefühlt Stunden später kommen wir in der griechischen Kneipe an, wo Jürgen bereits auf uns wartet. Teilnahmslos, mit großen Schwierigkeiten, mich auf die gewiss humorvollen Gespräche zu konzentrieren, lehne ich starr an der Theke, entrückt von der ausgelassenen Fastnachtsfeier um mich herum. Wirre Gedanken ergreifen Besitz von mir, immer weniger nehme ich von meinem Umfeld wahr. Mein Kopf fühlt sich heiß an, obwohl ich meine, am ganzen Körper zu zittern.

„Ich muss kurz raus, mein Kreislauf …", stottere ich Jürgen ins Ohr.

„Bist du betrunken, Bayer?", fragt er mich, nachdem er mir nach draußen gefolgt ist.

„Es fühlt sich nicht so an … Ich kann mir das nicht erklären", antworte ich ihm stockend. „Normalerweise wirkt Alkohol auf mich belebend, er gibt mir Schwung. Und jetzt ist es, als ob meine ganze Freude von vorhin mit einem Schlag zunichte gemacht ist", erkläre ich ihm unter großen Mühen.

„Du musst ins Bett, deinen Rausch ausschlafen, Bub!"

„Nein, fahr mich lieber ins Krankenhaus. Ich kann mich kaum mehr auf den Beinen halten", entgegne ich ihm.

„Sag ich doch, ab ins Bett!", beharrt Jürgen auf seiner gewiss nachvollziehbaren Meinung.

Da ich aber nicht lockerlasse, holt er doch eilends sein Auto. Nur sehe ich wenig später durch das Seitenfenster das nächtliche Schimmern des Rheins statt des hell erleuchteten Schriftzuges der Notaufnahme. Jürgen hat offenbar entschieden, mich hinüber nach Straßburg zu chauffieren und bei Claire abzuliefern. Es ist ihm nicht zu verdenken, dass es ihm peinlich erscheint, mit einem scheinbar gewöhnlichen Angetrunkenen im Kehler Krankenhaus aufzutauchen. Doch die Begegnung mit einer im Nu endlos besorgten, in der ganzen Wohnung herumwuselnden Claire hätte mir den sicheren Todesstoß versetzt.

Aufgebracht, wütend, stinksauer, ja fuchsteufelswild soll ich gewesen sein, versichert mir Jürgen später. Jedenfalls habe er sofort kehrtgemacht – zurück nach Kehl zur Notaufnahme.

Nach zwei Kochsalzinfusionen, mit stabilisiertem Kreislauf, dem zurückgewonnenen Zeitgefühl und der ärztlichen Bescheinigung, großzügig Cannabinoiden ausgesetzt gewesen zu sein, präsentiere ich mich Susi und Sabine etwas peinlich berührt, aber wieder einigermaßen hergestellt. Gewiss werden es sich die beiden genau überlegen, noch einmal mit mir Fastnacht zu feiern, sage ich mir.

„Natürlich waren das Haschkekse, die dir die aufreizenden Ferkel da angedreht haben." Susi ist ganz und gar nicht überrascht über die von mir feierlich verkündete Diagnose.

„Sag bloß, das war das erste Mal?", will Sabine mit weit aufgerissenen Augen von mir wissen.

„Ja, habt ihr so was in Bayern nicht?", schmunzelt Jürgen genüsslich. „Keinen Wein, keinen Münsterkäse, keinen Flammenkuchen, keine Fastnacht, kein Cannabis. Ihr lebt ja hinterm Mond!"

In der Tat musste ich erst eine badische Fastnacht in Kehl feiern, um mit der berauschenden Wirkung der Hanfpflanze Bekanntschaft zu machen. Brav, behütet bin ich aufgewachsen in einem konservativ-bürgerlichen Umfeld, zwar gewiss häufig auf ausgiebigen Feiern unterwegs, oftmals bierselig, manchmal auch angesäuselt. Aber Haschisch oder Synthetisches blieben stets unangetastet. Es wäre auch schade gewesen, finde ich, das Beschwingt-Aufgedrehte stets abzutöten und ins öde Apathische zu verkehren. Lieber beflügelt als gestutzt, lieber voll Energie als jeglicher Leidenschaft entleert.

Es ärgert mich geradezu, dass dieser Tag voll Lebensfreude und großer Unbekümmertheit ein so abruptes Ende genommen hat, dass mir so harmlos erscheinende marzipanschweinchenverzierte Kuchenstücke den Stecker der guten Laune gezogen haben.

Einen Vorteil hat mein jungfräulicher Haschischkonsum mit anschließendem Krankenhausaufenthalt jedoch: Ich bin topfit am nächsten Tag, ohne jegliche Nachwirkungen von legalen und illegalen Drogen, sodass ich kurzerhand den Entschluss fasse, mit Sonjas Clique zu einem weiteren Stelldichein mit dem närrischen Treiben Badens zu gehen – und zwar nahe Herbolzheim auf der Nordweiler Straßenfastnacht.

Mit den Eindrücken eines wunderbar kunterbunten Umzugs, mit traditionellen Hästrägern und herrlich kreativen Laiengruppen, mit den Klängen der stimmungsvoll aufspielenden Guggemusikgruppen im Ohr und mit der wohltuenden Erinnerung an die vielen Freunde von Sonja, die mit mir erfrischend unterhaltsam den Fastnachtskehraus begangen haben, kehre ich im Zug still vor mich hin lächelnd spätabends zurück nach Straßburg.

Ich fühle mich mittlerweile pudelwohl hier, munter zwischen dem Elsass und der Ortenau hin- und herwechselnd. Jenseits und diesseits des Rheins bin ich eingetaucht in viele Brauchtümer und Festlichkeiten, habe jede Menge Menschen kennengelernt, die der hiesigen, aufgeschlossenen Mentalität verbunden sind, habe genussvolle Streifzüge durch die Region gemacht, ihr *terroir* schätzen gelernt, habe geschlemmt und das Leben genossen.

Doch nun nahen mit dem Beginn der Fastenzeit am heutigen Aschermittwoch der letzte Abschnitt und das baldige Ende meines Auslandsjahrs. Betrübt und wie gelähmt starre ich daher an diesem Morgen an die Decke meines Studentenzimmers, würde gerne die Zeit einige Monate zurückdrehen, all das Erlebte von Neuem entdecken, die vielen unbekümmerten Augenblicke noch einmal gebührend auskosten. Doch in wenigen Wochen muss ich das bunte Leben gegen die fahl ausgeleuchteten Lerntische der Regensburger Universitätsbibliothek tauschen. Spätestens Anfang Mai wird sich der sorglose Alltag eines Taugenichts voll Freiheiten und Vergnügungen verwandeln in ein angespanntes Vorbereiten auf die bedrohlich näher rückenden, jetzt schon Angst einflößenden Staatsexamensprüfungen.

Erst Claire schafft es am späten Vormittag, mich aus meiner

Lethargie zu reißen. Wild hämmert sie gegen meine Zimmertür: „*Monsieur*, immer noch verkatert? Es ist Frühling geworden. Raus in die Stadt!"

Sie scheint verrückt geworden zu sein. Wir schreiben immer noch den Monat Februar, vorgestern in der Rosenmontagsnacht kam ich als fast erfrorener Pirat nach Hause und Claire lässt heute in mir Vorstellungen von flatternden Schmetterlingen, einem Meer von Blumen und duftendem Grün aufkeimen.

Allerdings hat sie meine Neugierde geweckt, hatte sie ja bereits einmal recht mit ihren meteorologischen Prophezeiungen einer wochenlangen Gluthitze im letzten Sommer. Gespannt öffne ich also die Fensterläden und wochenlang ungekannte Helligkeit übermannt mich mit Wucht, lässt mich ungläubig aus dem Fenster blinzeln. Tatsächlich, die ersten Vögel melden sich nach Langem zwitschernd zurück. Die Straßburger haben ihre Fahrräder aus ihren Kellerverliesen zurück ans Tageslicht befördert. Und die hungrigen Kunden steuern wieder ohne dicke Winterjacken die *Boulangerie-Pâtisserie* gegenüber an.

Alle Wehmut ist im Nu verflogen, in Windeseile bin ich angezogen, knalle die Wohnungstür hinter mir ins Schloss, höre Claire noch wegen des Frühstücks mir nachrufen, schwinge mich aufs Motorrad und begebe mich auf direktem Weg zur Sonnenterrasse des „Café Brant" an der *Place de l'Université* – auf einen *Café au lait*, wohlig bestrahlt von der Frühlingssonne. Der erste im Freien nach den Entbehrungen des Winters schmeckt bekanntlich am besten! Auch wenn erst Februar ist, aber der Frühling gibt sich ein Stelldichein hier im Rheintal.

„Der Frühling kommt von Südwesten", pflegte mein

Geographielehrer am Regensburger Gymnasium stets sehnsuchtsvoll zu sagen.

Der gute Mann hat recht behalten.

In den nächsten Wochen werden sich die noch kahlen Obstbäume auf den wieder ergrünten Wiesen rund um Oberkirch und Renchen ein duftendes, blütenweißes Kleid überziehen. Als Erstes stillen dann tausende Kirschbäume die Sehnsüchte nach dem Frühling. Auf löwenzahnübersäten Wiesen entlang der zahllosen Bäume, die wie Perlen an einer Schnur üppig in reinstes Weiß getaucht sind, kann man ihn erriechen. Feierlichen Schrittes wandelt man dann unter einem himmlischen Blütendach in einer prachtvoll verzierten Kathedrale der Natur, von der Sonne festlich ausgestrahlt und kühn getragen von recht gleichförmig in alle Richtungen emporstrebenden Verästelungen.

Von den nahen Rebhängen aus betrachtet, scheint die stattliche, neugotische Kirche des Kirschendorfs Mösbach von dem welligen, weißen Blütenmeer ringsherum fast verschluckt zu werden. Beständig will sie sich behaupten gegen das Feuerwerk der blühenden Fülle – viertelstündlich mit vierstimmigem Glockengeläut. Auf dem Drei-Kirschen-Weg nebenan kann man dieses schäumende Meer staunend durchwaten, bis einem der verlockende Duft kulinarischer Köstlichkeiten rund um die Kirsche aus der weißen Gischt zurück ans Festland holt – direkt in den Hafen der irdischen Genüsse, die einen in den vielen Hofläden des Dorfes erwarten, an den quirligen Festtagen des weithin bekannten „Mösbacher Kirschblütenzaubers“.

18. Der 1. Mai im Hanauerland – eine Abschiedstour

Es gibt keinen Aufschub mehr, die Zeit meines Aufenthalts ist fast verstrichen. Dass ich mein Zimmer bei Claire zwei Tage länger behalten darf, ist der Gnadenfrist zu verdanken, die sie mir großzügig gewährt hat. Dennoch, morgen ist es endgültig vorbei mit dem süßen Leben hier, es geht zurück nach Regensburg. Dort erwarten mich Berge von Büchern, die durchforstet werden wollen, damit ich etwas Sinnvolles aufs Papier bringe in den allseits berüchtigten Staatsexamensprüfungen.

Eigentlich wollte ich bereits zum Maibaumaufstellen meinen Wiedereinstand in Bayern geben. Es ist ein schöner Brauch, wenn in den Ortsmitten die geschälten, mit weiß-blauen Bändern und Kränzen geschmückten, stattlichen Baumstämme aufgestellt werden. Das erste Fest, an dem die Menschen der Dörfer und Stadtteile im Freien zusammenkommen – bestens gelaunt und voll Vorfreude auf den nahenden Sommer.

Es war wieder einmal Jürgen, der meinen Blick auf die badischen Gepflogenheiten lenkte: „Wir haben zwar keine Maibäume hier, auch keine gestohlenen ...“, gibt er sich ganz nebenbei als bravouröser Kenner bayerischer Bräuche aus. „Aber unsere Mai-Radtour durch das Hanauerland kann eurem Tanz in den Mai gewiss standhalten.“

Jürgen schafft es immer wieder, mich neugierig zu machen.

Und so nähere ich mich am 1. Mai pünktlich um zehn Uhr und bei bestem Frühlingswetter samt Fahrrad seinem Haus – das kaum wiederzuerkennen ist: Aus allen Fenstern hängen weiß-blaue Tischtücher mit aufgedrucktem, bayerischen Löwenwappen. Er selbst lehnt auf dem Fenstersims und schwenkt hoheitsvoll bayerische Fähnchen. Breit grinsend sieht er mir zu, wie ich mit offenem Mund und weit aufgerissenen Augen mein Fahrrad abstelle.

Doch bevor ich sentimental werden kann, lässt er mich mit seiner sonoren Bassstimme wissen: „So, das reicht mit der Bayerntümelei. Nicht dass ich noch des Landes verwiesen werde und mein restliches Leben bei euch Bajuwaren fristen muss."

Flugs rollt er alles Weißblaue zusammen und setzt mit größter Sorgfalt einen kleinen Wimpel mit den badischen Landesfarben in die Ecke des Fensterbretts.

Ich muss lauthals loslachen.

Als er auch noch ein Miniaturregenschirmchen hervorzaubert und darüber aufspannt, kann ich mich kaum mehr beruhigen. „Nicht dass es noch auf unser schönes Gelb-Rot regnet heute", sieht er besorgt in den Himmel, der heute über Kehl allerdings in einwandfreiem Weißblau erstrahlt.

Jürgen schafft es auch heute wieder, mich mit seinen originellen, für mich unvergesslichen Aktionen zu überraschen und mir größtes Vergnügen zu bereiten.

„Ich komme raus!", ruft er mir noch zu, bevor er vom Fenster verschwindet.

Doch nicht nur Jürgen kommt mir wenig später entgegen und drückt mir all seine weißblauen Utensilien in die Hände. Auch andere meiner lieb gewonnenen Bekannten aus Kehl und dem Elsass haben sich zu meinem Erstaunen bei ihm versammelt. Susi, Jürgens Cousine, folgt ihm zusammen mit Sabine aus dem Haus, beide wie gewöhnlich zum Verwechseln ähnlich gestylt. Flo kommt just in diesem Moment klingelnd aus einer Seitengasse zum Treffpunkt. Auch Thierry rollt, bedächtig in die Pedale tretend, heran, will sich heute sein Feiertagsmenü auf den Ortenauer Maifesten zusammenstellen, anstatt, ganz Gourmet, der er ist, vornehm in einem *Restaurant gastronomique* zu speisen. Und Haiko und Inès, zwar ohne Fahrrad, sitzen ungeduldig hupend am Straßenrand in ihrem Auto und warten auf den Startschuss und die Bekanntgabe des ersten Dorfes, das anzusteuern ist.

„Erster Etappenzielort ist Auenheim“, verkündet Jürgen, und schon setzt sich die ganze Meute in Bewegung, um dem Kinzigdamm folgend im Auenheimer Schützenhaus auf ein erfrischendes Panasch einzukehren.

Der Weg führt uns auch am örtlichen Freibad vorbei, das ich im letzten Sommer einmal aufgesucht habe – zur abkühlenden Rettung vor dem Hitzetod, der sonst unaufhaltbar eingetreten wäre. Und wo ich eine heftige Standpauke über mich habe ergehen lassen müssen. Wie ein Erstklässler kam ich mir vor, als ich dem sich breitbeinig vor mir aufplusternden Bademeister am Beckenrand gegenüberstand. Seine Schimpftiraden ergossen sich immer lauter und im breitesten Auenheimer Dialekt über mich, doch war es mir schier unmöglich, ihm zu folgen. Vielmals war ich enttäuscht, dass in der Ortenau immer weniger die regionale Mundart gesprochen wird, doch hier hätte ich es mir herbeigesehnt, wenn der hochrot erzürnte, wuchtige Bademeister auf mich etwas mehr nach der Schrift eingeschrien hätte. So stand ich ahnungslos all dem Jähzorn gegenüber, während er immer wieder wild auf meine hochmodernen Badeshorts deutete, die lässig getragen bis über die Knie gingen und beständig vor sich hin tröpfelten. Der rätselhaften Worte Lösung kam schließlich von einer jungen Mutter, die mir erklärte, dass genau diese Badehose das Problem sei. Shorts dieser Art wären aus Hygienegründen verboten und weil sie zu einem erhöhten Wasserverbrauch führen würden. Man lernt nie aus, sagte ich zu mir, schlenderte verdutzt zu meinem Liegeplatz, packte meine Sachen zusammen und verließ gemäß erfolgter Anweisung das Bad. Ich sollte fortan ungezwungen im Korker Baggersee meine erfrischenden Runden drehen und auf viele Gleichgesinnte in knielangen Badeshorts treffen. Den hitzigen Bademeister habe ich heute jedenfalls noch nicht unter den Gästen am Schützenhaus ausgemacht.

Dabei soll es auch bleiben, denn Jürgen bläst bereits wieder die gesamte Truppe zusammen und dirigiert uns wenige Kilometer über geteerte Feldwege nach Bodersweier, wo Susis Mann uns bereits am Sportplatz hinter dem Grill erwartet, mit den üblichen Steaks und Bratwürsten, würziger Merguez – und Lomo. Die Vereinsfeste in den badischen Dörfern sind immer für eine Überraschung gut. Die wenigsten von uns hätten ein peruanisches Gericht erwartet, von den Mitgliedern des Sportvereins in der tiefsten Ortenau zubereitet.

„Im Kehler Narrendorf kannst du dich davon auch satt essen", klärt uns Sabine auf.

Thierry ist begeistert von dem würzig marinierten, gegrillten Rindfleisch, das wenig später samt Paprikastreifen, Tomaten, Zwiebeln und Knoblauch den unaufhaltsamen Weg in seinen leeren Magen findet.

„Wer angesichts des noch jungen Tages leicht verdaulichen Fisch bevorzugt, der soll noch ein halbes Stündchen Geduld aufbringen bis zum nächsten Ort", rät uns Jürgen und lässt sich eine mit angebratenen Zwiebelstreifen garnierte Bratwurstsemmel schmecken. Besser gesagt einen Bratwurstweck, wie mich Jürgen sogleich verbessert.

Über Querbach führt uns unsere Radtour auf holprig mit Betonplatten ausgelegten Feldwegen weiter nach Kork. Bereits am Ortseingang, beim Überqueren der Bahngleise, lassen die ersten Düfte von gegrillten Forellen und Backfischen die Vorfreude steigen – mehr oder weniger leichte Kost und genau richtig für unsere nun doch recht durchgeschüttelten Mägen.

Von Kork aus muss man nur kurz in die Pedale treten, und man landet sogleich im Nachbarort Legelshurst bei Kaffee und unzähligen Kuchen und Torten, selbstgebacken von Mitgliedern des Musikvereins.

An dieses unendlich lang gezogene Straßendorf habe ich ganz besondere Erinnerungen. An einem der äußerst seltenen bitterkalten Wintertage war ich auf der Suche nach einem Geburtstagsgeschenk für Claire. Es sollte nichts Französisches sein. Ich wollte sie mit einem ausgezeichneten Erzeugnis der Ortenau überraschen. Sie selbst stattet der deutschen Rheinseite nämlich höchst selten einen Besuch ab, Kehl meidet sie ganz und viele deutsche Produkte verschmäht sie, unerschütterlich der zweifelsohne hohen Qualität vieler französischer Lebensmittel huldigend.

„Ein Kilo Schweinefleisch für ein paar Euro in einem deutschen Supermarkt, da kann etwas nicht stimmen", hat sie mir immer wieder eingebläut und dabei bestimmt auch recht.

Den schlechten Ruf, den deutsche oder badische Erzeugnisse bei ihr seit jeher haben, wollte ich nun in das Gegenteil verkehren. Fast verzweifelt wäre ich an diesem Vorhaben, da im Elsass ja tatsächlich oft ebenso schmackhafte Produkte angeboten werden. Völlig ratlos angesichts dieser ausweglosen Situation suchte ich Jürgen auf, der sich wie sonst nur wenige mit den genussvollen Vorzügen der Ortenau auskennt.

„Na ja, ich finde zum Beispiel, dass die meisten elsässischen Obstbrände viel zu stark nach Alkohol schmecken. Da hat sich bei uns in der Ortenau doch viel getan in den letzten Jahren", meinte er. „Trinkt sie denn ab und zu ein Gläschen?"

„Selten. Aber wenn ihre Freundinnen zum Kaffeekränzchen

antreten, gibt es tatsächlich zum Abschluss immer einen Schnaps für jeden bis zum Ende geduldig ausharrenden Gast."

„Perfekt! Dann fährst du zum Krieg nach Legelshurst und kaufst ihr einen Edelbrand. Du musst aber einen ‚Goldbrand' nehmen, der schmeckt den munteren Freundinnen deiner Vermieterin bestimmt", riet mir Jürgen, ohne dass ich die leiseste Ahnung davon hatte, was man sich unter einem „Goldbrand" vorstellen sollte.

Es dauerte eine Weile, bis ich das Haus der Kriegs ausfindig machte. Etwas versteckt steht es in einer engen Seitengasse am Ortsrand, wo mehrere nahe Obstbäume ein klares Indiz dafür geben, dass man fündig geworden ist. Von da war es ein Leichtes, in den Verkaufsraum im Keller des Anwesens zu gelangen. Ich musste nur dem fruchtigen Duft des Sommers folgen, der an diesem frostigen Januartag einen wundervoll wohltuenden Gegensatz bildete zum recht trist-trüben Winter. Die Vielfalt der Gerüche von den unterschiedlichsten Obstsorten erschien mir derart unwirklich, dass ich, ohne zu klingeln, direkt die Stufen der Treppe hinunterholperte, wo es nun fast betörend nach Mirabellen, Pflaumen, Birnen und Äpfeln duftete.

In dem kleinen Verkaufsraum am Ende des Kellers stieß ich schließlich auf eine kleine Gruppe, die sich durch mancherlei Gebranntes durchprobierte – zwischen allerlei gerahmten Gold- und Silberprämierungen auf der einen und vielerlei, in Reih und Glied aufgestellten Flaschen auf der anderen Seite. Und der Brennmeister mittendrin. Mit verschmitztem Lächeln und einem bernsteinfarbenen Birnenbrand in der Hand gab er Auskunft auf die zahlreichen Fragen der interessiert verkostenden Kundschaft, die sich scheinbar zurückversetzt fühlte in einen spätsommerlichen Birnengarten, so intensiv und kräftig schien der Edelbrand nach seiner Frucht zu schmecken.

„Wir ernten das Obst erst, wenn es reif ist, wenn es von Hand aufgelesen werden kann. Und man muss Geduld aufbringen, Zeit mitbringen, damit sich der Geschmack ideal entfalten kann." Höchst konzentriert lauschte die Gruppe seinen Finessen, wie er seine Schnäpse zu diesem vollkommenen Geschmack heranzieht.

Mich hatte bislang noch niemand entdeckt, obwohl ich schon ein paar Augenblicke im Türrahmen stand – als etwas neidischer Zaungast, ohne den Geschmack des Sommers im Glas. Erst ein etwas gekünsteltes Räuspern lenkte die Aufmerksamkeit der Gruppe auf mich und meine leeren Hände.

Im Nu wurde ich ebenso mit dem offenbar betörenden Elixier ausgestattet und durfte meine Geschmacksknospen mit den zart-birnigen Aromen des Edelbrands umspülen. Es war tatsächlich fast so, als hätte die seit Wochen landauf, landab vermisste Sonne wieder ihre Strahlen ausgesendet, so sanft und elegant duftete und schmeckte der wundervolle Trank. Er hatte rein gar nichts gemein mit den übel brennenden Schnäpsen, die man oft mit geschlossenen Augen und gerümpfter Nase hinunterwürgt und gar nicht eindeutig einer bestimmten Frucht zuordnen kann. Damit war dieser wunderbare Birnenbrand rein gar nicht zu vergleichen – und das, obwohl mir Herr Krieg versicherte, dass sein Birnenbrand auch 40 % Alkohol aufzuweisen habe.

„Der Geschmack des Alkohols tritt aber wohltuend in den Hintergrund, weil die Maische nicht nur mehrmals gebrannt wird, sondern danach auch noch mehrere Wochen in einem großen Fass mit Birnenspalten angesetzt wird. Wir vierteln die Birnen und entfernen den ‚Butze' hierfür."

Prüfend sah er in meine Augen, ob ich auch alles verstehen würde.

„Wisst ihr da drüben in Bayern überhaupt, was das ist? Ein ‚Butze'?", fragte er mich.

Erleichtert konnte ich ihm aber pfeilschnell antworten: „Klar, das ist das Kerngehäuse. Das, was übrig bleibt beim Birnenessen. Das Wort benutzen wir auch."

„So einfältig seid ihr ja gar nicht", sah er mich grinsend an. „Nun, durch dieses Verfahren erhält er seinen fruchtigen Geschmack, fast wie die Birne selbst, und seine goldene Farbe. Deshalb nennen wir ihn unseren Williams Gold. Unser edelster Schnaps."

Wenig später verließ die Gruppe mit zahlreichen Flaschen beladen und laut scheppernd den Krieg'schen Schnapskeller, sodass ich dem Brennmeister nun mein etwas heikles Anliegen ausführlich schildern konnte.

„Einen Branntwein, den es in Frankreich nicht gibt? Für jemanden, der mit Skepsis auf unsere Erzeugnisse blickt? Nun, das Goldverfahren ist im Elsass gewiss weniger verbreitet, aber …", warf er seine Stirn in Falten und dachte angestrengt nach, damit ich Claire ein ideales Geschenk zu ihrem Geburtstag überreichen konnte.

„Nimm unseren Goldbrand von der Hanauer Wertbirne!", schoss es wenig später aus ihm heraus. „Das ist eine typische Birnensorte aus der Region. Der Geschmack ist unserer Williamsbirne Gold ähnlich, nur etwas kräftiger, eine Prise herber vielleicht, minimal würziger. Und das, obwohl er mehr Öchsle aufweist." Er hielt kurz inne. „Also mehr Fruchtzucker hat", erklärte er mir. Offenbar wollte er sicher gehen, dass auch ich gebürtiger Bayer aus dem Niemandsland der Schnapsbrennerkunst ihm folgen konnte.

Und kurze Zeit später saß ich wieder in meinem Auto – mit mehreren Goldbränden im Kofferraum, die mir alle als Geschenke für diverse Anlässe gereichen sollten. Dennoch musste ich wenige Wochen später erneut nach Legelshurst: Claires rüstige Freundinnen zeigten sich derart begeistert von der Ortenauer Spezialität, dass Nachschub vonnöten war. Kriegs goldener Birnenbrand konnte selbst verwöhnte französische Gaumen zutiefst beeindrucken.

Heute ist es jedoch noch zu früh für irgendwelche Edelbrände. Dank Kaffee und Kuchen geht es gestärkt weiter auf sanft geschwungenen Wegen zwischen frisch bestellten Feldern und Streuobstwiesen, deren Bäume sogar noch vereinzelt Blüten tragen. Im Nachbarort Willstätt genehmigen wir uns ein verdientes Glas Ulmer Maibock, eine weithin bekannte Starkbiervariante, die beim World Beer Cup sogar mit der Silbermedaille ausgezeichnet wurde. Alle Fahrradanstrengungen sind schnell vergessen beim Anblick dieses goldgelben, kompakt schäumenden Getränks. Würzig schmeckt das Bockbier der kleinen Familienbrauerei Bauhöfer aus dem nahen Dorf Ulm, leicht bitter und mit kräftigen Malznoten. Gleichzeitig trocknet die Frühlingssonne das etwas schweißdurchnässte T-Shirt, und die beanspruchten Muskelgruppen entspannen sich zusehends. Ein tief empfundenes Wohlgefühl stellt sich bei jedem Mitfahrer ein.

Schwieriger als die Getränkeauswahl dürfte für die noch Hungrigen unter uns die Entscheidung sein, ob man sich hier in Willstätt lieber Schweinebacken schmecken lassen sollte oder wenige Kilometer weiter in Eckartsweier einen frisch gebratenen Ochsen.

Die Sportlichen unter uns nehmen auf dem Weg dorthin gar den kleinen Umweg über Hesselhurst, wo mich vor wenigen Monaten ein Plakat zum Schmunzeln brachte. Die dortige Theatergemeinschaft warb darauf mit einem Volksstück, das ich sehr gut kannte. Ein Jahr zuvor hatte ich eine Rolle in eben diesem Dreiakter übernommen – in meinem eigenen Verein zuhause in Regensburg. Die Vorstellungen sollten in der Hesselhurster Turnhalle über die Bühne gehen. Ich war im Nu neugierig auf die Schauspieltruppe und auch wie sie sich mit dem bayerischen Stück herumschlagen würde. Natürlich wollte ich auch unbedingt sehen, wie meine Rolle von meinem badischen Pendant interpretiert würde. Und wenn das Ensemble sogar eine ganze Halle füllen könne, während wir in Regensburg nur im Saal eines Gasthofs spielten, müsse es in jedem Fall ein lustiger Abend werden, sagte ich mir. Mit Alex fand ich auch sogleich eine Begleitung für eine der Theatervorstellungen, die für Anfang Januar angekündigt waren.

Am Dreikönigstag standen wir dann erwartungsfroh am Ortsrand von Hesselhurst, wo sich etwas versteckt in nächster Nähe zu einem kleinen, idyllischen See am Waldrand die Turnhalle befindet. Schon am Einlass musste ich, mitteilungsbedürftig wie ich mitunter sein kann, unbedingt den beiden an der Kasse sitzenden Ensemblemitgliedern erzählen, dass ich selbst auch Theater spiele und gespannt darauf sei, das Stück heute von einem anderen Theaterverein vorgeführt zu bekommen.

Als sich wenig später der Vorhang in der Waldseehalle hob, war die Überraschung groß, denn ich vernahm keinerlei bairische Klänge. Kein bayerischer Dialekt wurde hier von den badischen Schauspielern imitiert, nein, das ganze Stück schien in mühevoller Kleinstarbeit von der Gruppe ins Badische übersetzt worden zu sein. Und zwar in einer so wunderbaren Weise, dass die allermeisten Lacher erhalten blieben. Wortspielereien, die oftmals nur schwer übertragbar sind, wurden so abgewandelt, dass sie im badischen Dialekt wieder Sinn gaben und garantierter Anlass waren für schallendes Lachen im Publikum. Es muss überaus anstrengend gewesen sein, ein ganzes Stück sprachlich so zu verändern, dass seine Sätze wieder zum Sprachduktus ihrer Sprecher passten. Eine Arbeit, die wir uns nie auferlegen mussten, da ja die Mehrzahl der Volksstücke von bayerischen Mundartschriftstellern verfasst worden waren. Zum Schmunzeln brachte mich außerdem, dass auch die Hesselhurster Theatergemeinschaft auf amüsante Weise dorfbekannte Persönlichkeiten in das Stück mit einbaute. Dies allein erfordert noch einmal viel zeitlichen Aufwand und auch großes Fingerspitzengefühl. Es ist eine regelrechte Gratwanderung, denn einerseits soll das Publikum herzhaft lachen können, andererseits aber dürfen die erwähnten, real existierenden Personen, oftmals gar unter den Zuschauern, nicht beleidigt werden.

Ich hatte derart Respekt vor der Leistung dieses Theaterensembles, dass ich mich nach Ende der Vorstellung nicht davon abhalten konnte, hinter die Bühne zu gehen und der Truppe meine vollste Anerkennung zu zollen. Mit Sibylle, der Regisseurin des Theaterstücks, verstand ich mich im Nu so gut, dass sie sogar wenig später mit ihrem Mann noch auf ein Viertele zu uns an den Tisch kam.

„Nächstes Mal spielst du einfach mit bei uns“, schlug sie schließlich vor.

„Das wird aber kompliziert sein, da ich niemals in der Lage sein werde, euren Dialekt nachzuahmen. Es würde sich gekünstelt, ja schrecklich anhören. Und es wäre gewiss äußerst sonderbar, wenn ich bairisch spreche und zum Beispiel meine Theatereltern in badischer Mundart antworten“, warf ich ein.

„Nun, du weißt doch, dass es in diesen Lustspielen stets eine Rolle für einen Ortsfremden gibt. Oft sind das in den bayerischen Stücken Schwaben oder Preußen, die aus irgendeinem Anlass zu einer Dorfgemeinschaft dazustoßen und die witzigsten Verwicklungen auslösen."

Sie hatte recht. Es sind stets dankbare Rollen, weil diese meist lustig angelegt sind, viele Pointen beitragen und daher für zahlreiche Lacher beim Publikum sorgen.

„Dann müssen wir eben alle bayerischen Rollen ins Badische übersetzen und die einzige nicht-bayerische ins Bairische." Bei dem ganzen Sprachwirrwarr musste sie gleich loslachen. „Aber wir werden das mit vereinten Kräften bestimmt hinbekommen!"

Es wäre gewiss spannend, was für ein Stück bei so viel Übersetzungsarbeit daraus entstehen würde. Leider hat es aus vielerlei Gründen bis heute noch nicht geklappt, dass ich bei den Hesselhurstern für eine Spielzeit mitmische. Reizvoll wäre es jedenfalls weiterhin für mich!

Mittlerweile haben wir das Eckartsweierer Maifest radelnd wieder verlassen und steuern den Zielort unseres Fahrradausflugs an. Den Abschluss soll der Maihock des Jugendrotkreuzteams in Kehl bilden – mit einem Flammenkuchen, belegt mit Apfelscheiben, goldbraun mit Zimt bestäubt und großzügig flambiert. Herrlich!

Aber ich bin auch traurig gestimmt, denn der Abschied rückt unaufhaltsam näher. Und da ich längere Zeremonien an diesem ersten Mai, dem Ende meines Auslandsjahres, nicht gebrauchen kann, nutze ich einen stillen Augenblick an unserem Tisch, um der versammelten Mannschaft lediglich eines zu sagen: „*Merci*. Ihr wart wunderbar! Bis hoffentlich bald wieder. Servus mitnand!"

Und bevor mir peinliche Tränen in die Augen schießen können, schwinge ich mich kurz zurückwinkend auf mein

Fahrrad. In melancholische Einsamkeit versunken, drehe ich einige Runden durch das nunmehr nächtliche Kehl. Am Rhein will ich noch einige Augenblicke verbringen, bevor mich mein Weg ein letztes Mal über die Rheinbrücke zurück zu Claire führt. Gemächlich fließt der mächtige, im Laternenlicht schimmernde Strom vor sich hin, unaufhaltsam wie die Zeit, die allerdings keineswegs gemächlich verstrich in den letzten Monaten. Wie im Flug verging das Jahr, das mich um so viel reicher an Erfahrungen gemacht hat. Jedem würde ich empfehlen, für eine gewisse Zeit die engen Grenzen des eigenen Alltags hinter sich zu lassen, auszubrechen, Neues zu entdecken und an Reife zu gewinnen.

Für mich endet diese Zeit nun. Ich greife zu meinem Fahrrad, das ich an einer Birke unweit des Rheins angelehnt habe. Da kommt mir ein weiterer Brauch in den Sinn, der in meiner Heimat weit verbreitet ist. Junge Burschen stellen ihren Angebeteten in der Nacht zum ersten Mai ein kleines, reich geschmücktes Birkenbäumchen auf. Nun, ich bin eine Nacht zu spät und meine Liebe gilt in dieser bedeutungsvollen Nacht keiner Person, sondern vielmehr einer Region. Aber ich bin ganz elektrisiert von dem Gedanken, diesem Landstrich hier meine Ehre zu erweisen. So breche ich einen gerade gewachsenen Ast von der stattlichen Birke ab, krame Jürgens weißblaue Papiertischtücher aus meinem Rucksack heraus, reiße diese in schmale Streifen und behänge den Ast und seine Verzweigungen üppig mit den Bändern. Ich packe das mit dekorativen Bändern übersäte Bäumchen, nehme meinen ganzen Mut zusammen und schleiche mich die Stufen vom Park hinauf zur Rheinbrücke. Nur einen Steinwurf vom Grenzhäuschen der Bundespolizei steht am Straßenrand ein kleines Schild, auf dem ein schwarzer Doppeladler mit seinem goldenen Brustschild dem Einreisenden den Ortenaukreis angekündigt. In Sekundenschnelle befestige ich mein geschmücktes Bäumchen daran und verschwinde gleich wieder im Dunkel der Nacht.

Ob ich es mit meiner bayerischen Brauchtumsaktion in die Lokalzeitungen geschafft habe, entzieht sich leider meiner Kenntnis. Als ich am nächsten Tag mit meinem voll bepackten Auto die Rheinbrücke erneut überquere – nun in Richtung Bayern –, steht es noch da mit seinen im sanften Wind feierlich wehenden Bändchen und grüßt die Vorbeifahrenden herzlich. Hoffentlich erinnert es sie auch daran, in welch bezaubernder Region sie wohnen, arbeiten und das Leben genießen.

Dank

Zur Entstehung dieses Buches, bedurfte es vieler Freunde und Bekannter, mit denen ich viele Erlebnisse teilen durfte oder die mich zu diesen inspiriert haben. Daher bedanke ich mich bei ...

Claire,
Jürgen und seinem Bruder Peter,
Manu und Günther,
Inès und Haiko,
Patricia und Olivier,
Louise und Didier,
Flo,
Alex und Mehmet,
Ludwig,
Simone und Tom,
Saskia und Dietmar,
Thierry,
Sonja, ihrem Sohn Luca und ihrer Schwester Silvi,
Krissi,
Marc,
Kati und ihrer Schwester Petra,
Lena,
Sven,
Carmen und Andi,
Claudia,
Sabine und Jürgen,
Susi (†) und Andi,
Sibylle

und vielen mehr, die ich während meines Auslandsjahrs und danach zwischen Schwarzwald und Vogesen kennenlernen durfte.

Glossar der französischen Ausdrücke, Begriffe, Bezeichnungen und Namen

21 heures	21.00 Uhr
À bientôt.	Bis bald.
à la française	auf französische Art
à point	medium gebraten
absolument	absolut, unbedingt
affiche	Plakat
Ah bon?	Ach ja?
allemand	deutsch
Allez-y.	Fahren/Gehen Sie hin.
Allô?	Hallo? (am Telefon)
amuse-bouche	„Gruß aus der Küche“ zu Beginn eines Mehr-Gänge-Menüs
apéro	Kurzform von Aperitif
arriver	ankommen
association	Vereinigung
Au brasseur	Zum Brauer (Name eines Brauerei-Bistros in Straßburg)
auberge	Landgasthof
bateau-mouche	Touristenschiff
Batorama	Panoramaschiff für Touristen in Straßburg
Bavière	Bayern
ben oui	aber ja
bien sûr	natürlich, sicherlich
Bienvenue en France!	Willkommen in Frankreich!
bière	Bier

bière du printemps	saisonal im Frühjahr gebrautes Bier
bises	Küsschen
bœuf bourguignon	mit Burgunderwein zubereitetes Rindfleischgericht
Bonjour.	Guten Tag.
bouchée à la reine	Königinpastete
bouffe	Fressen, Fraß
boulangerie	Bäckerei
brasserie	Brauerei(-gaststätte), Bistro
Bref!	Kurzum!
café au lait	Milchkaffee
café grand noir	würziger Kaffee (schwarz)
carafe d'eau	Karaffe mit Wasser
carrefour de l'Europe	Kreuzung Europas; hier: Treffpunkt Europas
C'est tout.	Das ist alles.
C'est vous?	Sind das Sie?
C'était …	Das war …
C'était vraiment une grande surprise.	Das war wirklich eine große Überraschung.
Ça sent bon la France, hein?	In Frankreich schmeckt es gut, gell?
Ça y est!	Geschafft!
Ce n'est pas vrai!	Das ist nicht wahr!
chambre d'hôtes	Gästezimmer
chanson	Lied
chansonnier	Chanson-Sänger
chez	bei
choucroute (nouvelle)	Sauerkraut (aus neuer Ernte)

cité	Stadtsiedlung
col	Gebirgspass
Comme d'hab ?	Wie gewöhnlich?/Wie immer?
coq au Riesling	Hühnchen in Rieslingsoße
corbeau	Rabe; hier im übertragenen Sinne: Maulwurf
cordon bleu	mit Schinken und Käse gefülltes Kalbschnitzel
cornichons	kleine Essiggürkchen
Côte du Rhône	Rotwein aus dem Rhônegebiet
courage	Mut
Couscous	aus Nordafrika stammendes Grießgericht
Crémant d'Alsace	elsässischer Sekt
crème	Sahne
crème de marrons	Maronencreme
croissant	Croissant, Hörnchen
Croyez-moi !	Glauben Sie mir !
délice	Genuss
délicieux	köstlich
demi de bière	0,25 l Bier
département	französische Verwaltungseinheit
département Bas-Rhin	Verwaltungseinheit der elsässischen Nordhälfte
département de la Moselle	Verwaltungseinheit in Lothringen, in etwa dem historischen Lothringen entsprechend
Dernières Nouvelles d'Alsace	Tageszeitung des Elsass

dessert du jour	Nachtisch des Tages
dîner	Abendessen
Enchanté!	Freut mich, Sie kennenzulernen!
en passant	im Vorbeigehen
Entrez!	Kommen Sie herein!
épouvantable	entsetzlich
équipe	Mannschaft, Team
et	und
Et maintenant …	Und nun … (Titel eines französischen Chansons)
excellent	ausgezeichnet
faire la bise	französische Begrüßung mit Wangenküssen
formidable	klasse, super
ferme	Bauernhof
Festival du houblon	Hopfenfest
Fête de la musique	Musikfestival zum kalendarischen Sommeranfang
Fête de la Transhumance	Almabtrieb, Viehscheid
foie gras	Gänsestopfleber
fraise	Erdbeere
Français de souche	Franzose französischer Abstammung
France	Frankreich
Frère Jacques	Bruder Jakob (französisches Volkslied)
galère	Qual
galette des rois	Dreikönigskuchen

garçon	Junge; auch: Ober, Keller
gâteau	Kuchen
génial	genial
grand cru	großes Gewächs (Wein-Klassifizierung)
grand lit	breites, französisches Bett
Grande Nation	Große Nation (Bezeichnung für Frankreich)
grande surprise	große Überraschung
haute cuisine	gehobene Küche
…, hein?	…, nicht wahr?
hôtesse de caisse	Supermarkt-Kassiererin
impeccable	tadellos
Intérieur	der nicht-elsässische Teil Frankreichs
jamais	nie
Jardin des deux rives	Garten der zwei Ufer (Parkanlage zu beiden Seiten des Rheins in Kehl und Straßburg)
Je m'appelle Claire.	Ich heiße Claire.
Je suis désolé(e).	Es tut mir leid.
Kougelhopf glacé	Sahneeis in Gugelhupfform mit Rum-Rosinen
Madame	Frau (Anrede)
mais	aber
mais oui	aber ja

Mais quel plaisir!	Aber was für ein Vergnügen!
malgré-nous	von der Wehrmacht zwangs-eingezogene Soldaten aus dem Elsass
Marc de Gewurz	Tresterschnaps von Gewürz-traminerreben
menu du jour	Tagesmenü
menu du terrroir	Menü aus regionaltypischen Gerichten
menu estival	Sommermenü
menu gastronomique	gastronomisches Menü
menu marcaire	Melkermenü
Merci beaucoup.	Vielen Dank.
merveilleux	wunderbar
Mon dieu!	Mein Gott!
Monsieur	Herr (Anrede)
Moselle	Mosel
mousse	Schaum
Mulhouse	Mülhausen
Munster (fermier)	Münsterkäse (vom Bauernhof)
On va attaquer le dessert!	Wir werden das Dessert in Angriff nehmen!
oui	ja
palette à la diable	mit Senf verfeinertes Gericht mit Schweinefleisch
Parc de l'Orangerie	großer Park in Straßburg
parmi nous	unter uns
Pastis	anishaltiger Aperitif, der mit Eiswasser verdünnt wird

pâté de campagne	Fleischpastete
pâté en croûte	Pastete im Teigmantel
patron	Chef
patronne	Chefin
petit café	kleiner Café (dem Espresso ähnlich)
petit déjeuner	Frühstück
Petite-France	Gerberviertel in Straßburg
Picon	Bitter-Aperitifgetränk, das gern mit Bier gemischt getrunken wird
pinot blanc	Weißburgunder (Weißwein)
pinot gris	Grauburgunder (Weißwein)
pinot noir	Spätburgunder (Rotwein)
Place de la Bourse	Börsenplatz
Place de l'étoile	Sternenplatz
Place de l'Université	Universitätsplatz
plaisir	Vergnügen
plat du jour	Tagesgericht
plat principal	Hauptgericht
plateau de fromages	Käseplatte
point de départ	Ausgangspunkt
proche	nahe
Qu'est-ce que c'est tout ça ?	Was ist das alles hier ?
quarticr	Stadtviertel
Quel plaisir!	Welch ein Vergnügen!
restaurant gastronomique	gastronomisches Restaurant
rognons de veau	Kalbsnieren
Route des crêtes	Vogesenkammstraße

Route du vin d'Alsace	Elsässische Weinstraße
Saint-Étienne	Stefanstag: 26. Dezember
Salut!	Hallo!
Santé!	Gesundheit; hier: Prost!
sauce à la crème	mit Sahne verfeinerte Soße
savoir vivre	wissen, wie man gut lebt
serveur	Ober
serveuse	Bedienung
soirée	Abend(-veranstaltung)
soirée chanson	Liederabend
sommelier	Weinkellner
strasbourgeois	straßburgisch
symphonie culinaire	kulinarische Symphonie
table d'hôtes	„Gästetisch": Abendessen in Privatunterkünften
tarte	Kuchen aus speziellem Mürbeteig
tarte aux mirabelles	Mirabellenkuchen
tarte flambée	Flammenkuchen
terroir	die Eigenheiten einer Gegend und ihre agrikulturellen Erzeugnisse betreffend
tourte à la viande (hachée)	(Hack-)Fleischpastete in Kuchenform mit Blätterteighülle
très bien	sehr gut
trottoir	Gehsteig
Un corbeau parmi nous.	hier: Ein Maulwurf unter uns.
Un délice!	Ein Genuss!

Un vrai plaisir!	Ein wahres Vergnügen!
Une décision essentielle!	Eine bedeutende Entscheidung!
Une minute!	Eine Minute!; hier: Einen Augenblick!
vendanges tardives	Spätlese
viande fumée	ähnlich dem deutschen Kassler gepökeltes und geräuchertes Fleisch
vide-grenier	Hof-Flohmarkt
village fleuri	mit Blumen geschmücktes Dorf
voilà	hier, da, dort
Vous voulez du sucre?	Wollen Sie Zucker?
Vous voyez?	Sehen Sie?
Voyez!	Sehen Sie!
vraiment	wirklich
Winstub	elsässische Weinstube

Weitere Titel aus dem Morstadt Verlag

(Gerne senden wir Ihnen unser Gesamtverzeichnis zu)

Günter Berger

Tagebuch meines Lebens. Autobiographie eines Glasers aus dem Paris des 18. Jahrhunderts

348 S., 16 Abb., Klappenbroschur, € 26,80 [D].
ISBN 978-3-88571-398-2.

Jean Egen

Der Hans im Florival. Es war einmal im Elsass …

152 S., fester Einband, € 24,80 [D]. ISBN 978-3-88571-392-0.

Martin Graff

Der lutherische Urknall. Die Franzosen und die Deutschen

222 S., fester Einband, € 24,80 [D]. ISBN 978-3-88571-376-0.

Martin Graff

Grenzkabarett. Je t'aime, ich liebe dich

84 S., kartoniert, € 12,90 [D]. ISBN 978-3-88571-394-4.

Frédéric Hoffet

Psychoanalyse des Elsass

270 S., 10 Illustrationen von Tomi Ungerer, kartoniert,
€ 24,90 [D]. ISBN 978-3-88571-396-8

Viktor Nono.

Die Vogelwelt oder Basil Bales Reise durch das Land der Vögel

198 S., kartoniert, € 18,80 [D]. ISBN 978-3-88571-399-9.